汉字部件解析

HANZI BUJIAN JIEXI

吴润仪　编著

商务印書館国际有限公司
中国·北京

图书在版编目(CIP)数据

汉字部件解析 / 吴润仪编著. —北京 ：商务印书馆国际有限公司，2017.9（2024.11 重印）

ISBN 978 - 7 - 5176 - 0504 - 1

Ⅰ. ①汉… Ⅱ. ①吴… Ⅲ. ①汉字—研究 Ⅳ. ①H12

中国版本图书馆 CIP 数据核字(2017)第 228048 号

HANZI BUJIAN JIEXI

汉字部件解析

编　　者	吴润仪
出版发行	商务印书馆国际有限公司
地　　址	北京市朝阳区吉庆里 14 号楼 佳汇国际中心 A 座 12 层
邮　　编	100020
电　　话	010- 65592876(编校部) 010- 65598498(市场营销部)
网　　址	www.cpi1993.com
印　　刷	三河市紫恒印装有限公司
开　　本	787mm×1092mm 1/32
字　　数	285 千字
印　　张	13.25
版　　次	2024 年 11 月第 1 版第 5 次印刷
书　　号	ISBN 978 - 7 - 5176 - 0504 - 1
定　　价	39.80 元

目　　录

前　言

汉字是世界上最古老、最发达、最精美、最典雅的表意文字。从六千年前的图画文字起，历经甲骨文（甲）、金文（金）、小篆（篆）、隶书（隶）、楷书（楷）以及简体（简）等演变过程，形体有所变化，但表意文字的性质始终没有改变。

汉字的这种表意性质，比较集中地表现在汉字的部件上。而成千上万的合体字，就是以它们为基础组合而成的。因此，掌握好汉字部件的形、音、义，对理解汉字的本义和掌握大量的合体字，可以起到事半功倍的作用，是学好、用好汉字的金钥匙。有感于此，我们特以中华人民共和国教育部、国家语言文字工作委员会于 2009 年联合发布的《现代常用字部件及部件名称规范》和《汉字部首表》为依据写成本书，为广大中小学、大专院校师生和外国来华学习汉语言文字的留学生，正确理解和使用汉字，提供一些帮助，引发汉字学习的兴趣。本书也适用于辞书编纂、汉字信息处理及其他领域的汉字检索。

本书根据《现代常用字部件表》，共收现代常用字部件 514 个，其中包括常用成字部件 311 个，常用非成字部件 203 个。同时收录了《汉字部首表》中的 201 个主部首及部分附形部首。因二者有重叠，为了便于读者查找，本书分别标注了部件序号和部首序号。如：一$_{1}^{138}$，右上角数字138指“一”在《现代常用字部件表》中的序号，右下角数字1指“一”在《汉字部首表》中的序号。

本书部件解析内容共分三部分：第一部分主要介绍汉字部件字形演变的轨迹，展示其甲骨文（甲）、金文（金）、小篆（篆）、隶书（隶）、楷书（楷）以及简体（简）的形体演变过程；第二部分介绍部件的读音、名称、作用以及在合体字中的位置和称谓；第三部分介绍部件在常用字中出现的频率和构字的数量，以帮助读者判断部件的重要性。这里所说的“常用字”指国家语言文字工作委员会和国家教育委员会于1988年发布的《现代汉语常用字表》中的3500个常用字。

参加编写的有王冬、王伟、王晓、吴冬、吴莹、张新雅、朱江、蔺晓军、林梅、孙兰霞、康国慧。

由于编者水平有限，编写过程中可能有疏漏及错误之处，恳请专家及读者批评指正。

编　者

笔画序检索表

四画

五画

汉字部件解析

一画

一$^{138}_{1}$　　一甲　　一金　　一篆　　一隶

指事字。甲骨文等以一横表示数目字，指“最小的整数”，读作 yī。字头形体是楷书规范的写法。

“一”是个部首字，又是个能独立成字的部件，名称叫作“横（héng）”或“一（yī）”。凡由它组成的字，有的跟数目有关。

“一”可以表义，作合体字的意旁。例如：

二 èr 指“数目字，两个一相加的和”，一表义。

三 sān 指“数目字，三个一相加的和”，一表义。

有些字虽有一部件，但跟一的音、义无关。“一”不是字，

注：一$^{138}_{1}$右上角数字 138 指“一”在《现代常用字部件表》中的序号，右下角数字 1 指“一”在《汉字部首表》中的序号。

是以笔画的身份充当部首和部件。例如：不、丁、而、干、可、互、开、丽、死、天、歪、王、无、下、牙、严、玉、再；夫、册、廿、卅、世、丈；上、丑、旦、且、丘、丝、韭等。

"一"在字中，有的处在字的上部，称为"一字头"，如以上不、丁、丽、丈等例；有的处在字腰，称为"一字腰"，如以上册、卅等例；还有的处在字的下部，称为"一字底"，如以上丝、韭等例。

"一"在现代汉语常用字中，先后出现过 180 次，构字 161 个。

丨 339 2　　丨甲　　丨金　　丨篆

指事字。甲骨文等像一根上下直通的棍，指"上下贯通"，读作 gǔn。字头形体是楷书规范的写法。

"丨"是个部首，又是个不能独立成字的部件，名称叫作"丨(竖 shù)"。凡由它组成的字，大都以笔画出现，跟它的音、义无关。例如：半、串、非、丰、归、旧、临、师、帅、书、肃、韦、引、中、州等。

"丨"在字中，有的处在字的中间，称为"竖中"，如：半、丰、串、肃、书、中等；有的处在字的左旁，称为"竖左旁"，如：归、旧、临、师、帅等；有的处在字的右边，称为"竖右边"，如：引、州等。

"丨"在现代汉语常用字中，先后出现过 12 次，构字 12 个。

丿$^{268}_{3}$　　丿金　　丿篆　　丿隶

象形字。金文等都像从右上向左下方引的样子，义同“撇”，指“拂拭”，读作 piě。字头形体是楷书规范的写法。

“丿”是个部首，又是个不能独立成字的部件，名称叫作“撇(piě)”，由它组成的字，大都跟拂去、丢弃有关。

“丿”可以表义，作合体字的意旁。例如：

丢 diū 指“失去”，丿表义。

失 shī 指“失掉”，丿表义。

有些字虽有“丿”部件，但跟它的音、义无关，只以笔画的身份出现。例如：币、乏、舟、氏、重、乞、升、生、冬、年、我、兔、川、丹、周、九、史等。

“丿”在组成的字中，有的处在字的上部，称为“撇头”，如：币、乏、舟、氏、重等；有的处在字的左上角，称为“撇左角”，如：乞、升、生、冬、年、我、兔等；有的处在字的左旁，称为“撇旁”，如：川、丹、周等；有的处在字中，称为“撇中”，如：九、夫、史等。

“丿”在现代汉语常用字中，先后出现过 9 次，构字 9 个。

丶$^{77}_{4}$　　丶甲　　丶金　　丨篆　　丶隶

象形。甲骨文等像火头的样子，即古“主”字，读作 zhǔ。后为古书上作为断句的符号，读作 dòu。字头形体是楷书规范的写法。

“丶”是个部首，又是个不能独立成字的部件，名称叫作“点(diǎn)”。在汉字中，它只作笔画。例如：之、主、永、良、并、举、卜、丸、丹、为、心、州、氏、求、我等。

“丶”在汉字中，有的处在字的上部，称为“点头”，如：之、良、并、举等；有的处在字的中部，称为“点中”，如：卜、丸、丹、心等；有的在字的下部，称为“点底”，如：氏等；还有的在字的右上角，称为“点右角”，如：求、我等。

“丶”在现代汉语常用字中，先后出现过 39 次，构字 37 个。

乛 $^{140}_{5}$

象形。字头像一横钩，是汉字的基本笔画之一，是楷书规范的写法。

“乛”是个部首，又是个不能独立成字的部件，名称叫作“横钩(hénggōu)”。在汉字中，它以笔画出现。例如：予、丞、买、函、卖、续等。

“乛”在汉字中，有的处在字的上部，称为“横钩头”，如：矛、丞、买、函等；也有的处在字腰，称为“横钩腰”，如：卖、茅等。

“乛”在现代汉语常用字中，先后出现过 11 次，构字 11 个。

㇕ 141 [5]

象形。字头像一横折，是汉字的基本笔画之一，是楷书规范的写法。

“㇕”是个不能独立成字的部件，名称叫作“横折(héngzhé)”。在汉字部首中，大都将它归入“乛部”中。由它组成的汉字如：尺、巴、丑、书、民、弗、尽、艮、君、隶、肃、昼、咫、律等。

“㇕”在汉字中，多处在字的右上角，将为“横折右角”，如以上各例。

“㇕”在现代汉语常用字中，先后出现过 9 次，构字 9 个。

㇗ 340 [5]

象形。字头像一竖折，是汉字的笔画之一，是楷书规范的写法。

“㇗”是个不能独立成字的部件，名称叫作“竖折(shùzhé)”。由它组成的字如：喝、渴、歇、甚、湛等。

“㇗”在合体字中，多处在字的右下左角，称为“右边竖折左下角”，如：喝、渴、湛等；也有的处在字下左角，称为“竖折左下角”，如：甚等；还有的处在字的左旁下角，称为“左旁竖折下角”，如：歇等。

“㇗”在现代汉语常用字中，先后出现过 17 次，构字 17 个。

㇆142 [5]

象形。字头像一横折钩，是汉字的笔画之一，是楷书规范的写法。

“㇆”是个不能独立成字的部件，名称叫作“横折钩(héngzhégōu)”。在汉字部首中大都归入“乛部”中。在汉字中，它以笔画的身份出现。例如：刁、习、司、幻、成、局、盛等。

“㇆”在汉字中，有的处在包围结构的外框，称为“横折钩框”，如：刁、习、司等；有的处在包围结构中，称为“横折钩心”，如：成等；有的处在字上部包围结构中，称为“上横折钩心”，如：盛等；还有的处在字下部包围结构外框，称为“下横折框”，如：局等。

“㇆”在现代汉语常用字中，先后出现过 6 次，构字 6 个。

㇄341 [5]

象形。字头像一个竖弯钩，是汉字的基本笔画之一，是楷书规范的写法。

“㇄”是个不能独立成字的部件，名称叫作“竖弯钩(shùwāngōu)”。在汉字部首中，归入“乛部”。由它组成的字如：孔、乩、乱、乳、轧、扎、札、礼、吼等。

“㇄”在汉字中，多处在字的右边，称为“竖弯钩边”，如以上各例。

“乚”在现代汉语常用字中，先后出现过 7 次，构字 7 个。

乙 139 [5]　甲　金　篆　隶

象形字。甲骨文等像初生草木从土中钻出的样子，指“草木受压破土而出”，读作 yǐ。字头形体是楷书规范的写法。

“乙”是个能独立成字的部件，名称叫作“横折弯钩(héngzhéwāngōu)”或“乙(yǐ)”。汉字部首将它归入到“乛部”中。凡由它组成的字，大都跟它的读音有关。

“乙”可以表音，作合体字的声旁。例如：

钇(yǐ)、亿、艺、忆(yì)等皆由乙得声。

有些字虽有“乙”部件，但跟它的音、义无关，只是以笔画的身份出现。例如：乞(qǐ)、气、讫、迄、汔、汽(qì)等。

“乙”在合体字中，多处在字的右边，称为“乙字边”，如：钇、亿、忆等；有的处在字的下部，称为“乙字底”，如：艺、乞、气等；也有的处在字的右下角，称为“乙右下角”，如：讫、汔、汽等；还有的处在包围结构中的下部，称为“乙心底”，如：迄等。

“乙”在现代汉语常用字中，先后出现过 11 次，构字 11 个。

二画

二[91]　　二甲　　二金　　二篆　　二隶

指事字。甲骨文等都用两横表示数目字二，指“数目字”，读作 èr。字头形体是楷书规范的写法。

“二”是个能独立成字的部件，名称叫作“二(èr)”。凡由它组成的字，大都跟数目字二或读音有关。

“二”可以表义，作合体字的意旁。例如：

次 cì 指“第二等的”，二表义。

些 xiē 指“数量不很多”，二表义。

竺 zhú 指“厚”，二表义。

“二”还可以表音，作合体字的声旁。例如：

次(cì)、弍、贰(èr)等皆由二得声。

有些字虽有“二”部件，但跟它的音、义无关，只是以笔画的身份充当部件。例如：井、五、亚、云等。

“二”在合体字中，有的在字的上部，称为“二字头”，如：云等；有的在字的下部，称为“二字底”，如：些、竺等；有的在字左旁，称为“二字旁”，如：次等；有的在字腰，称为“二字腰”，如：井等；有的在包围结构中，称为“二字心”，如：弍、贰等；有的为镶嵌结构的外框，称为“二字框”，如：五、亚等。

“二”在现代汉语常用字中，先后出现过 5 次，构字 5 个。

十$^{319}_{6}$ 甲 金 篆 隶

指事字。甲骨文以一竖为十，金文竖中间加一圆点，小篆点变成横，指“数目字十”，读作 shí。字头形体是楷书规范的写法。

“十”是个部首字，又是个能独立成字的部件，名称叫作“十（shí）”。凡由它组成的字，大都跟多数、完毕或它的读音有关。

“十”可以表义，作合体字的意旁。例如：

博 bó 指“范围大”，十表义。

古 gǔ 指“年代久远”，十表义。

卉 huì 指“许多草”，十表义。

索 suǒ 指“粗大的绳子或链子”，十表义。

协 xié 指“众多人合力办理”，十表义。

“十”还可以表音，作合体字的声旁。例如：

什（shí）、汁（zhī）等皆由十得声。

有些字虽有“十”部件，但跟它的音、义无关。只是以笔画的身份充当部件。例如：支、考、毕、克、直、阜、丧等。

“十”在合体字中，大多处在字的上部，称为“十字头”，如：古、卉、索、支、考、克、直、丧等；有的处在字的下部，称为“十字底”，如：早、毕、阜等；也有的处在字的左旁，称为“十字旁”，如：博、协等；还有的处在字的右边，称为“十字边”，如：什、汁等；还有的处在字腰，称为“十字腰”，如：质等。

“十”在现代汉语常用字中，先后出现过 116 次，构字 108 个。

丁[80]

 甲  金  篆  隶

象形字。甲骨文像俯视竖钉只见上端的样子，金文像圆头尖尾的钉子，指“钉子”，读作 dīng。字头形体是楷书规范的写法。

“丁”是个能独立成字的部件，名称叫作“丁(dīng)”。凡由它组成的字，大都跟它的读音或“钉子、钉入”义有关。

“丁”可以表义，作合体字的意旁。例如：

钉 dīng 指“用金属或竹木制成可以固定物体的用品”，丁表义。

叮 dīng 指“像钉入一样地嘱咐”，丁表义。

盯 dīng 指“目光如钉子钉在上面一样地注视在一点上”，丁表义。

“丁”还可以表音，作合体字的声旁。例如：

打(dǎ)、灯(dēng)、仃、叮、玎、盯、町、钉、疔、耵、酊、靪(dīng)、顶、酊(dǐng)、订、饤(dìng)、厅、汀(tīng)、亭(tíng)、町(tǐng)等皆由丁得声。

“丁”在合体字中，大多处在字的右边，称为“丁字边”，如以上多例；也有少数处在字的左旁，称为“丁字旁”，如：顶等；还有个别处在字的下部，称为“丁字底”，如：亭等；还有个别的处在包围结构中，称为“丁字心”，如：疔等。

“丁”在现代汉语常用字中，先后出现过 22 次，构字 22 个。

丁 199 甲 金 篆 隶

象形字。甲骨文等像一个放东西的支架，上面一横为放物的板，下为支架腿，好钉在墙上，指“放物的支架”，读作 kǎo。字头形体是楷书规范的写法。

“丁 ”是个不能独立成字的部件，名称叫作“可(kě)字框”，由它组成的字，大都跟它的读音有关。

“丁 ”可以表音，作合体字的声旁。例如：

可(kě)由丁得声。

“丁 ”在合体字中，有的处在包围结构的外框，称为“可字框”，如：可等；有的处在字右边包围结构的外框，称为“右可字框”，如：诃、呵、河、何、阿、舸、珂、坷、柯、轲、钶、痾等；也有的处在字下部包围结构的外框，称为“底可字框”，如：苛、岢等；还有的处在包围结构中，称为“可字框心”，如：痾等。

“丁 ”在现代汉语常用字中，先后出现过 20 次，构字 18 个。

厂 407 甲 金 篆 隶

象形字。甲骨文等像石山突出的崖岩，指“突出的山崖”，读作 hàn。现在作“厰”的简化字，读作 chǎng。字头形体是楷书规范的写法。

“厂”是个部首字，又是个能独立成字的部件，名称叫作“厂(chǎng)”。凡由它组成的字，大都跟山崖或房屋或读音有关。

“厂”可以表义，作合体字的意旁。例如：

厕 cè 指“厕所”，厂表义。

厨 chú 指“做饭的屋子”，厂表义。

厩 jiù 指“牲口棚”，厂表义。

厅 tīng 指“大房子”，厂表义。

厓 yá 指“山边”，厂表义。

雁 yàn 指“常栖息在山崖上的候鸟”，厂表义。

原 yuán 指“水从山洞里流出”，厂表义。

“厂”还可以表音，作合体字的声旁。例如：

雁、彦(yàn)皆由厂得声。

“厂”在合体字中，多处在包围结构的外框，称为“厂字框”，如以上多例；有的处在字腰，称为“厂字框腰”，如：岸、危、雳等；也有的处在右边字腰，称为“右厂字框腰”，如：脆等。

“厂”在现代汉语常用字中，先后出现过 32 次，构字 32 个。

㇀ 398

象形。像一横下中间一小撇，没有读音，在汉字中只是以笔画的身份出现。

“丆”是个不能独立成字的部件，名称叫作“夏（xià）字头”。由它组成的字，如：百、夏、嘎、厦等。

“丆”在合体字中，多处在字的上部，称为“夏字头”，如：百、夏等；有的处在字的右上角，称为“夏字头右角”，如：嘎等；也有的处在包围结构中的上部，称为“夏字头心”，如：厦等。

“丆”在现代汉语常用字中，先后出现过 3 次，构字 3 个。

𠂇 514  甲  金  篆  隶

象形字。甲骨文等像一人胳膊向左、手指向右的大手，指“左手”，读作 zuǒ。字头形体是楷书规范的写法。

“𠂇”是个不能独立成字的部件，名称叫作“左（zuǒ）字框”。凡由它组成的字，大都跟手或读音有关。

“𠂇”可以表义，作合体字的意旁。例如：

灰 huī 指“火烧物后，人能用手拿的只有灰”，𠂇表义。

友 yǒu 指“两手相交就是朋友”，𠂇表义。

有 yǒu 指“手拿着肉”，𠂇表义。

右 yòu 指“右手”，𠂇表义。

左 zuǒ 指“左边的手”，𠂇表义。

“𠂇”还可以表音，作合体字的声旁。例如：

左（zuǒ），由𠂇得声。

有些字虽有“𠂇”部件，但跟它的音、义无关，只是以笔画的身份充当部件。例如：布（bù）、存（cún）、在（zài）等。

“ナ”在合体字中，主要作为包围结构的外框，称为“左字框”，如以上各例；也有的处在字腰，称为“左字框腰”，如：爰等；还有的处在字右的包围结构中，称为“右左字框心”，如：贼等。

“ナ”在现代汉语常用字中，先后出现过45次，构字45个。

匚 286 8 甲 金 篆 隶

象形字。甲骨文等像一个盛物的器具，指“盛物器”，读作 fāng。字头形体是楷书规范的写法。

“匚”是个部首字，又是个不能独立成字的部件，名称叫作“区(qū)字框”。凡由它组成的字，大都跟盛器或工艺有关。

“匚”可以表义，作合体字的意旁。例如：

匪 fěi 指“古时一种类似竹筐的器皿”，匚表义。

匠 jiàng 指“装木工用具的箱子”，匚表义。

筐 kuāng 指“用竹篾等编成的器具”，匚表义。

匿 nì 指“将物藏入容器中”，匚表义。

匹 pǐ 指“把偷来的东西藏匿起来”，匚表义。

区 qū 指“将很多物品藏在盛器内”，匚表义。

匣 xiá 指“盛东西的盒子”，匚表义。

医 yī 指“装矢的匣子”，匚表义。

有些字虽有“匚”部件，但跟它的音、义无关，只是以笔画

的身份充当部件。例如：巨(jù)、叵(pǒ)、匾(biǎn)等。

“匚”在合体字中，多为包围结构的外框，称为“区字框”，如以上多例；也有的处在字下的外框，称为“下区字框”，如：筐等。

“匚”在现代汉语常用字中，先后出现过 23 次，构字 23 个。

七[272] 甲 金 篆 隶

指事字。甲骨文等像将一物从中间切断的样子，为跟“十”区别，把竖的下面变成弯钩，指“切断”，为切的本字，后被假借为“数目字”，读作 qī。字头形体是楷书规范的写法。

“七”是个能独立成字的部件，名称叫作“七(qī)”。凡由它组成的字，大都跟数目字或读音有关。

“七”可以表义，作合体字的意旁。例如：

柒 qī 指“七的大写”，七表义。

“七”还可以表音，作合体字的声旁。例如：

叱(chì)、柒(qī)、切(qiè)等皆由七得声。

有些字虽有“七”部件，但跟它的音、义无关，只是以笔画的身份充当部件。例如：虎(hǔ)、虏(lǔ)、虑(lǜ)、虐(nüè)、虚(xū)、皂(zào)等。

“七”在合体字中，多处在包围结构中，称为“七字心”，如：虎、虏、虑、虐、虚等；有的处在字的下部，称为“七字底”，如：皂等；有的处在字的左旁，称为“七字旁”，如：切等；有的

处在字的右边，称为“七字边”，如：叱等；还有的处在字的右上角，称为“七右角”，如：柒等。

“七”在现代汉语常用字中，先后出现过 7 次，构字 7 个。

丂[134]

丂同“丌”，指“放物的支架”，读作 kǎo。字头形体是楷书规范的写法。

“丂”是个不能独立成字的部件，名称叫作“号(hào)字底”。凡由它组成的字，大都跟它的读音有关。

“丂”可以表音，作合体字的声旁。例如：

号(hào)、考(kǎo)、巧(qiǎo)、朽(xiǔ)等皆由丂得声。

有些字虽有“丂”部件，但跟它的音、义无关，只是以笔画的身份充当部件。例如：骋(chěng)、聘(pìn)、俜、娉(pīng)等。

“丂”在合体字中，有的处在字的右边，称为“号字底边”，如：巧、朽等；有的处在字的下部，称为“号字底”，如：号等；也有的处在包围结构中，称为“号字底心”，如：考等；还有的处在字的右下角，称为“号底右下角”，如：骋、聘、俜、娉等。

“丂”在现代汉语常用字中，先后出现过 19 次，构字 19 个。

卜 28 [9]

象形字。甲骨文像龟甲、兽骨被火烤后所产生的裂纹，

指“占卜”,读作 bǔ。楷书写作卜,当它作部件时,有时写作⺊。字头形体是楷书某些部件规范的写法。

“⺊”是个附形部首(归入“卜”部),又是个不能独立成字的部件,由它组成的字,有的跟它的本义有关。

“⺊”可以表义,作合体字的意旁。例如:

占 zhàn 指“占卦”,⺊表义。

贞 zhēn 指“占卜”,⺊表义。

有些字虽有“⺊”部件,但跟⺊(卜)的音、义无关,只是以笔画的身份充当部件。例如:卡(kǎ)、卢、颅(lú)、粘(zhān)、桌(zhuō)、卓(zhuó)等。

“⺊”在合体字中,多数处在字的上部,称为“卢(lú)字头”,如:占、贞、卡、卢、桌、卓等;有的处在字的左上角,称为“卢字头左角”,如:颅等;有的处在字的右上角,称为“卢字头右角”,如:粘等;还有的处在字腰,称为“卢字头腰”,如:罩等。

“⺊”在现代汉语常用字中,先后出现过 24 次,构字 24 个。

‖ 43

象形字。字头像两竖,在汉字中仅作笔画使用,没有读音。字头形体是楷书规范的写法。

“‖”是个不能独立成字的部件,名称叫作“临(lín)字旁”。由它组成的字如：坚、监（jiān）、蓝、褴、篮（lán）、览、揽、缆、榄（lǎn）、滥（làn）等。

“刂”在合体字中，有的处在字的左旁，称为“临字旁”，如：临等；有的处在字的左上角，称为“临字旁左角”，如：坚、监、览等；也有的处在字右边左上角，称为“右边临字旁左角”，如：褴、揽、缆、榄、滥；还有的处在字腰的左上角，称为“临字旁腰左角”，如：蓝、篮等。

“刂”在现代汉语常用字中，先后出现过 17 次，构字 17 个。

刂 72 [22]

象形字。甲骨文等像一把刀的样子，指“切割用的工具”，写作“刀”，当它作右边旁时多写作刂。字头形体是楷书规范的写法。

“刂”是归入刀部的附形部首，又是个不能独立成字的部件，名称叫作“立刀（lìdāo）”。凡由它组成的字，大都跟刀有关。

“刂”可以表义，作合体字的意旁。例如：

别 bié 指“用刀分解”，刂表义。

刮 guā 指“用刀将物体表面的东西去掉”，刂表义。

划 huá 指“用刀割开”，刂表义。

刊 kān 指“用刀削除”，刂表义。

利 lì 指“用刀断禾，表示‘锋利’”，刂表义。

“刂”在汉字中，主要处在合体字的右边，称为“立刀边”，如：别、刺、创、刚、剑、剂、刻、列、刘、判、刨、刷、删、刑、钊等。

“刂”在现代汉语常用字中，先后出现过 64 次，构字 64 个。

刂 507

象形。楷书像一竖一撇，在汉字中，只作笔画使用。

“刂”是个不能独立成字的部件，名称叫作“师（shī）字旁”。

“刂”在合体字中，多处在字的左旁，例如：归（guī）、师（shī）、帅（shuài）等。

“刂”在现代汉语常用字中，先后出现过 5 次，构字 5 个。

卜$^{27}_{9}$ 甲 金 篆 隶

象形字。甲骨文等像用火灼烤龟甲后所形成的裂纹。古人迷信，以为这种裂纹是神的语言，故多用于占卜，读作 bǔ。字头形体是楷书规范的写法。

“卜”是个能独立成字的部件，名称叫作“卜（bǔ）”。由它组成的字，大都跟占卜有关。

“卜”可以表义，作合体字的意旁。例如：

卦 guà 指“古代用来占卜的象征各种自然现象的八种符号”，卜表义。

“卜”还可以表音，作合体字的声旁。例如：

补(bǔ)、讣、赴(fù)、朴(piáo)、朴、钋(pō)、仆、扑(pū)、仆(pú)、朴(pǔ)等，皆由卜得声。

有些字虽有卜部件，但跟它的音、义无关。如：卞(biàn)、卡(kǎ、qiǎ)、处(chǔ、chù)。

“卜”在合体字中，大多处在字的右边，如：卦、补、讣、朴、仆、扑；少数处在包围结构中，称为“卜字心”，如：赴、处等；还有的处在字的下部，称为“卜字底”，如：卞、卡等。

“卜”在现代汉语常用字中，先后出现过 12 次，构字 12 个。

冂 364 10

金 篆 隶

指事字。金文外框像门框，口像大门闩，系古“扃”字，读作 jiōng。字头形体是楷书规范的写法。

“冂”是个部首字，又是个不能独立成字的部件，名称叫作“同(tóng)字框”。凡由“冂”组成的常用字，大都跟它的音、义无关，仅以笔画的身份充当部件，例如：冈(gāng)、冉(rǎn)、同(tóng)、网、罔(wǎng)、肉(ròu)、周(zhōu)等。

“冂”在合体字中，主要作包围结构的外框，称为“同字框”，如以上各例。

“冂”在现代汉语常用字中，先后出现过 18 次，构字 18 个。

𠂉 296

字头形体是楷书规范的写法，在合体字中仅以笔画组成的部件出现，没有音、义。

“𠂉”是个不能独立成字的部件，名称叫作“卧人(wòrén)”。由它组成的字不少。例如：复(fù)、每(měi)、履(lǚ)、乞(qǐ)、族(zú)等。

“𠂉”在合体字中，多处在字的上部，称为“卧人头”，如：复、每、乞等；有的处在字的右上角，称为“卧人右角”，如：海、族等；也有的处在包围结构中，称为“卧人右上角心”，如：履等。

“𠂉”在现代汉语常用字中，先后出现过 30 次，构字 30 个。

丿丨 280

字头形体是楷书规范的写法，在汉字中仅以笔画组成的部件出现，没有音、义。

“丿丨”是个不能独立成字的部件，名称叫作“乔(qiáo)字底”。由它组成的字不少。例如：介、界(jiè)、乔(qiáo)、养(yǎng)等。

“丿丨”在合体字中，大多处在字的下部。如以上各例；也有的处在字的右下角，称为“右乔下角”，如：价(jià)、侨、桥(qiáo)等。

“刂”在现代汉语常用字中，先后出现过 19 次，构字 19 个。

亻 293 [12]

象形字。甲骨文像一个面朝左站立的人，指“人”，当它作左旁时写作亻。字头形体是楷书作边旁时规范的写法。

“亻”是个附形部首，又是个不能独立成字的部件，名称叫作“单立人(dānlìrén)”。由它组成的字，大都跟人有关。例如：

亿 yì 指“人心里安适”，亻表义。

仆 pú 指“仆人”，亻表义。

仇 chóu 指“伴侣”，亻表义。

仗 zhàng 指“人用手拿着”，亻表义。

们 men 指“门里住着好多人”，亻表义。

休 xiū 指“人靠着树歇着”，亻表义。

体 tǐ 指“人或动物的全身”，亻表义。

“亻”在合体字中，大都处在字的左旁，称为“单立人旁”，如以上各例；有的处在字的左上角，称为“单立人左角”，如：堡等；也有的处在字的左下角，称为“单立人左下角”，如：夜等；还有的处在字的中间，称为“单立人中”，如：鞭等。

“亻”在现代汉语常用字中，先后出现过 157 次，构字 156 个。

厂 94 [7]  篆

象形字。小篆像牵引的样子，指“牵引”，读作 yì。字头形体是楷书规范的写法。

“厂”是附形部首，又是个不能独立成字的部件，名称叫作“反（fǎn）字框”，由它组成的字，大都跟它的音、义无关。例如：板（bǎn）、盾（dùn）、返（fǎn）、后（hòu）、派（pài）、质（zhì）等。

“厂”在合体字中，有的处在包围结构的外框，称为“反字框”，如：盾、后、质等；有的处在包围结构中，称为“反字框心”，如：返等；还有的处在字右的外框，称为“右反字框”，如：派等。

“厂”在现代汉语常用字中，先后出现过 12 次，构字 12 个。

八 5 11  甲  金  篆  隶

指事字。甲骨文等像把一件东西分成两半，指“分开”，后假借指“数目字”，读作 bā。字头形体是楷书规范的写法。

“八”是个部首字，又是个能独立成字的部件，名称叫作“八（bā）”。凡由它组成的字，大多跟分解、分散、相背有关。

“八”可以表义，作合体字的意旁。例如：

分 fēn 指“用刀将物分开”，八表义。

公 gōng 指“背私为公”，八表义。

半 bàn 指“牛大可分——一半”，八表义。

“八”还可以表音，作合体字的声旁。例如：

叭(bā)、扒(bā、pá)、趴(pā)等皆由八得声。

有些字虽有八部件，但跟它的音、义无关，如：只、共、兴、典、益、黄等。

“八”在合体字中有的处在字的上部，称为“八字头”，如：分、公等；有的处在字的下部，称为“八字底”，如：只、共、兴、典等；也有的处在字的右边，称为“八字边”，如：叭、扒、趴等；还有的处在字腰，称为“八字腰”，如：益等。

“八”在现代汉语常用字中，先后出现过 72 次，构字 72 个。

人 292 12　甲　金　篆　隶

象形字。甲骨文等像一个面朝左、伸手站着的人的样子。指“人”，读作 rén。字头形体是楷书规范的写法。

“人”是个部首字，又是个能独立成字的部件，名称叫作“人(rén)”。凡由它组成的字，大都跟人有关。

“人”可以表义，作合体字的意旁。例如：

个 gè 指“单个的人”，人表义。

从 cóng 指“人跟随”，人表义。

丛 cóng 指“人挨人聚集在地上”，人表义。

介 jiè 指“人身上披有片状物”，人表义。

企 qǐ 指“人踮起脚跟看”,人表义。

众 zhòng 指“人多”,人表义。

“人”还可以表音,作合体字的声旁。例如:认(rèn),由人得声。

有些字虽有人部件,但跟它的音、义无关。例如:仓(cāng)、合(hé)、会(huì)、今(jīn)、命(mìng)、拿(ná)、禽(qín)、舍(shè)、余(yú)等。

“人”在合体字中,多处在字的上部,称为“人字头”,如以上诸例;也有的处在字的左旁,称为“人字旁”,如:从等;还有的处在字的右边,称为“人字边”,如:从等。

“人”在现代汉语常用字中,先后出现过 133 次,构字 116 个。

入 301 [12]

 甲  金  篆  隶

象形字。甲骨文像斗笠的样子,为古“笠”字,后被假借指“进入”,读作 rù。字头形体是楷书规范的写法。

“入”是个附形部首,又是个能独立成字的部件,名称叫作“入(rù)”。凡由它组成的字,大多跟进入有关。

“入”可以表义,作合体字的意旁。例如:

氽 cuān 指“人或物入水”,入表义。

籴 dí 指“买进粮食”,入表义。

“入”在合体字中,主要处在字的上部,称为“入字头”,如以上两字。

“入”在现代汉语常用字中，仅出现过 1 次，构字 1 个。

乂[446] 甲 篆 隶

象形字。甲骨文等像一把剪刀的样子，指“割草”，读作 yì。字头形体是楷书规范的写法。

“乂”是个能独立成字的部件，名称叫作“乂(yì)”或“艾(ài)字底”，由它组成的字，有些跟割、杀有关。

“乂”可以表义，作合体字的意旁。例如：

杀 shā 指“杀、割禾稼”，乂表义。

刈 yì 指“割”，乂表义。

“乂”还可以表音，作合体字的声旁。例如：

义、刈(yì)等皆由乂得声。

有些字虽有乂部件，但跟它的音、义无关。如：艾(ài)、驳(bó)、樊(fán)、风(fēng)、区(qū)、希(xī)、肴(yáo)、赵(zhào)等。

“乂”在合体字中，有的处在字的上部，称为“乂字头”，如：杀、希、肴等；有的处在字的下部，称为“乂字底”，如：义、艾等；有的处在字左旁，称为“乂字旁”，如：刈等；有的处在字的右上下角，称为“乂右上下角”，如：驳等；也有的处在包围结构中，称为“乂字心”，如：风、区、赵等。

“乂”在现代汉语常用字中，先后出现过 58 次，构字 52 个。

⺈ 295 [22]  甲  篆  隶

象形字。甲骨文等像一把刀的样子，指“刀”，读作 dāo。在合体字中，有些变体成⺈，字头形体是楷书变体的规范写法。

“⺈”是个附形部首，又是个不能独立成字的部件，名称叫作“负（fù）字头”，由它组成的字，大多跟它的音、义无关。例如：负（fù）、龟（guī）、急（jí）、危（wēi）、陷（xiàn）、争（zhēng）等。

“⺈”在合体字中，大多处在字的上部，称为“负字头”，如：负、龟、急、危、争等；也有的处在字的右上角，称为“右负头角”，如：陷等。

“⺈”在现代汉语常用字中，先后出现过 25 次，构字 25 个。

𠂉 89

象形字。像一撇一折钩，字头形体是楷书规范的写法。是个以笔画组成的部件，没有音、义。

“𠂉”是个不能独立成字的部件，名称叫作“尔（ěr）字头”。由它组成的字，如：尔（ěr）、弥（mí）、你（nǐ）、您（nín）等。

“𠂉”在合体字中，有的处在字的上部，称为“尔字头”，如：尔等；也有的处在字的右上角，称为“尔字头右角”，如：弥、你、您等。

“𠂉”在现代汉语常用字中，先后出现过 5 次，构字 5 个。

冂 497 [10]

字头形体是楷书规范的写法，没有音、义。

“冂”是个附形部首，又是个不能独立成字的部件，名称叫作“周(zhōu)字框”。由它组成的字，如：绸、稠(chóu)、雕(diāo)、周(zhōu)等。

“冂”在合体字中，有的处在包围结构的外框，称为“周字框”，如：周等；也有的处在字的左旁外框，称为“周字框旁”，如：雕等；还有的处在字的右边外框，称为“周字框边”，如：绸、稠等。

“冂”在现代汉语常用字中，先后出现过 5 次，构字 5 个。

勹 192 13

篆

象形字。小篆像人弯腰曲背的样子，指“裹抱”，读作 bāo。字头形体是楷书规范的写法。

“勹”是个部首字，又是个不能独立成字的部件，名称叫作“句(jù)字框”。凡由它组成的字，大都跟“包裹”有关。

“勹”可以表义，作合体字的意旁。例如：

包 bāo 指“妇人腹中包有胎儿”，勹表义。

旬 xún 指“包含十日为旬”，勹表义。

有些字虽有勹部件，但跟它的音、义无关，只是以笔画的身份出现，如：句(jù)、勺(sháo)、勿(wù)、匈(xiōng)、匀

(yún)。

“勹”在合体字中，多处在包围结构的外框，称为“句字框”，如：勾、句、勺、匆、匈、匀等；有的处在合体字的右上角，称为“句字框右角”，如：泡、炮等；有的处在字腰，称为“句字框腰”，如：菊、葡等；还有的处在字的右下角，称为“句字框右下角”，如：喝、渴等。

“勹”在现代汉语常用字中，先后出现过 55 次，构字 55 个。

⺇ 103 [16]　　風篆　　風隶　　風楷

形声字。小篆从虫凡声，指“空气流动的现象”，读作 fēng。字头形体是楷书的省文，是规范的写法。

“⺇”作为附形部首归入到“几(jǐ)”部中，又是不能独立成字的部件，名称叫作“风(fēng)省”。由它组成的字，有的跟风的读音有关。

“⺇”可以表音，作合体字的声旁。例如：

风 fēng 指“空气流动的现象”，⺇表声。

凤 fèng 指“凤凰”，⺇表声。

有些字虽有⺇部件，但跟⺇的音、义无关，如：凰(huáng)、佩(pèi)等。

“⺇”在合体字中，大多处在字的外框，称为“风省框”，如：风、凰等；还有的处在字右边的外框，称为“右风省框”，如：佩等。

“几”在现代汉语常用字中，先后出现过 3 次，构字 3 个。

儿 294 14 甲 金 篆 兒隶 兒楷

象形字。甲骨文等都像一个囟门未合的大头婴儿，指“小孩”，读作 ér。字头形体是楷书的简化字，是规范的写法。

“儿”是个部首字，又是个能独立成字的部件，名称叫作“儿(ér)”。凡由它组成的字，大多跟人有关。

“儿”可以表义，作合体字的意旁。例如：

充 chōng 指“育子成人”，儿表义。

光 guāng 指“火在人头上——光明”，儿表义。

兄 xiōng 指“人张口发号施令”，儿表义。

元 yuán 指“人的头部”，儿表义。

允 yǔn 指“人头顶物，需保持平衡”，儿表义。

有些字虽有儿部件，但跟儿的音、义无关，如：党(dǎng)、兜(dōu)、兑(duì)、鬼(guǐ)、克(kè)、兔(tù)等。

“儿”在合体字中，大都处在字的下部，称为“儿字底”，如以上各例；也有少数的处在包围结构中，称为“儿字心”，如：匹等；还有的处在字的右下角，称为“儿右下角”，如：貌等。

“儿”在现代汉语常用字中，先后出现过 33 次，构字 31 个。

匕 19 15 甲 金 篆 匕隶

象形字。甲骨文等像一只浅浅的勺子，指“勺子”，读作

bǐ。字头形体是楷书规范的写法。

“匕”是个部首字，又是个能独立成字的部件，名称叫作“匕(bǐ)”。凡由它组成的字，大多跟勺子或人有关。

“匕”可以表义，作合体字的意旁。例如：

比 bǐ 指“两人并列或挨着”，匕表义。

庇 bì 指“人住棚里挨得近”，匕表义。

毙 bì 指“人跪在尸骨旁哭拜——死亡”，匕表义。

匙 chí 指“汤勺”，匕表义。

“匕”还可以表音，作合体字的声旁，例如：

牝(pìn)、旨(zhǐ)等皆由匕得声。

还有些字，虽然有匕部件，但跟它的音、义无关。如：北(běi)、化(huà)等。

“匕”在合体字中，有的处在字的左旁，称为“匕字旁”，如：顷等；有的处在字的右边，称为“匕字边”，如：北、此、化等；有的处在包围结构中，称为“匕字心”，如：匙、庇等；也有的处在字的上部，称为“匕字头”，如：毙等；还有的处在字的下部，称为“匕字底”，如：它等。

“匕”在现代汉语常用字中，先后出现过 74 次，构字 58 个。

几 157 16　金　篆　隶

象形字。金文等像古人席地而坐供倚靠的家具，指“小桌子”，读作 jī、jǐ。字头形体是楷书规范的写法。

“几”是个部首字，又是个能独立成字的部件，名称叫作“几(jǐ)”。凡由几组成的字，大多跟凭靠、用具有关。

“几”可以表义，作合体字的意旁。例如：

凳 dèng 指“没靠背的坐具”，几表义。

凭 píng 指“倚”，几表义。

“几”还可以表音，作合体字的声旁。例如：

讥、叽、饥、玑、机(jī)等皆由几得声。

有些字虽有几部件，但跟它的音、义无关。如：凡(fán)、风(fēng)、凤(fèng)、壳(ké)、夙(sù)、秃(tū)、咒(zhòu)等。

“几”在合体字中，大多处在字的右边，称为“几字边”，如：讥、叽、饥、玑、机等；有的处在包围结构的外框，称为“几字框”，如：凡、风、凤、夙等；也有的处在字的下部，称为“几字底”，如：凳、凭、壳、秃、咒等。

“几”在现代汉语常用字中，先后出现过 36 次，构字 36 个。

九[187]

 甲  金  篆  隶

象形字。甲骨文等都像曲肘的样子，指“肘”，后被假借指“数目字”，读作 jiǔ。字头形体是楷书规范的写法。

“九”是个能独立成字的部件，名称叫作“九(jiǔ)”。凡由九组成的字，大都跟数目或多有关。

“九”可以表义，作合体字的意旁。例如：

馗 kuí 指“通向多处的道路”，九表义。

“九”还可以表音，作合体字的声旁。例如：

仇(chóu)、宄、轨(guǐ)、究、鸠(jiū)、尻(kāo)、仇、犰、艽(qiú)、虓(xiāo)等皆由九得声。

“九”在合体字中，有的处在字的右边，称为“九字边”，如：仇、轨、犰等；有的处在字的左旁，称为“九字旁”，如：鸠、虓等；有的处在字的上部，称为“九字头”，如：杂等；也有的处在字的下部，称为“九字底”，如：宄、究等；也有的处在字的外框，称为“九字框”，如：馗、艽、尻等；还有的处在字的中间，称为“九字中”，如：抛等。

“九”在现代汉语常用字中，先后出现过 8 次，构字 8 个。

亠 $\frac{412}{17}$  篆  隶

指事字。小篆从竖在横上，没有音、义，以笔画组成部件。字头形体是楷书规范的写法。

“亠”是个部首字，又是个不能独立成字的部件，名称叫作“玄(xuán)字头”。

以亠组成的字，大都处在字的上部，称为“玄字头”。例如：变(biàn)、产(chǎn)、交(jiāo)、京(jīng)、六(liù)、弃(qì)、亩(mǔ)、市(shì)、玄(xuán)、亡(wáng)、亦(yì)等；有的处在字的左上角，称为“玄头左角”，如：就(jiù)、氓(máng)、孰(shú)等；也有的处在字的右角，称为“玄字头右上角”，如：液等。

“亠”在现代汉语常用字中，先后出现过 72 次，构字

72 个。

冫$^{214}_{18}$ 甲 金 篆 隶

象形字。甲骨文等像水遇寒而凝成的冰凸，指“冰”。读作 bīng。字头形体是楷书规范的写法。

“冫”是个部首字，又是个不能独立成字的部件，名称叫作“两点水（liǎngdiǎnshuǐ）”或“冰（bīng）字旁”。凡由它组成的字，大都跟寒冷有关。

“冫”可以表义，作合体字的意旁。例如：

冰 bīng 指“水在零度以下凝结成的固体”，冫表义。

冻 dòng 指“水遇冷而凝结”，冫表义。

况 kuàng 指“人张口惊叹水寒冷”，冫表义。

冷 lěng 指“温度低”，冫表义。

凌 líng 指“水凝结成拱起的冰”，冫表义。

凝 níng 指“水结成冰”，冫表义。

“冫”还可以表音，作合体字的声旁。例如：

冯（féng）由冫得声。

还有一些字虽有冫部件，但跟它的音、义无关。如：次（cì）、冲（chōng）、决（jué）、习（xí）、准（zhǔn）等。

“冫”在合体字中，绝大多数处在字的左旁，称为“两点水或冰字旁”，如以上各例。

“冫”在现代汉语常用字中，先后出现过 32 次，构字 30 个。

丷 6 [11]

字头形体是楷书规范的写法。是“八”的倒写。没有音、义。

“丷”是八的附形部首，又是个不能独立成字的部件，名称叫作“倒八(dàobā)”。由它组成的字有不少，例如：

兑 duì 指“交换”。

屏 píng 指“遮挡、遮挡物”。

幸 xìng 指“意外地得到成功或免去灾害”。

尊 zūn 指“地位或辈分高”。

“丷”在合体字中，有的处在字的上部，称为“倒八头”，如：兑、尊等；有的处在字腰，称为“倒八腰”，如：幸等；也有的处在包围结构中的上部，称为“倒八心头”，如：屏等。

“丷”在现代汉语常用字中，先后出现过 36 次，构字 36 个。

刂 70

 金  篆  隶

象形字。金文等都像一把刀的样子，是刀的变体，字头形体是楷书规范的写法。

“刂”是个不能独立成字的部件，名称叫作“刀(dāo)中”。凡由它组成的字，大都跟刀有关。

“刂”可以表义，作合体字的意旁。例如：

班 bān 指“用刀分割玉”，刂 表义。

辨 biàn 指“用刀剖分”，刂表义。

“刂”在合体字中，多处在字的中间，称为“刀中中”，如：班、辨等。

“刂”在现代汉语常用字中，先后出现过 2 次，构字 2 个。

冫 215

象形字。楷书像一上一下的两点。字头形体是楷书规范的写法。

“冫”是个不能独立成字的部件，名称叫作“两点(liǎngdiǎn)”或“冬(dōng)字底”。由它组成的字，大多跟冷有关。

“冫”可以表义，作合体字的意旁。例如：

冬 dōng 指“冬天”，冫表义。

寒 hán 指“冷”，冫表义。

有些字虽有冫部件，但跟冷无关，如：尽(jìn)等。

“冫”在现代汉语常用字中，先后出现过 10 次，构字 10 个。

冖 366 19 甲 金 篆 隶

象形字。甲骨文等像一块布向下覆盖的样子，指“覆盖”，读作 mì。字头形体是楷书规范的写法。

“冖”是个部首字，又是个不能独立成字的部件，名称叫作“秃宝盖(tūbǎogài)”。凡由它组成的字，大都跟“覆盖”义

有关。

“冖”可以表义，作合体字的意旁。例如：

冠 guān 指“戴在头上的帽子”，冖表义。

冥 míng 指“日光被覆盖而昏暗”，冖表义。

冤 yuān 指“兔子被蒙罩住”，冖表义。

冢 zhǒng 指“覆盖死者的坟墓”，冖表义。

有些字虽有冖部件，但跟它的音、义无关。如：罕(hǎn)、军(jūn)、冗(rǒng)、写(xiě)等。

“冖”在合体字中，主要处在字的上部，称为“秃宝盖头”，如以上各例。

“冖”在现代汉语常用字中，先后出现过 70 次，构字 70 个。

讠 427 [166]

指事字。甲骨文等从一从舌，指“从口中发出的声音(一)”，读作 yán。当它作左旁时，多写作“讠”，字头是楷书规范的写法。

“讠”是言的附形部首，又是个不能独立成字的部件，名称叫作“言(yán)旁”。凡由它组成的字，大都跟说话有关。例如：

计 jì 指“计算时发出声音”，讠表义。

讲 jiǎng 指“说话”，讠表义。

让 ràng 指“从言行上不争，尽着旁人”，讠表义。

认 rèn 指“用言行辨别人”，讠表义。

讨 tǎo 指“用言语进行处置”，讠表义。

议 yì 指“商谈时要将各自的意思说出来”，讠表义。

“讠”在合体字中，多处在字的左旁，称为“言字旁”，如以上各例。

“讠”在现代汉语常用字中，先后出现过 79 次，构字 79 个。

刁[79]　隶

象形字。隶书像古代军队中有柄的金属小斗，白天可用来做饭，晚上可用作打更，读作 diāo。字头形体是楷书规范的写法。

“刁”是个能独立成字的部件，名称叫作“刁(diāo)”。

“刁”可以表音，作合体字的声旁。例如：

叼、汈(diāo)等皆由刁得声。

“刁”在合体字中，多处在字的右边，称为“刁字边”，如以上字例。

“刁”在现代汉语常用字中，先后出现过 2 次，构字 2 个。

了[218]　甲　金　篆　隶

象形字。甲骨文等都像婴儿双手及身体被包裹着，只见头和足的样子，指“婴儿被包裹好就是了”，读作 liǎo。字头形体是楷书规范的写法。

“了”是个能独立成字的部件，名称叫作“了（liǎo）”。凡由它组成的字，大都跟小孩或小有关。

“了”可以表义，作合体字的意旁。例如：

孩 hái 指“幼童”，了表义。

孑 jié 指“小孩没有右臂”，了表义。

孓 jué 指“小孩没有左臂”，了表义。

“了”还可以表音，作合体字的声旁。例如：

辽、疗（liáo）、钌（liǎo）等皆由了得声。

“了”在合体字中，有的处在字的右边，称为“了字边”，如：钌等；有的处在包围结构中，称为“了字心”，如：辽、疗等。

“了”在现代汉语常用字中，先后出现过 7 次，构字 7 个。

凵 148 20　　凵金　　U篆　　凵隶

象形字。金文像一个坑的样子，指“坑穴”，读作 kǎn。字头形体是楷书规范的写法。

“凵”是个部首字，又是个不能独立成字的部件，名称叫作“画（huà）字框”。凡由它组成的字，大都跟坑穴有关。

“凵”可以表义，作合体字的意旁。例如：

出 chū 指“脚跨出洞口”，凵表义。

凸 tū 指“周围低，中间高”，凵表义。

凹 wā、āo 指“四周高，中间低”，凵表义。

凶 xiōng 指“不吉利”，凵（陷阱）表义。

凿 záo 指“用凿子打出的洞”，凵表义。

有些字虽有凵部件，但跟它的音、义无关。如：击（jī）、画（huà）、幽（yōu）等。

“凵”在合体字中，绝大多数处在字的下部，称为“画框底”，如以上各例。

“凵”在现代汉语常用字中，先后出现过 19 次，构字 19 个。

丩 186 篆 隶

象形字。小篆像一根相互缠绕的绳子，读作 jiū。字头形体是楷书规范的写法。

“丩”是个不能独立成字的部件，名称叫作“丩（jiū）”或“纠（jiū）字边”。凡由它组成的字，大都跟它的音、义有关。

“丩”可以表义，作合体字的意旁。例如：

纠 jiū 指“三股绳缠绕在一起”，丩表义。

“丩”还可以表音，作合体字的声旁。例如：

叫（jiào）、赳（jiū）、收（shōu）等皆由丩得声。

“丩”在合体字中，有的处在字的左旁，称为“丩字旁”，如：收等；也有的处在字的右边，称为“丩字边”，如：叫、纠等；还有的处在包围结构中，称为“丩字心”，如：赳等。

“丩”在现代汉语常用字中，先后出现过 3 次，构字 3 个。

卩 174 21 甲 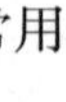金 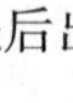篆

象形字。甲骨文等像一个面朝左跪坐着的人，读作 jié。

字头形体是楷书规范的写法。

“卩”是个部首字，又是个不能独立成字的部件，名称叫作“卩(jié)”或“单耳(dān'ěr)”。凡由它组成的字，大都跟人有关。

“卩”可以表义，作合体字的意旁。例如：

即 jí 指“人靠近食器”，卩表义。

却 què 指“人遇到困难而退”，卩表义。

仰 yǎng 指“人脸朝上”，卩表义。

卸 xiè 指“车马到达目的地后，人解马卸车”，卩表义。

印 yìn 指“用手按在人的头上”，卩表义。

“卩”在合体字中多处在字的右边，称为“单耳边”，如以上各例。

“卩”在现代汉语常用字中，先后出现过 12 次，构字 12 个。

㇆[175]

字头形体的源头跟卩同，是楷书另一规范的写法。读作 jié，后被节取代。

“㇆”是个不能独立成字的部件，名称叫作“节(jié)字底”。由它组成的字，有的跟它的读音有关。

“㇆”可以表音，作合体字的声旁。例如：

节、疖(jié)、爷(yé)等皆由㇆得声。

有些字虽有ㄗ部件但跟它的音、义无关。例如：卫(wèi)等。

“ㄗ”在合体字中，有的处在字的下部，称为“ㄗ字底”，如：节、爷等；也有的处在包围结构中，称为“ㄗ字心”，如：疖等；还有的处在字的上部，称为“ㄗ字头”，如：卫等。

“ㄗ”在现代汉语常用字中，先后出现过 2 次，构字 2 个。

阝 347 [175]（阝左）[159]（阝右）

字头形体的来源同邑或阜，是邑作合体字右边或阜作左旁时规范的写法。

“阝”是邑、阜的附形部首，又是个不能独立成字的部件，名称叫作“双耳(shuāng'ěr)”。凡由它组成的字，大多跟阶梯、城镇、地名有关。

“阝”可以表义，作合体字的意旁。例如：

阝（右邑）：

邦 bāng 指“国家”，阝表义。

邱 qiū 指“地名”，阝表义。

郝 hǎo 指“古乡名”，阝表义。

郡 jùn 指“古代行政区划”，阝表义。

都 dū 指“大城市”，阝表义。

阝（左阜）：

队 duì 指“猪从山坡上坠下”，阝表义。

陆 lù 指“比水面高的地方”，阝表义。

陂 pō 指“山坡”，阝表义。

降 jiàng 指“两脚从山坡走下来”，阝表义。

堕 duò 指“落到地面”，阝表义。

“阝”在合体字中，有的处在字的右边，称为“双耳边”，如以上多例；有的处在字的左旁，称为“双耳旁”，如以上多例；也有的处在字的左上角，称为“左双耳角”，如：堕、坠等；还有的处在字的中间，称为“双耳中”，如：椭等。

“阝”在现代汉语常用字中，先后出现过 70 次，构字 70 个。

刀$^{69}_{22}$

 甲  金  篆  隶

象形字。甲骨文等像一把刀的样子，指“切割用的工具”，读作 dāo。字头形体是楷书规范的写法。

“刀”是个部首字，又是个能独立成字的部件，名称叫作“刀(dāo)”。凡由它组成的字，大都跟刀有关。

“刀”可以表义，作合体字的意旁。例如：

刃 rèn 指“刀锋利处”，刀表义。

分 fēn 指“用刀剖开”，刀表义。

初 chū 指“用刀裁衣料”，刀表义。

券 quàn 指“用刀刻木为凭据”，刀表义。

“刀”还可以表音，作合体字的声旁。例如：

叨、鱽(dāo)、召(zhào)等皆由刀得声。

“刀”在合体字中，有的处在字的上部，称为“刀字头”，如：召等；有的处在字的下部，称为“刀字底”，如：分、券等；也有的处在字的右边，称为“刀字边”，如：初、叨、鱽等。

“刀”在现代汉语常用字中，先后出现过 39 次，构字 39 个。

力$^{208}_{23}$ 甲 金 篆 隶

象形字。甲骨文等像一把简单的犁，因用犁耕作须用力气，指“力量”，读作 lì。字头形体是楷书规范的写法。

“力”是个部首字，又是个能独立成字的部件，名称叫作“力(lì)”。凡由它组成的字，大都跟力气、能力有关。

“力”可以表义，作合体字的意旁。例如：

办 bàn 指“竭尽全力去处理事情”，力表义。

功 gōng 指“努力工作”，力表义。

动 dòng 指“用力转移重物”，力表义。

劣 liè 指“力量小”，力表义。

夯 hāng 指“用大力气举起重物”，力表义。

男 nán 指“在田里干力气活的人”，力表义。

“力”还可以表音，作合体字的声旁。例如：

勒(lè)、肋(lèi)、历(lì)等皆由力得声。

“力”在合体字中，常处在字的右边，称为“力字边”，如：功、劫、助、劲、勒、肋、勘等；有的处在字的下部，称为“力字底”，如：夯、劣、男、努等；有少数处在字的左旁，称为“力字

旁”，如：加等；也有的处在包围结构中，称为“力字心”，如：勉等。

“力”在现代汉语常用字中，先后出现过 58 次，构字 56 个。

乃[249]　甲　金　篆　乃隶

象形字。甲骨文等像气出不畅的样子，读作 nǎi。字头形体是楷书规范的写法。

“乃”是个能独立成字的部件，名称叫作“乃(nǎi)”。

“乃”可以表音，作合体字的声旁。例如：

奶、艿、氖(nǎi)、鼐(nài)、扔(rēng)、仍、礽(réng)等皆由乃得声。

有些字虽有乃部件，但跟它的音、义无关。如：透(tòu)、携(xié)、秀(xiù)、孕(yùn)等。

“乃”在合体字中，有些在字的右边，称为“乃字边”，如：奶、扔、仍等；有些在字的上部，称为“乃字头”，如：鼐、孕等；有的在字的下部，称为“乃字底”，如：秀等；有的处在包围结构中，称为“乃字心”，如：氖等；也有的处在字的右下角，称为“右乃下角”，如：携等；还有的处在包围结构中的下部，称为“心乃底”，如：透等。

“乃”在现代汉语常用字中，先后出现过 12 次，构字 12 个。

龴[454]

字头是楷书规范的写法，是由笔画组成的部件，没有音、义。

“龴”是个不能独立成字的部件，名称叫作“勇（yǒng）字头”。由它组成的字有不少。例如：

甬 yǒng 指“古代的一种乐钟”。

勇 yǒng 指“有胆识，敢干”。

涌 yǒng 指“水向上冒”。

踊 yǒng 指“跳跃”。

通 tōng 指“量词”。

痛 tòng 指“疼”。

“龴”在合体字中，有的处在字的上部，称为“勇字头”，如：甬、勇、恿等；也有的处在字的右上角，称为“右勇头角”，如：涌、踊等；还有的处在包围结构中的上角，称为“勇头心头”，如：通、痛等。

“龴”在现代汉语常用字中，先后出现过 10 次，构字 10 个。

又[460][24] 甲 金 篆 隶

象形字。甲骨文等像一只手指向左的右手的样子，指“右手”，读作 yòu。字头形体是楷书规范的写法。

“又”是个部首字，又是个能独立成字的部件，名称叫作

“又(yòu)”。凡由它组成的字,大都跟手有关。

“又”可以表义,作合体字的意旁。例如:

叉 chā 指“手指交错”,又表义。

反 fǎn 指“用手攀登山崖”,又表义。

受 shòu 指“一手交一手接”,又表义。

戏 xì 指“手玩要枪、棒”,又表义。

“又”还可以表音,作合体字的声旁。例如:

有(yǒu)、右(yòu)等皆从又得声。

有些字虽有又部件,但跟它的音、义无关。如:邓(dèng)、凤(fèng)、观(guān)、欢(huān)、艰(jiān)、难(nán)、圣(shèng)等。

“又”在合体字中,有许多处在字的左旁,称为“又字旁”,如以上多例;有的处在字的上部,称为“又字头”,如:圣等;有的处在字的下部,称为“又字底”,如:受、叟、支等;也有的处在字的右边,称为“又字边”,如:取等;还有的处在包围结构中,称为“又字心”,如:反、凤等。

“又”在现代汉语常用字中,先后出现过 119 次,构字 106 个。

卩 160

字头形体是楷书规范的写法,没有音、义,是以笔画组成的部件。

“卩”是个不能独立成字的部件,名称叫作“以(yǐ)字旁”。

由它组成的字，如：

以 yǐ 指“用、拿、把、将”。

拟 nǐ 指“打算”。

似 sì 指“相类，像”。

“𠄌”在合体字中，有的处在字的左旁，称为“以字旁”，如：以等；还有的处在字的中间，称为“以旁中”，如：似、拟等。

“𠄌”在现代汉语常用字中，先后出现过 3 次，构字 3 个。

厶$^{353}_{25}$ 甲 金 篆 隶

象形字。甲骨文等都像鼻子的侧视图，古人指着鼻子称说自己，指“一切为自己”，读作 sī。字头形体是楷书规范的写法。

“厶”是个部首字，又是个不能独立成字的部件，名称叫作“厶（sī）”或“私（sī）字边”。凡由厶组成的字，大都跟个人有关。

“厶”可以表义，作合体字的意旁。例如：

篡 cuàn 指“为自己非法夺取”，厶表义。

“厶”还可以表音，作合体字的声旁。例如：

私（sī）从厶得声。

有些字虽有厶部件，但跟它的音、义无关。如：畚（běn）、参（cān）、牟（mù）、能（néng）、去（qù）、台（tái）、允（yǔn）等。

“厶”在合体字中，有的处在字的上部，称为“厶字头”，

如：畚、参、牟、台等；有的处在字的下部，称为“厶字底”，如：县、去、篡等；有的处在字的右边，称为“厶字边”，如：私等；还有的处在字的左上角，称为“厶左角”，如：能等。

“厶”在现代汉语常用字中，先后出现过 66 次，构字 64 个。

廴 169 26　　 篆　　 隶

指事字。小篆系把彳引长而成，指“引长”，读作 yǐn。字头形体是楷书规范的写法。

“廴”是个部首字，又是个不能独立成字的部件，名称叫作“建之（jiànzhī）”。凡由它组成的字，大都跟深长有关。

“廴”可以表义，作合体字的意旁。例如：

建 jiàn 指“为朝廷立法”，廴表义。

廷 tíng 指“朝廷建筑大而深广”，廴表义。

延 yán 指“走长路”，廴表义。

“廴”在合体字中，主要处在包围结构的外框，称为“建之框”，如以上各例。

“廴”在现代汉语常用字中，先后出现过 11 次，构字 11 个。

㔾 176 [21]

字头形体来源跟卩同，是楷书规范的写法。读作 jié 或 xuān。

“㔾”是卩的附形部首，也是个不能独立成字的部件，名称叫作“仓(cāng)字底”。由它组成的字不少，例如：

仓 cāng 指“收藏谷物的建筑物”。

卷 juǎn 指“把东西裹成圆筒状”。

宛 wǎn 指“曲折”。

危 wēi 指“不安全”。

苑 yuàn 指“养禽兽、种植物的地方”。

“㔾”在合体字中，有的处在字下，称为“仓字底”，如：仓、卷等；有的处在包围结构中，称为“仓底心”，如：危等；有的处在字的右上角，称为“右仓底角”，如：怨等；也有的处在字的右下角，称为“右仓底下角”，如：宛、苑等。

“㔾”在现代汉语常用字中，先后出现过 28 次，构字 28 个。

三画

三302　 甲　 金　 篆　 隶

指事字。甲骨文等用三横表示“数目字三”，读作 sān。字头形体是楷书规范的写法。

“三”是个能独立成字的部件，名称叫作“三(sān)”。凡由它组成的字，大都跟多次或多数有关。

“三”可以表义，作合体字的意旁。例如：

叁 sān 指“数目字三的大写”，三表义。

仨 sā 指“三个”，三表义。

“三”还可以表音，作合体字的声旁。例如：

叁、仨等皆由三得声。

有些字虽有三部件，但跟它的音、义无关。如：兰、拦、栏(lán)等。

“三”在合体字中，大多处在字的下部，称为“三字底”，如叁、兰、拦、栏等；还有的处在字的右边，称为“三字边”，如：仨等。

“三”在现代汉语常用字中，先后出现过 6 次，构字 6 个。

干$^{111}_{27}$

象形字。甲骨文等像上部带杈的棍，读作 gān。字头形体是楷书规范的写法。

“干”是个部首字，又是个能独立成字的部件，名称叫作“干(gān)”。凡由它组成的字，大都跟竿或杆有关。

“干”可以表义，作合体字的意旁。例如：

竿 gān 指“竹子的主干”，干表义。

杆 gān 指“较长的木棍”，干表义。

秆 gǎn 指“稻、麦等植物的茎”，干表义。

幵 jiān 指“两根并排竖着的竿子”，干表义。

“干”还可以表音，作合体字的声旁。例如：

肝(gān)、赶(gǎn)、鼾(hān)、罕(hǎn)、汗(hàn)、奸

(jiān)、刊(kān)、轩(xuān)等皆由干得声。

有些字虽有干部件,但跟它的音、义无关。如:幸(xìng)、并等。

“干”在合体字中,大多处在字的右边,称为“干字边”,如:杆、秆、肝、歼等;有的处在字的左旁,称为“干字旁”,如:歼、刊等;也有的处在字的下部,称为“干字底”,如:竿、旱、罕等;还有的处在包围结构中,称为“干字心”,如:赶等。

“干”在现代汉语常用字中,先后出现过 21 次,构字 21 个。

龶 191

象形。字头形体是手的变体,是楷书规范的写法。

“龶”是个不能独立成字的部件,名称叫作“举(jǔ)字底”。由它组成的字,大都跟手有关。

“龶”可以表义,作合体字的意旁。例如:

奉 fèng 指“恭敬地用手捧着”,龶 表义。

举 jǔ 指“用双手向上托物”,龶 表义。

捧 pěng 指“用双手托着”,龶 表义。

择 zé 指“用手挑选”,龶 表义。

有些字虽有龶部件,但跟它的本义无关。如:俸(fèng)、译、驿(yì)、泽(zé)等。

“龶”在合体字中,多处在字的下部,称为“举字底”,如:举、奉等;还有的处在字的右下角,称为“举字底右下角”,如:

捧、择、俸、泽、译、驿等。

“丰”在现代汉语常用字中，先后出现过 9 次，构字 9 个。

于461

象形字。甲骨文等像气出受阻仍超越，指“超越”，读作 yú。字头形体是楷书规范的写法。

“于”是个能独立成字的部件，名称叫作“于(yú)”。凡由它组成的字，大都跟它的读音有关。

“于”可以表音，作合体字的声旁。例如：

圩、吁、盱(xū)、迂、纡(yū)、盂、竽(yú)、宇(yǔ)、芋、吁(yù)等皆由于得声。

“于”在合体字中，有的处在字的右边，称为“于字边”，如：圩、吁、盱、纡等；有的处在字的上部，称为“于字头”，如：盂等；也有的处在字的下部，称为“于字底”，如：竽、宇、芋等；还有的处在包围结构中，称为“于字心”，如：迂等。

“于”在现代汉语常用字中，先后出现过 5 次，构字 5 个。

工121 28

象形字。甲骨文等像斧子一类的工具，读作 gōng。字头形体是楷书规范的写法。

“工”是个部首字，又是个能独立成字的部件，名称叫作“工(gōng)”。凡由它组成的字，大都跟工具、技能有关。

“工”可以表义，作合体字的意旁。例如：

功 gōng 指“努力工作就有成效”，工表义。

攻 gōng 指“手持兵器去攻打”，工表义。

巩 gǒng 指“用双手整理皮革”，工表义。

贡 gòng 指“向朝廷进献财物”，工表义。

巧 qiǎo 指“技巧”，工表义。

式 shì 指“工匠按图样建造”，工表义。

左 zuǒ 指“左手帮右手工作”，工表义。

“工”还可以表音，作合体字的声旁。例如：

功、攻(gōng)、巩(gǒng)、扛(káng)、杠、讧(hòng)、红(hóng)、缸(gāng)、江(jiāng)、空(kōng)等皆由工得声。

“工”在合体字中，多处在字的右边，称为“工字边”，如以上多例；有的处在字的上部，称为“工字头”，如：贡等；也有的处在字的下部，称为“工字底”，如：空等；还有的处在字的左旁，称为“工字旁”，如：功、攻、巩等；还有的处在镶嵌结构中，称为“工字中”，如巫等。

“工”在现代汉语常用字中，先后出现过 36 次，构字 36 个。

土$^{368}_{29}$  甲  金  篆  隶

象形字。甲骨文等都像地面上的土坷垃，指“泥土、土地”，读作 tǔ。字头形体是楷书规范的写法。

“土”是个部首字，又是个能独立成字的部件，名称叫作“土(tǔ)”。凡由它组成的字，大都跟土地等有关。

“土”可以表义，作合体字的意旁。例如：

坝 bà 指“用土石筑成挡水的建筑”，土表义。

尘 chén 指“微小的泥土”，土表义。

城 chéng 指“城是用土石筑成的”，土表义。

地 dì 指“远古草木丛生，虫蛇较多爬行在土地上”，土表义。

坎 kǎn 指“地面上的坑”，土表义。

坑 kēng 指“挖土为坑”，土表义。

埋 mái 指“把东西放在坑里再用土盖上”，土表义。

墓 mù 指“人死后葬在坑穴中，用土填上堆”，土表义。

培 péi 指“给植物根部堆上土”，土表义。

“土”还可以表音，作合体字的声旁。例如：

肚、杜、芏（dù）、牡（mǔ）、社（shè）、徒（tú）、吐、钍（tǔ）等皆由土得声。

有些字虽有土部件，但跟它的音、义无关，如：去（qù）、圣（shèng）、寺（sì）、壮（zhuàng）等。

“土”在合体字中，有的在字的上部，称为“土字头”，如：去、圭、寺、幸、袁等；有的在字的下部，称为“土字底”，如：圣、至、坚、坐、坠、垄、型、垫、垒、基、堕、塑、墅等；有的在字的左旁，称为“土字旁”，如：圾、地、场、坛、坏、坝、坍、坎、均、坟、坑、坊、块、坯、垃、垢、堵等；还有的处在包围结构中，称为“土字心”，如：庄等。

“土”在现代汉语常用字中，先后出现过 153 次，构字

136 个。

士$^{327}_{[29]}$　　士 金　　士 篆　　士 隶

象形、会意字。金文像一把斧子,指“使用斧子的人——男子”,读作 shì。字头形体是楷书规范的写法。

“士”在《汉字部首表》中,作为附形部首归入到土部中,又是个能独立成字的部件,名称叫作“士(shì)”。凡由它组成的字,大多跟男子有关。

“士”可以表义,作合体字的意旁。例如:

志 zhì 指“男子心中有志向”,士表义。

壮 zhuàng 指“男子像木板一样硬朗”,士表义。

“士”还可以表音,作合体字的声旁。例如:

仕(shì)由士得声。

有些字虽有士部件,但跟它的音、义无关。如:鼓(gǔ)、吉(jí)、嘉(jiā)、壳(ké、qiào)、馨(xīn)、声(shēng)、喜(xǐ)、壹(yī)等。

“士”在合体字中,有的处在字的上部,称为“士字头”,如:志、吉、壳、声、壶、喜、壹等;有的处在字的右边,称为“士字边”,如:壮、仕等;也有的处在字的左上角,称为“士左角”,如:鼓、馨等;还有的处在字的右上角,称为“士右角”,如:桔等。

“士”在现代汉语常用字中,先后出现过 15 次,构字 15 个。

扌 334 [80]

字头形体的来源同手，是手作合体字左旁时楷书的规范写法。

“扌”是手的附形部首，又是个不能独立成字的部件，名称叫作“提手旁（tíshǒupáng）”。凡由它组成的字，大多跟手或动作有关。

“扌”可以表义，作合体字的意旁。例如：

扎 zhā 指“用手将弯曲的初生草木拔出”，扌表义。

打 dǎ 指“用手敲击”，扌表义。

扑 pū 指“用手轻轻拍打”，扌表义。

扒 bā 指“用手拆开”，扌表义。

扫 sǎo 指“手拿扫帚除去尘土、垃圾等”，扌表义。

扶 fú 指“用手搀扶人或物使它不倒”，扌表义。

抡 lūn 指“举手挥动”，扌表义。

扮 bàn 指“用手化装、修饰”，扌表义。

抓 zhuā 指“用手挠、搔”，扌表义。

拣 jiǎn 指“用手挑选”，扌表义。

拇 mǔ 指“手和脚的大指头”，扌表义。

指 zhǐ 指“手指头”，扌表义。

“扌”在合体字中，绝大多数处在字的左旁，称为“提手旁”，如以上各例。

“扌”在现代汉语常用字中，先后出现过 197 次，构字

197 个。

艹$^{32}_{30}$　　艸篆　　艸隶

象形字。小篆像两棵小草的样子，指“草”，读作 cǎo。字头形体是楷书规范的写法。

“艹”是个部首字，又是个不能独立成字的部件，名称叫作“草(cǎo)字头”。凡由它组成的字，大都跟花、草等有关。

“艹”可以表义，作合体字的意旁。例如：

菜 cài 指“蔬菜”，艹表义。

草 cǎo 指“草本植物”，艹表义。

苦 kǔ 指“苦菜”，艹表义。

芒 máng 指“草的尖端”，艹表义。

莽 mǎng 指“犬在草丛中”，艹表义。

苗 miáo 指“田里长得像草的禾类等”，艹表义。

苇 wěi 指“芦苇草”，艹表义。

芜 wú 指“杂草丛生”，艹表义。

芽 yá 指“草木刚长出来的幼体”，艹表义。

有些字虽有艹部件，但跟它的音、义无关。如：范(fàn)、节(jié)、劳(láo)、荣(róng)、莹(yíng)等。

“艹”在合体字中，大多处在字的上部，称为“草字头”，如以上各例。

“艹”在现代汉语常用字中，先后出现过 167 次，构字 167 个。

卄 16

字头是由笔画构成的部件，是楷书规范的写法，没有音、义。

“卄”是个不能独立成字的部件，名称叫作“贲（bēn）字腰”，由它组成的字如：

贲 bēn 指“古代称勇士”。

愤 fèn 指“因不满而感情激动”。

喷 pēn 指“散发射出”。

“卄”在合体字中，有的处在字腰部，称为“贲字腰”，如：贲等；也有的处在字右腰，称为“右贲字腰”，如：渍、豮（fén）、偾、愤（fèn）、喷等。

“卄”在现代汉语常用字中，先后出现过 2 次，构字 2 个。

才 30

 甲  金  篆  隶

象形字。甲骨文等像草木破土而出的样子，指“草木初生”，读作 cái。字头形体是楷书规范的写法。

“才”是个能独立成字的部件，名称叫作“才（cái）”。凡由它组成的字，大都跟它的读音有关。

“才”可以表音，作合体字的声旁。例如：

材、财（cái）、豺（chái）、存（cún）、在（zài）等皆由才得声。

有些字虽有才部件，但跟它的音、义无关，如：闭（bì）、团（tuán）等。

“才”在合体字中，有的处在字的右边，称为“才字边”，如：材、财等；也有的处在包围结构中，称为“才字心”，如：闭、团等。

“才”在现代汉语常用字中，先后出现过 6 次，构字 6 个。

下[399] 甲 金 篆 隶

指事字。像一短线在一长线之下，指“住处下面”，读作 xià。字头形体是楷书规范的写法。

“下”是个能独立成字的部件，名称叫作“下（xià）”。凡由它组成的字，大多跟它的本音义有关。

“下”可以表义，作合体字的意旁。例如：

拜 bài 指“两手并合向下”，下（丅）表义。

“下”还可以表音，作合体字的声旁。例如：

虾（xiā）、吓（hè、xià）等皆由下得声。

“下”在合体字中，有的处在字下，称为“下字底”，如：拜等；也有的处在字的右边，称为“下字边”，如：虾、吓等。

“下”在现代汉语常用字中，先后出现过 3 次，构字 3 个。

寸[62][31] 金 篆 隶

指事字。像在手腕处加一横，指“离手腕一寸的部位叫‘寸口’”，读作 cùn。字头形体是楷书规范的写法。

“寸”是个部首字，又是个能独立成字的部件，名称叫作“寸（cùn）”。凡由寸组成的字，大都跟手或手的动作有关。

“寸”可以表义，作合体字的意旁。例如：

导 dǎo 指“胎儿出生后就得着手教育”，寸表义。

对 duì 指“培植草木得掌握好分寸，才会生长旺盛”，寸表义。

封 fēng 指“用手给树培土”，寸表义。

将 jiàng 指“将要有法度（寸）才能指挥千军万马”，寸表义。

耐 nài 指“用手剃发的刑罚”，寸表义。

辱 rǔ 指“手拿蚌壳除草”，寸表义。

射 shè 指“手持弓箭射人身体”，寸表义。

寺 sì 指“官府的大小是有一定规格、法度（寸）的”，寸表义。

寻 xún 指“两手在找物”，寸表义。

尊 zūn 指“手持美酒敬献给辈分高的人”，寸表义。

“寸”可以表音，作合体字的声旁。例如：

村（cūn）、忖（cǔn）、吋（cùn）等皆由寸得声。

“寸”在合体字中，多数处在字的右边，称为“寸右边”，如：对、忖、村、吋、封、耐、射等；有的处在字的下部，称为“寸字底”，如：寺、寻、导、辱、尊等；也有的处在字的右下角，称为“寸右下角”，如：将等。

“寸”在现代汉语常用字中，先后出现过 62 次，构字 62 个。

丌[18]

 篆  隶

象形字。小篆等像搁置东西的小桌子，读作 jī。字头形体是楷书规范的写法。

“丌”是个不能独立成字的部件，名称叫作“鼻（bí）字底”。凡由丌组成的字，大都跟它的本义或给予、付与等义有关。

“丌”可以表义，作合体字的意旁。例如：

畀 bì 指“付与”，丌表义。

奠 diàn 指“把酒等祭品摆在丌上”，丌表义。

“丌”还可以表音，作合体字的声旁。例如：

鼻（bí）、痹（bì）等皆由丌得声。

“丌”在合体字中，大多处在字的下部，称为“丌字底”，如：畀、鼻、痹等。

“丌”在现代汉语常用字中，先后出现过 2 次，构字 2 个。

廾[261/32]

 甲  金  篆  隶

象形字。甲骨文等像双手抱合的样子，指“抱拳”，读作 gǒng。字头形体是楷书规范的写法。

“廾”是个部首字，又是个不能独立成字的部件，名称叫作“弄（nòng）字底”。凡由它组成的字，大都跟手有关。

“廾”可以表义，作合体字的意旁。例如：

弄 nòng 指“双手把玩一串玉”，廾表义。

弃 qì 指“双手把搁置箕中的婴儿扔掉”，廾表义。

彝 yí 指“双手捧着鸟祭祀祖宗”，廾表义。

异 yì 指“双手把假面具戴在头上的样子——不同”，廾表义。

有些字虽有廾部件，但跟它的音、义无关，如：卉（huì）、羿（yì）等。

“廾”在合体字中，多处在字的下部，称为“弄字底”，如：异、弄、弃、弈、羿、弊、彝等。

“廾”在现代汉语常用字中，先后出现过 28 次，构字 28 个。

丌 262 篆 隶

象形字。小篆等像小桌子，指“小桌”，读作 jī。字头形体是楷书规范的写法。

“丌”是个不能独立成字的部件，名称叫作“共（gòng）字底”。凡由它组成的字，大多跟基座或双义有关。

“丌”可以表义，作合体字的意旁。例如：

兵 bīng 指“双手握着一把斧子——武器”，丌表义。

典 diǎn 指“典范性的文献”，丌表义。

共 gòng 指“双手同举一物”，丌表义。

具 jù 指“准备酒席”，丌表义。

兴 xīng 指“共同举起”，丌表义。

真 zhēn 指“仙人飞天时坐的座具”，丌表义。

“丌”在合体字中，多处在字的下部，称为“共字底”，如以上各例。

“丌”在现代汉语常用字中，先后出现过27次，构字27个。

大 63 33

甲 金 篆 隶

象形字。甲骨文等都像一个张开四肢正面的人，指“跟‘小’相对”，读作dà。字头形体是楷书规范的写法。

“大”是个部首字，又是个能独立成字的部件，名称叫作“大(dà)”。凡由它组成的字，大都跟它的音、义有关。

“大”可以表义，作合体字的意旁。例如：

奔 bēn、bèn 指“快跑”，大表义。

夫 fū 指“头上插着簪子的成年男子”，大表义。

夹 jiā 指“两人挟持一个大人”，大表义。

尖 jiān 指“一头大一头小”，大表义。

美 měi 指“人头戴头饰的样子——好看”，大表义。

夷 yí 指“身背弓箭的人——以打猎为生的东方民族”，大表义。

“大”还可以表音，作合体字的声旁。例如：

奄(dā)、夺(duó)、驮(tuó)等皆由大得声。

有些字虽有大部件，但跟它的音、义无关。如：奋(fèn)、奈(nài)等。

“大”在合体字中，有的处在字的上部，称为“大字头”，

如：夺、奋、奈等；有的处在字的下部，称为“大字底”，如：尖、美等；有的在镶嵌结构的中间，称为“大嵌中”，如：夷、夹等；有的处在字的右下角，称为“大右下角”，如：头等；也有的处在字的左下角，称为“大左下角”，如：犬等；还有的处在包围结构中，称为“大字心”，如：因等。

“大”在现代汉语常用字中，先后出现过 68 次，构字 68 个。

丈479  篆  隶

会意字。小篆像一只手拿着十，指“十尺为丈”，读作 zhàng。字头形体是楷书规范的写法。

“丈”是个能独立成字的部件，名称叫作“丈(zhàng)”。凡由它组成的字，大都跟它的读音有关。

“丈”可以表音，作合体字的声旁。例如：

仗、杖(zhàng)等皆由丈得声。

“丈”在合体字中，多处在字的右边，称为“丈字边”，如：仗、杖等。

“丈”在现代汉语常用字中，先后出现过 3 次，构字 3 个。

兀389[34]  篆  隶

指事字。小篆从一从人，指“高而平”，读作 wù。字头形体是楷书规范的写法。

“兀”在《汉字部首表》中作为附形部首归入到尢部中，是

个能独立成字的部件，名称叫作“兀（wù）”。凡由它组成的字，大都跟读音或人、高等义有关。

“兀”可以表义，作合体字的意旁。例如：

光 guāng 指“火在人头上——光明”，兀表义。

翘 qiào 指“一端向上撅起”，兀表义。

尧 yáo 指“高”，兀表义。

元 yuán 指“人的头”，兀表义。

“兀”可以表音，作合体字的声旁。例如：

虺（huǐ）、髡（kūn）、杌、靰（wù）等皆由兀得声。

“兀”在合体字中，多处在字的下部，称为“兀字底”，如：元、光、尧等；有的处在字的右边，称为“兀字边”，如：杌、靰等；也有的在字的左下角，称为“兀左下角”，如：翘等；还有的处在包围结构外框，称为“兀字框”，如：虺等。

“兀”在现代汉语常用字中，先后出现过 26 次，构字 26 个。

尢$^{112}_{34}$ 篆 隶

指事字。小篆像人的右腿走路不平衡，指“尪”，读作 wāng。字头形体是楷书规范的写法。

“尢”是个部首字，又是个不能独立成字的部件，名称叫作“尴（gān）字框”。凡由它组成的字，大都跟行走不顺有关。

“尢”可以表义，作合体字的意旁。例如：

尬 gà 指“人腿跛而难行”，尢表义。

尴 gān 指“尴尬，处境窘困，不易处理”，尢表义。

尪 wāng 指“行动不便”，尢表义。

尤 yóu 指“手上多一只——特异”，尢表义。

有些字虽有尢部件，但跟它的音、义无关，如：尨（máng，指“多毛的狗”）。

“尢”在合体字中，多作包围结构的外框，称为“尴字框”，如：尬、尴等。

“尢”在现代汉语常用字中，先后出现过 2 次，构字 2 个。

⺕ 416  篆  隶

会意字。小篆从爪从人，指“用爪伤人”。字头形体是楷书规范的写法。

“⺕”是个不能独立成字的部件，名称叫作“虐（nüè）字底”，由它组成的字，大都跟残暴、狠毒有关。

“⺕”可以表义，作合体字的意旁。例如：

疟 nüè 指“一种急性传染病”，⺕表义。

虐 nüè 指“残暴、狠毒”，⺕表义。

“⺕”在合体字中，多处在包围结构中，称为“虐底心”，如以上两例。

“⺕”在现代汉语常用字中，先后出现过 2 次，构字 2 个。

与[464] 石 篆 隶

象形字。石鼓文像上下手相授，指“给予”，读作 yǔ。后作“與”的简化字。字头是楷书规范的写法。

“与”是个能独立成字的部件，名称叫作“与(yǔ)”。凡由它组成的字，大都跟它的读音有关。

“与”可以表音，作合体字的声旁。例如：

屿(yǔ)、欤(yú)等皆由与得声。

有些字虽有与部件，但跟它的音、义无关，如：写(xiě)、泻(xiè)等。

“与”在合体字中，有的在字的右边，称为“与字边”，如：屿等；有的处在字的下部，称为“与字底”，如：写等；也有的在字的右下角，称为“与右下角”，如：泻等。

“与”在现代汉语常用字中，先后出现过 4 次，构字 4 个。

㐄[489] 甲 金 篆 隶

象形字。甲骨文等像脚趾朝下的足，读作 zhǐ。字头是楷书规范的写法。

“㐄”是个不能独立成字的部件，名称叫作“降(jiàng)下角”。凡由它组成的字，大都跟足有关。

“㐄”可以表义，作合体字的意旁。例如：

舛 chuǎn 指“两脚相背”，㐄表义。

降 jiàng 指“双脚从高坡上往下走”，㐄表义。

桀 jié 指“双脚挂在木桩上（古代分裂人肢体的酷刑）”，㐄表义。

舞 wǔ 指“双足活动”，㐄表义。

有些字虽有㐄部件，但跟它的音、义无关，如：绛（jiàng）、鳞、粼、嶙、磷（lín）、舜、瞬（shùn）等。

“㐄”在合体字中，有的处在字的右边，称为“降下角边”，如：舛等；有的处在字的右上角，称为“降下角右角”，如：桀等；也有的处在字的右下角，称为“降下角右下角”，如：降、舞、绛、舜、嶙等。

“㐄”在现代汉语常用字中，先后出现过 5 次，构字 5 个。

戈 435　　垚 篆　　垚 隶　　垚 楷

会意字。小篆从三土、指“土高”，读作 yáo。字头形体是楷书的简化字，是规范的写法。

“戈”是个不能独立成字的部件，名称叫作“尧（yáo）字头”。凡由它组成的字，大都跟它的音、义有关。

“戈”可以表义，作合体字的意旁。例如：

浇 jiāo 指“灌溉时水从高往低流”，戈表义。

饶 ráo 指“物丰足堆积如山高”，戈表义。

绕 rào 指“用柔软而长的丝等缠绕”，戈表义。

翘 qiào 指“高又撅起的鸟尾长羽”，戈表义。

尧 yáo 指“高”，戈表义。

“戈”还可以表音，作合体字的声旁。例如：

尧、浇、绕、翘、饶等皆由戈得声。

“戈”在合体字中，多处在字的上部，称为“尧字头”，如：尧等；也有的处在字的右上角，称为“尧头右角”，如：浇、绕、饶等；还有的处在字的左上角，称为“尧头左角”，如：翘等。

“戈”在现代汉语常用字中，先后出现过 10 次，构字 10 个。

万[373] 甲 金 篆 萬隶 萬楷

象形字。甲骨文等像一只蝎子的样子，指“蝎子”，假借指“数目字十个千”，读作 wàn。字头形体是楷书的简化字，是规范的写法。

“万”是个能独立成字的部件，名称叫作“万(wàn)”。凡由它组成的字，大都跟它的音、义有关。

“万”可以表义，作合体字的意旁。例如：

迈 mài 指“远行(远距离大)”，万表义。

“万”还可以表音，作合体字的声旁。例如：

迈，由万得声。

有些字虽有万部件，但跟它的音、义无关，如：厉、励、疠(lì)等。

“万”在合体字中，处在包围结构中，称为“万字心”，如：厉、疠、迈等；也有的处在左旁包围结构中，称为“左旁万字心”，如：励等。

“万”在现代汉语常用字中，先后出现过 4 次，构字 4 个。

弋[447][35]  甲  金  篆  隶

象形字。甲骨文等像一根带杈的桩子，指“木桩”，读作yì。字头形体是楷书规范的写法。

“弋”是个部首字，又是个能独立成字的部件，名称叫作“弋(yì)”或“代(dài)字边”。凡由它组成的字，大都跟它的音、义有关。

“弋”可以表义，作合体字的意旁。例如：

必 bì 指“界桩”，弋表义。

代 dài 指“更替”，弋表义。

“弋”还可以表音，作合体字的声旁。例如：

腻(nì)、式(shì)、鸢(yuān)等皆从弋得声。

“弋”在合体字中，有的处在字的右边，称为“弋字边”，如：代等；有的处在字的上部，称为“弋字头”，如：鸢等；有的处在镶嵌结构中，称为“弋嵌中”，如：必等；还有的处在包围结构的外框，称为“弋字框”，如：式等。

“弋”在现代汉语常用字中，先后出现过 12 次，构字 12 个。

上[309]  甲  金  篆  隶

指事字。甲骨文等像一短横在一长线之上，指“位置在上面的”，读作 shàng。字头形体是楷书规范的写法。

“上”是个能独立成字的部件，名称叫作“上(shàng)”。

由它组成的字，有的可以表音，作合体字的声旁。例如：

让（ràng）等从上得声。

有些字虽有上部件，但跟它的音、义无关，如：卡（kǎ）、戚（qī）、叔（shū）等。

“上”在合体字中，有的处在字的上部，称为“上字头”，如：卡等；有的处在字的右边，称为“上字边”，如：让等；有的处在字的左上角，称为“上左角”，如：叔等；还有的处在包围结构中的上部，称为“上字心”，如：戚等。

“上”在现代汉语常用字中，先后出现过 8 次，构字 8 个。

丬 20　甲　金　篆　隶

象形字。甲骨文等像一个面朝左伸着胳膊站着的人的样子，读作 rén。字头形体是楷书规范的写法。

“丬”是个不能独立成字的部件，名称叫作“北（běi）字旁”。凡由它组成的字，大都跟人有关。

“丬”可以表义，作合体字的意旁。例如：

北 běi 指“两人背对背”，丬表义。

背 bèi 指“人的脊背”，丬表义。

有些字虽有丬部件，但跟它的音、义无关，如：冀（jì）、燕（yàn）等。

“丬”在合体字中，有的处在字的左旁，称为“北字旁”，如：北等；有的处在字的左上角，称为“北字旁左角”，如：背、冀等；也有的处在字腰的左旁，称为“北旁左腰”，如：燕等。

“丬”在现代汉语常用字中，先后出现过 7 次，构字 7 个。

𣥂 491

象形字。甲骨文等像一只脚趾向上的足，读作 zhǐ。字头形体是楷书规范的写法。

“𣥂”是个不能独立成字的部件，名称叫作“步（bù）字底”。凡由它组成的字，大都跟足有关。

“𣥂”可以表义，作合体字的意旁。例如：

濒 bīn 指“靠近水边”，𣥂表义。

步 bù 指“行走”，𣥂表义。

频 pín 指“古人沿水而居，常因涉水而皱眉头——水边”，𣥂表义。

涉 shè 指“徒步过水”，𣥂表义。

“𣥂”在合体字中，常处在字的下部，称为“步字底”，如：步等；有的处在字的左旁，称为“步字底左下角”，如：频等；有的处在字右下角，称为“步字底右下角”，如：涉等；还有的处在字中的下部，称为“步字底中下”，如：濒等。

“𣥂”在现代汉语常用字中，先后出现过 4 次，构字 4 个。

小 403 36

象形字。甲骨文等像几粒微小的沙粒，指“微小”，读作 xiǎo。字头形体是楷书规范的写法。

“小”是个部首字，又是个能独立成字的部件，名称叫作

"小(xiǎo)"。凡由它组成的字,大都跟微小有关。

"小"可以表义,作合体字的意旁。例如:

尘 chén 指"微小的土",小表义。

尖 jiān 指"一头大一头小",小表义。

劣 liè 指"力气弱小",小表义。

雀 què 指"一种小鸟",小表义。

少 shǎo 指"数量小,不多",小表义。

省 xǐng 指"察看",小表义。

有些字虽有小部件,但跟它的音、义无关,如:尔(ěr)等。

"小"在合体字中,有的处在字的上部,称为"小字头",如:尖、尘、省、雀等;有的处在字的下部,称为"小字底",如:尔等。

"小"在现代汉语常用字中,先后出现过 27 次,构字 27 个。

𧘇 379

金 篆 隶

象形字。金文等像老虎的爪子。字头形体是楷书规范的写法。

"𧘇"是个不能独立成字的部件,名称叫作"畏(wèi)字底"。凡由它组成的字,大都跟害怕、恐惧等义有关。

"𧘇"可以表义,作合体字的意旁。例如:

丧 sāng 指"跟死亡有关的事(令人惧怕)",𧘇表义。

偎 wēi 指"(人害怕时常会)相互紧靠着",𧘇表义。

猥 wěi 指“狗叫声令人害怕”,𧘇表义。

畏 wèi 指“害怕”,𧘇表义。

有些字虽有𧘇 部件,但跟它的音、义无关,如:喂(wèi)、煨(wēi)等。

“𧘇”在合体字中,有的处在字的下部,称为“畏字底”,如:畏、丧等;也有的处在字的右下角,称为“畏字底右下角”,如:猥、偎、喂、煨等。

“𧘇”在现代汉语常用字中,先后出现过 7 次,构字 7 个。

⺌ 404 [36]

字头形体的来源同小,是小作合体字字头时楷书的规范写法。

“⺌”是小的附形部首,又是个不能独立成字的部件,名称叫作“尚字头(shàngzìtóu)”。凡由它组成的字,大多跟细小义有关。

“⺌”可以表义,作合体字的意旁。例如:

肖 xiào 指“相似是微小的”,⺌表义。

尚 shàng 指“由窗户向上散气”,⺌表义。

尝 cháng 指“辨别滋味”,⺌表义。

堂 táng 指“高大的房子”,⺌表义。

“⺌” 在合体字中,绝大多数处在字的上部,称为“尚字头”,如以上各例。

“⺌”在现代汉语常用字中，先后出现过 45 次，构字 45 个。

口$^{200}_{37}$　甲　金　篆　隶

象形字。甲骨文等像张开的嘴，指“嘴”，读作 kǒu。字头形体是楷书规范的写法。

“口”是个部首字，又是个能独立成字的部件，名称叫作“口(kǒu)”。凡由它组成的字，大都跟它的音、义有关。

“口”可以表义，作合体字的意旁。例如：

吹 chuī 指“人张口吐气”，口表义。

叮 dīng 指“用嘴嘱咐的话像钉子钉入物体一样深入人心”，口表义。

古 gǔ 指“好多代人口头流传下来的事就是古老的”，口表义。

哭 kū 指“狗大声哀号”，口表义。

吐 tù 指“从嘴里喷出的东西落在地上”，口表义。

吞 tūn 指“大口地咽”，口表义。

“口”还可以表音，作合体字的声旁。例如：

叩、扣(kòu)等皆由口得声。

有些字虽有口部件，但跟它的音、义无关，如：后(hòu)、启(qǐ)、器(qì)、史(shǐ)、向(xiàng)、叶(yè)、员(yuán)、只(zhī)等。

“口”在合体字中，大多处在字的左旁，称为“口字旁”，

如：唱（chàng）、吵（chǎo）、吃（chī）、吩（fēn）、哄（hōng）、吸（xī）、呀（yā）等；有的处在字的上部，称为“口字头”，如：呆（dāi）、号（hào）、另（lìng）、吴（wú）、兄（xiōng）、员（yuán）、只（zhī）等；有的处在字的下部，称为“口字底”，如：告（gào）、否（fǒu）、合（hé）、售（shòu）、台（tái）、占（zhàn）、召（zhào）等；也有的处在包围结构中，称为“口字心”，如：可（kě）、句（jù）、启（qǐ）、哉（zāi）等。

“口”在现代汉语常用字中，先后出现过 581 次，构字 516 个。

囗$^{376}_{38}$  篆  隶

象形字。小篆像四周环绕的样子，为古“围”字，读作 wéi。字头形体是楷书规范的写法。

“囗”是个部首字，又是个不能独立成字的部件，名称叫作“囗（wéi）”或“围（wéi）字框”。凡由它组成的字，大都跟环绕有关。

“囗”可以表义，作合体字的意旁。例如：

回 huí 指“旋转”，囗表义。

国 guó 指“国家”，囗表义。

圈 juàn 指“围成一个环形的畜栏”，囗表义。

困 kùn 指“树木被围墙环绕”，囗表义。

囚 qiú 指“把人关在狱中”，囗表义。

团 tuán 指“纺锤转动是圆的”，囗表义。

园 yuán 指“有围墙，可种蔬果或游玩的地方”，囗表义。

有些合体字虽有囗部件，但跟它的音、义无关，如：囡(nān)、囝(nān)、四(sì)、囟(xìn)、因(yīn)等。

“囗”在合体字中，多数处在包围结构的外框，称为“围字框”，如以上各例。

“囗”在现代汉语常用字中，先后出现过 29 次，构字 29 个。

山$^{306}_{39}$

 甲  金  篆  隶

象形字。甲骨文等像并立的山峰，指“山”，读作 shān。字头形体是楷书规范的写法。

“山”是个部首字，又是个能独立成字的部件，名称叫作“山(shān)”。凡由山组成的字，大都跟山岭有关。

“山”可以表义，作合体字的意旁。例如：

岛 dǎo 指“水中的山”，山表义。

岗 gāng 指“山脊”，山表义。

岭 lǐng 指“山顶的路”，山表义。

巍 wēi 指“山势高峻”，山表义。

屿 yǔ 指“海中的山”，山表义。

“山”还可以表音，作合体字的声旁。例如：

灿(càn)、舢(shān)、讪(shàn)、汕、氙、仙、籼(xiān)等皆由山得声。

有些字虽有山部件，但跟它的音、义无关，如：岂(qǐ)、岁

(suì)、幽(yōu)等。

“山”在合体字中，有的处在字的上部，称为“山字头”，如：岩(yán)、岸(àn)、岗(gǎng)、嵌(qiàn)、炭(tàn)等；有的处在字的下部，称为“山字底”，如：峦(luán)、岳(yuè)、岔(chà)等；有的处在字的左旁，称为“山字旁”，如：屿、岭、峙、峰等；有的处在字的右边，称为“山字边”，如：讪、仙、汕、灿、舢等；还有的处在包围结构中，称为“山字心”，如：氙等。

“山”在现代汉语常用字中，先后出现过 49 次，构字 49 个。

巾 178 40

 甲  金  篆  隶

象形字。甲骨文等像一块两头下垂的长布，指“擦拭东西的长布”，读作 jīn。字头形体是楷书规范的写法。

“巾”是个部首字，又是个能独立成字的部件，名称叫作“巾(jīn)”。凡由它组成的字，大都跟布有关。

“巾”可以表义，作合体字的意旁。例如：

币 bì 指“送礼用的成捆的布帛”，巾表义。

布 bù 指“棉、麻等织品”，巾表义。

带 dài 指“用丝、线等做成人系在腰间的带子”，巾表义。

帆 fān 指“用布制成的船帆”，巾表义。

帘 lián 指“酒店门前的幌子”，巾表义。

幕 mù 指“帐幔”，巾表义。

帕 pà 指“擦手、脸的小手巾”，巾表义。

帅 shuài 指“佩巾”，巾表义。

希 xī 指“织得稀疏似网的麻布”，巾表义。

有些字虽有巾部件，但跟它的音、义无关，如：帝（dì）、吊（diào）、师（shī）、市（shì）等。

“巾”在合体字中，有的在字的下部，称为“巾字底”，如：币、吊、帚、带、常等；有的处在字的左旁，称为“巾字旁”，如：帆、帐、帖、帜、帧等；也有的在字的右边，称为“巾字边”，如：帅等。

“巾”在现代汉语常用字中，先后出现过 45 次，构字 45 个。

千[276]

 甲  金  篆  隶

会意字。甲骨文等从人从十，古时人寿以百岁为标准，十个百就是一千，指“数目字，十个百”，读作 qiān。字头形体是楷书规范的写法。

“千”是个部首字，又是个能独立成字的部件，名称叫作“千（qiān）”。凡由千组成的字，大都跟读音或数目字有关。

“千”可以表义，作合体字的意旁。例如：

仟 qiān 指“古代军队中指挥千人的军官”，千表义。

“千”还可以表音，作合体字的声旁。例如：

忏（chàn）、歼（jiān）、年（nián）、迁、芊、扦、阡、钎（qiān）等皆由千得声。

“千”在合体字中，有的处在字的下部，称为“千字底”，

如：芊等；有的处在字的右边，称为“千字边”，如：扦、阡、纤、歼等；也有的处在包围结构中，称为“千字心”，如：迁等；还有的处在镶嵌结构中，称为“千字嵌”，如：年等。

“千”在现代汉语常用字中，先后出现过 6 次，构字 6 个。

𠂉219 甲 金 篆 監隶 監楷 监简

会意字。甲骨文等像一个人瞪着大眼，低着头，在盛着水的皿中，照自己的容貌，指“照视”。字头形体是由简化字演化而来，是楷书规范的写法。

“𠂉”是个不能独立成字的部件，名称叫作“临(lín)右角”。凡由它组成的字，大都跟观、看、监有关。

“𠂉”可以表义，作合体字的意旁。例如：

监 jiàn 指“照容貌”，𠂉表义。

鉴 jiàn 指“照；镜子”，𠂉表义。

览 lǎn 指“观看”，𠂉表义。

临 lín 指“从高处往下看”，𠂉表义。

有些字虽有𠂉部件，但跟它的音、义无关，如：槛(jiàn)、蓝、篮、褴(lán)、揽、缆(lǎn)、滥(làn)等。

“𠂉”在合体字中，多处在字的右上角，称为“临右角”，如以上诸例；也有的处在字腰的右边，称为“临右角字腰边”，如：蓝、篮等。

“𠂉”在现代汉语常用字中，先后出现过 12 次，构字 12 个。

乇[370]  篆  隶

象形字。小篆等像初生的嫩草钻出地面的样子，指“有所寄托”，读作 tuō。字头形体是楷书规范的写法。

“乇”是个不能独立成字的部件，名称叫作“乇（tuō）”或“托（tuō）字边”。凡由它组成的字，大都跟它的读音有关。

“乇”可以表音，作合体字的声旁。例如：

托、饦（tuō）、宅（zhái）等皆从乇得声。

“乇”在合体字中，多处在字的右边，称为“乇字边”，如：托、饦、吒等；也有的处在字的下部，称为“乇字底”，如：宅等。

“乇”在现代汉语常用字中，先后出现过 2 次，构字 2 个。

川[53]  甲  金  篆  隶

象形字。甲骨文等像一道弯曲的水流，指“河流”，读作 chuān。字头形体是楷书规范的写法。

“川”是个能独立成字的部件，名称叫作“川（chuān）”。凡由它组成的字，大都跟它的读音或水流有关。

“川”可以表义，作合体字的意旁。例如：

顺 shùn 指“人从头到脚像水流般顺畅”，川表义。

训 xùn 指“用语言教导人，使之心思像河川般顺畅”，川表义。

驯 xùn 指“让马匹像水流般顺从人意”，川表义。

“川”还可以表音，作合体字的声旁。例如：

钏(chuān)、训、驯(xùn)、圳(zhèn)等皆由川得声。

“川”在合体字中，多处在字的右边，称为“川字边”，如以上各例。

“川”在现代汉语常用字中，先后出现过 4 次，构字 4 个。

川 54　甲　金　篆　隶　川楷

象形字。甲骨文等像一道水流的样子，指“水流”，当它作边旁时，有时写作字头的样子，是楷书规范的写法。

“川”是个不能独立成字的部件，名称叫作“荒(huāng)字底”。凡由它组成的字，大都跟水流有关。

“川”可以表义，作合体字的意旁。例如：

巟 huāng 指“水面广阔”，川表义。

荒 huāng 指“田地大面积(广阔)荒芜”，川表义。

侃 kǎn 指“人口若悬河”，川表义。

流 liú 指“水流动”，川表义。

“川”在合体字中，多处在字的下部，称为“荒字底”，如：巟、荒等；也有的处在字的右下角，称为“荒底右下角”，如：侃、流等。

“川”在现代汉语常用字中，先后出现过 9 次，构字 9 个。

彳 348/41　篆

象形字。小篆像股、胫、足相连的样子，指“小步起行”，读作 chì。字头形体是楷书规范的写法。

“彳”是个部首字，也是个不能独立成字的部件，名称叫作“双立人(shuānglìrén)”。凡由“彳”组成的字，大都跟道路、行走、行动有关。

“彳”可以表义，作合体字的意旁。例如：

行 xíng、háng 小篆写作，像十字路口，指“道路”。彳表义。

役 yì 小篆写作，从彳从殳(shū)，指“手持兵器(殳)巡行”，彳表义。

征 zhēng 甲骨文写作，从口从止，指“朝着城邑(口)进发”，彳表义。

往 wǎng 小篆写作，从彳㞷(wǎng)声，指“由道路前去”，彳表义。

径 jìng 从彳巠(jīng)声，指“能行走的小路”，彳表义。

徐 xú 从彳余(yú)声，指“在房子里行走得小步慢行”，彳表义。

得 dé 金文写作，从彳(路)从贝从手，指“在路上手持着贝”，彳表义。

御 yù 小篆写作，像人手持鞭子在路上赶车，指“驾驭车马”，彳表义。

“彳”在合体字中，多处在字的左旁，称为“彳字旁”，如以上各例；有的处在字的左上角，称为“彳左角”，如惩等；也有的处在字的左下角，称为“彳左下角”，如：覆等。

“彳”在现代汉语常用字中，先后出现过 30 次，构字 30 个。

彡 307 42　　彡金　　彡篆

象形字。金文等都像毛饰画纹。读作 shān。

“彡”是个部首字，又是个不能独立成字的部件，名称叫作“彡(shān)”。凡由它组成的字大多跟其读音或毛刷物、笔画纹有关。

“彡”可以表义，作合体字的意旁。例如：

形 xíng 从幵(jiān)从彡，指“画出的样子要跟实物相似”，彡表义。

彤 tóng 从丹(dān)从彡，指“涂上红色”，彡表义。

彪 biāo 从虎从彡，指“老虎身上的斑纹”，彡表义。

彩 cǎi 从彡采(cǎi)声，指“色彩”，彡表义。

影 yǐng 从彡景(jǐng)声，指“日光被挡而形成的似彡的阴影”，彡表义。

“彡”还可以表音，作合体字的声旁。例如：

杉(shān)、衫(shān)、钐(shān)等皆从彡得声。

有些字虽有“彡”部件，但跟它的音、义无关。如：参(cān)、须(xū)、彦(yàn)、彭(péng)等。

“彡”在合体字中，多处在字的右边，称为“彡字边”，如：形、彤、彩、彰、影等；有的处在字的左旁，称为“彡字旁”，如：须等；还有的处在包围结构中的，称为“彡字心”，如：彪、参、彦等。

“彡”在现代汉语常用字中,先后出现过 28 次,构字 28 个。

个[117] 篆 隶 楷

形声、象形字。小篆等从竹固(gù)声,指“竹子是坚硬、结实的”。楷书从亻(人)固声,指“单个的人或物皆自成体”,读作 gè。字头形体是楷书规范的写法。

“个”是个能独立成字的部件,名称叫作“个(gè)”。

“个”在现代汉语常用字中,曾出现过 1 次,构字 1 个。

E[481] 金 篆 隶

象形字。像一只手心向下的手的样子,也写爫或爪,读作 zhuǎ。

“E”是个不能独立成字的部件,名称叫作“印(yìn)字旁”。由它组成的字,大都跟手有关。

“E”可以表义,作合体字的意旁。例如:

印 yìn 小篆写作,从爫从卩(跪着的人),指“用手按压人的头”,E 表义。

舆 yú 小篆写作,像四只手同抬一台车的样子,指“车箱”,E 表义。

“E”在合体字中,有的处在字的左旁,称为“印字旁”,如印等;有的处在字的左上角,称为“印旁左角”,如:舆等。

“E ”在现代汉语常用字中，先后出现过 3 次，构字 2 个。

犭 290 [66]

字头形体来源同犬，是犬作合体字左旁时楷书的规范写法。

“犭”是犬的附形部首，又是个不能独立成字的部件，名称叫作“反犬旁(fǎnquǎnpáng)”，凡由它组成的字，大多跟狗、动物有关。

“犭”可以表义，作合体字的意旁。例如：

狂 kuáng 指“疯狗”，犭表义。

狐 hú 指“狐狸”，犭表义。

狗 gǒu 指“一种听觉、嗅觉特别灵敏，行动机警的哺乳动物，也叫犬”，犭表义。

狮 shī 指“狮子”，犭表义。

狩 shòu 指“打猎”，犭表义。

狡 jiǎo 指“小狗”，犭表义。

获 huò 指“用手捉住鸟”，犭表义。

狼 láng 指“样子像狗的一种野兽”，犭表义。

猪 zhū 指“哺乳动物，肉可以吃，皮可以制革，鬃可以制刷子”，犭表义。

猫 māo 指“会捕老鼠的家畜”，犭表义。

猴 hóu 指“猴子”，犭表义。

“犭”在合体字中，绝大多数处在字的左旁，称为“反犬旁”，如以上多例；少数的处在字的左下角，称为“反犬左下角”，如：获。

“犭”在现代汉语常用字中，先后出现过 29 次，构字 29 个

勿[71]　篆　隶

会意字。小篆是古利字；隶书是小篆的省文，指“顺利”，读作 lì。字头形体是楷书规范的写法。

“勿”是个不能独立成字的部件，名称叫作“黎(lí)右角”。由“勿”组成的字，跟“顺利”义有关。

“勿”可以表义，作合体字的意旁。例如：

黎 lí 从黍勿(𥝢 lì)省，指“黍米糊能顺利地黏合”，故勿表义。

“勿”在合体字中，一般处在字的右上角，称为“黎右角”，例如：黎、黧(lí)。

“勿”在现代汉语常用字中，只出现过 1 次，构字 1 个。

夕[392][43]　甲　金　篆　隶

象形字。甲骨文像个半月儿，指“太阳落山月儿出现的时候”，读作 xī。

“夕”是个部首字，又是一个能独立成字的部件，名称叫作“夕(xī)”。凡由“夕”组成的字，大都跟它的音或月、夜有关。

“夕”可以表义，作合体字的意旁。例如：

名 míng 从夕从口，指“晚上互相看不见，只能用嘴（口）互报名字”，夕表义。

多 duō 从二夕，指“一晚接一晚，周而复始，永无止境就是多”，夕表义。

外 wài 从夕从卜，指“晚上占卜”，夕表义。

梦 mèng 从夕瞢声，指“做梦多在晚上，眼睛看不清东西（迷糊）”，夕表义。

“夕”还可以表音，作合体字的声旁。例如：

汐、矽、穸（xī）等皆由夕得声。

“夕”在合体字中，有的处在字的上部，称为“夕字头”，如：名、多；有的处在字下部，称为“夕字底”，如：多、梦、穸等；有的处在字左旁，称为“夕字旁”，如：外等；也有的处在字的右边，称为“夕字边”，如：汐、矽等。

“夕”在现代汉语常用字中，先后出现过 44 次，构字 38 个。

久[188]  篆  隶

象形字。小篆像用艾条熏一个躺卧的人，此义被后起的灸取代，引申指“时间长”，读作 jiǔ。字头是楷书规范的写法。

“久”是个能独立成字的部件，名称叫作“久（jiǔ）”。凡由它组成的字，大都跟它的音、义有关。

“久”可以表义，作合体字的意旁。例如：

灸 jiǔ 指“用艾条火熏烤或烧灼”，久表义。

疚 jiù 指“长时间生病”，久表义。

“久”还可以表音，作合体字的声旁。例如：

玖(jiǔ)、灸(jiǔ)、疚(jiù)、柩(jiù)、羑(yǒu)等皆从久得声。

“久”在合体字中，有的在字的上部，称为“久字头”，如：灸等；有的在字的下部，称为“久字底”，如：羑等；也有的在字的右边，称为“久字边”，如：玖等；还有的在包围结构中，称为“久字心”，如：疚、柩等。

“久”在现代汉语常用字中，先后出现过 4 次，构字 4 个。

夂$^{82}_{44}$

篆

象形字。小篆像脚趾朝下的样子，是止的变形，读作 zhǐ。字头形体是楷书规范的写法。

“夂”是个部首字，又是个不能独立成字的部件，名称叫作“冬(dōng)字头”。由它组成的字，大都跟脚及动作有关。

“夂”可以表义，作合体字的意旁。例如：

处 chǔ 指“居住、止息”，夂表义。

冬 dōng 指“时间已经到了结冰(仌)的季节”，夂表义。

各 gè 指“到了洞穴口”，夂表义。

复 fù 指“去或来回”，夂表义。

夏 xià 指“夏天(热)到了”，夂表义。

“夂”在合体字中,有的处在字的上部,称为“冬字头”,如:冬、各、务(wù)、条(tiáo)、备(bèi)等;有的在字的下部,称为“夂字底”,如:复、夏等;还有的作包围结构的框,称为“冬字头框”,如:处。

“夂”在现代汉语常用字中,先后出现过 59 次,构字 59 个。

么[236] 篆 隶 麽楷

形声、会意字。小篆下形上麻(má)声,指“细小”义。因“幺”,俗作“么”,有“细”义,而“麻”亦有“细小”的意思,读作 me。字头是楷书的简化字,是规范的写法。

“么”是个能独立成字的部件,名称叫作“么(me)”。

“么”在现代汉语常用字中,只出现过 1 次,构字 1 个。

勺[310] 篆 隶

象形字。小篆像一个舀水或东西的器具,读作 sháo。字头形体是楷书规范的写法。

“勺”是个能独立成字的部件,名称叫作“勺(sháo)”。由“勺”组成的字,多跟勺的音、义有关。

“勺”可以表义,作合体字的意旁。例如:

杓 sháo,即“勺”,表示杓是木做的。

“勺”还可以表音,作合体字的声旁。例如:

芍(sháo)、妁(shuò)、约(yāo、yuē)、尥(liào)、杓

(sháo)、灼(zhuó)、趵(bào)、钓(diào)、的(dí、de)、酌(zhuó)、豹(bào)等皆由勺得声。

“勺”在合体字中,多处在字的右边,称为“勺字边”。如以上各例。也有极少部分处在字的下方,称为“勺字底”,如:芍。

“勺”在现代汉语常用字中,先后出现过 9 次,构字 9 个。

凡[93]

甲 金 篆 隶

象形字。甲骨文等都像一种盛食物的盘子,指“盘子”,读作 fán。字头形体是楷书规范的写法。

“凡”是个能独立成字的部件,名称叫作“凡(fán)”。凡由它组成的字,大都跟它的读音有关。

“凡”可以表音,作合体字的声旁。例如:

帆(fān)、矾(fán)、钒(fán)、梵(fàn)、凰(fèng)等皆由“凡”得声。

“凡”在合体字中,多处在字的右边,称为“凡字边”,如以上各例;也有处在字的下部的,称为“凡字底”,如:梵等;也有处在字的右上角的,称为“凡上角”,如:恐等;还有的处在字的右下角的,称为“凡下角”,如嬴(yíng)、羸(yíng)、羸(léi)。

“凡”在现代汉语常用字中,先后出现过 7 次,构字 7 个。

丸[372]

甲 篆 隶

会意字。甲骨文像人伸手在摆弄一个小圆球的样子,指

“小而圆的东西”，读作 wán。字头形体是楷书规范的写法。

“丸”是个能独立成字的部件，名称叫作“丸(wán)”。凡由它组成的字，大都跟它的读音有关。

“丸”可以表音，作合体字的声旁。例如：

芄(wán)、汍(wán)、纨(wán)等皆从丸得声。

“丸”在合体字中，多处在字的右边，称为“丸字边”，如：汍、执、纨等；也有处在字的下部的，称为“丸字底”，如：芄等；还有处在字的右上角的，称为“丸右角”，如：挚等。

“丸”在现代汉语常用字中，先后出现过 7 次，构字 7 个。

及[155]

 甲  金  篆  隶

会意字。甲骨文等从人从手(又)，像用手抓住了人，本义指“追上、达到、趁着”，读作 jí。字头形体是楷书规范的写法。

“及”是个独立成字的部件，名称叫作“及(jí)”。凡由它组成的字，大都跟它的读音有关。

“及”可以表音，作合体字的声旁。例如：

吸(xī)、汲(jí)、级(jí)、岌(jí)、圾(jī)、芨(jī)、极(jí)、笈(jí)、靸(sǎ)等皆由“及”得声。

“及”在合体字中，多处在字的右边，称为“及字边”，如以上各例；也有少数在字的下部，称为“及字底”，如：岌、芨、笈等。

“及”在现代汉语常用字中，先后出现过 5 次，构字 5 个。

饣 322 [185]

字头形体来源同食，是食作合体字左旁时楷书的规范写法。

“饣”是食的附形部首，又是个不能独立成字的部件，名称叫作“食（shí）旁”。凡由它组成的字，大多跟吃、食物有关。

“饣”可以表义，作合体字的意旁。例如：

饥 jī 指“吃不饱、饿”，饣表义。

饪 rèn 指“煮熟食物”，饣表义。

饭 fàn 指“吃饭”，饣表义。

饱 bǎo 指“肚子吃得鼓鼓的”，饣表义。

饲 sì 指“以食物喂养”，饣表义。

饷 xiǎng 指“用酒食款待”，饣表义。

饺 jiǎo 指“一种包馅的面食品”，饣表义。

饼 bǐng 指“用面制成圆形经蒸、烤而成的食品”，饣表义。

饿 è 指“肚子空，没食”，饣表义。

馅 xiàn 指“包在面食、点心里面的肉、菜、糖等东西”，饣表义。

馊 sōu 指“饭菜等变质而发出的酸臭味”，饣表义。

“饣”在合体字中，绝大多数处在字的左旁，称为“食（shí）旁”，如以上各例。

“饣”在现代汉语常用字中，先后出现过 20 次，构字 20 个。

丬 265 45　　金　　篆　　爿隶　　爿楷

象形字。金文等就像一根木头被劈开的一半，本义指“劈成片的竹木”，读作 pán 或 chuáng。字头形体是楷书的简化字，是规范的写法。

“丬”是个部首字，《汉字部首表》把“爿”作为附形部首归入到“丬”部中。“丬”是个不能独立成字的部件（爿除外），名称叫作“将（jiàng）字旁”。由它组成的字，大都跟它的读音有关。

“丬”可以表音，作合体字的声旁。例如：

壮、妆（zhuāng）、状（zhuàng）、将（jiāng、jiàng）等，皆由“丬”得声。

“丬”在合体字中，多处在字的左旁，称为“将字旁”，如以上各例。

“丬”在现代汉语常用字中，先后出现过 11 次，构字 11 个。

广 128 46　　金　　篆　　廣隶　　廣楷

象形、形声字。金文等像房屋的样子，指“无四壁的大屋”，读作 guǎng。字头形体是楷书的简化字，是规范的写法。

“广”是个部首字，又是个能独立成字的部件，名称叫作“广（guǎng）”。凡由“广”组成的字，大都跟音、义有关。

“广”可以表义，作合体字的意旁。例如：

床 chuáng 指“屋里的卧具”，广表义。

库 kù 指“藏兵车的房屋”，广表义。

店 diàn 指“作商品买卖的屋子”，广表义。

府 fǔ 指“存放财物、文书的屋子”，广表义。

庭 tíng 指“房屋的厅堂”，广表义。

座 zuò 指“屋子里坐的位置”，广表义。

廊 láng 指正房前面两旁的房屋，广表义。

腐 fǔ 指“放在密不透风的府内的肉易霉烂”，广表义。

“广”还可以表音，作合体字的声旁。例如：

扩（kuò）、犷（guǎng）、邝、圹、纩、矿、旷（kuàng）等皆从广得声。

有些合体字虽有“广”部件，但跟它的音、义无关。如：庄（zhuāng）、庆（qìng）、度（dù、duó）、唐（táng）、庶（shù）、康（kāng）、膺（yīng）等。

“广”在合体字中，多处在包围结构外框，称为“广字框”，如以上多例；也有处在字右边的，称为“广字框边”，如以上多例；还有少数在字的左旁的，称为“广字框旁”，如：邝等。

“广”在现代汉语常用字中，先后出现过 57 次，构字 57 个。

亡[374] 甲 金 篆 隶

象形、会意字。甲骨文等像一人躲藏在一堵墙的里面，本义指“逃”，读作 wáng。字头形体是楷书规范的写法。

“亡”是个能独立成字的部件，名称叫作“亡(wáng)”。凡由它组成的字，大都跟“逃跑、死、没有、无用”等义或亡的读音有关。

“亡”可以表义，作合体字的意旁。例如：

妄 wàng 从女从亡，指“没有理性”，亡表义。

忘 wàng 从心从亡，指“没有记性”，亡表义。

氓 máng 从民从亡，指“没有固定住处，到处荡的人”，亡表义。

“亡”还可以表音，作合体字的声旁。例如：

牤(māng)、忙、芒、杧、盲、氓(máng)、罔(wǎng)、妄、忘、望(wàng)、肓(huāng)等皆从亡得声。

“亡”在合体字中，有的处在字的上部，称为“亡字头”，如：妄、忘、盲、肓等；有的处在字的下部，称为“亡字底”，如：芒等；有的处在字的右边，称为“亡字边”。如：忙、牤、杧等；有的处在字的左旁，称为“亡字旁”，如：氓；有的处在字的左上角，称为“亡左角”，如：望；有的处在包围结构的中间，称为“亡字心”，如：罔等。

“亡”在现代汉语常用字中，先后出现过 13 次，构字 13 个。

门 238 47

象形字。甲骨文像一道带门框的门的样子，本义指“建筑物的进出口”，读作 mén。字头形体是楷书规范的写法。

“门”是个部首字，又是一个能独立成字的部件，名称叫作“门(mén)”。凡由它组成的字，大都跟门户或它的读音有关。

“门”可以表义，作合体字的意旁。例如：

闩 shuān 从门从一，指“门闩”，门表义。

闪 shǎn 从门从人，指“人从门缝中偷看”，门表义。

闭 bì 从门从才，指“把门关上”，门表义。

闯 chuǎng 从门从马，指“突然冲出门外或冲入门中”，门表义。

闲 xián 从门从木，指“用木头挡住门”，门表义。

间 jiān、jiàn 从门从日，指“太阳从门缝中照进来”，门表义。

闸 zhá 从门从甲，指“制水的门”，门表义。

阅 yuè 从门从兑，指“进门查点、计算”，门表义。

阔 kuò 从门从活，指“出门离去”，门表义。

“门”还可以表音，作合体字的声旁。例如：

们(men)、扪(mén)、钔、闷(mēn、mèn)、闻(wén)、问(wèn)、闽(mǐn)等皆从门得声。

合体字中，有些字虽有“门”部件，但跟它的音、义无关，如:闹。

“门”在合体字中常处在上三包结构中,称为“门字框”,如以上多例;也有少数处在字的右边的,称为“门字边”,如:们、扪、钔等。

“门”在现代汉语常用字中,先后出现过 28 次,构字 28 个。

丷 277

字头在汉字中仅作部件(笔画)使用,没有音和义。字头形体是楷书规范的写法。

“丷”是个不能独立成字的部件,名称叫作“前(qián)字头”。

“丷”在合体字中,一般处在字的上部,称为“前字头”。例如:兹(zī)、前(qián)、慈(cí)等。

“丷”在现代汉语常用字中,先后出现过 9 次,构字 9 个。

丫 420

 金  篆  隶

象形字。金文等像草木或物体的分叉,指“分叉”,读作 yā。字头形体是楷书规范的写法。

“丫”是个能独立成字的部件,名称叫作“丫(yā)”。

“丫”没有构字功能。在现代汉语常用字中,只出现过 1 次,构字 1 个。

义448

甲　金　篆　義隶　義楷

会意字。甲骨文等像兵器杀羊作祭品，指“礼仪”，读作yì。字头形体是楷书规范的写法。

“义”是个能独立成字的部件，名称叫作“义(yì)”。凡由它组成的字，大都跟它的读音有关。

“义”可以表音，作合体字的声旁。例如：

仪(yí)、蚁、舣(yǐ)、议(yì)等皆从义得声。

“义”在合体字中，多处在字的右边，称为“义字边”，如以上各例。

“义”在现代汉语常用字中，先后出现过4次，构字4个。

氵350 [77]

字头形体的来源同水，是水作合体字左旁时楷书的规范写法。

“氵”是水的附形部首，又是个不能独立成字的部件，名称叫作“三点水(sāndiǎnshuǐ)”。凡由它组成的字，大多跟水或液体有关。

“氵”可以表义，作合体字的意旁。例如：

汁 zhī 指“含有某种物质的液体”，氵表义。

汗 hàn 指“由身体毛孔分泌出来的液体”，氵表义。

汤 tāng 指“热水、开水”，氵表义。

油 yóu 指“从植物种子或动物脂肪里提炼的液体”，氵

表义。

泡 pào 指“长期放在液体里浸”，氵表义。

注 zhù 指“将水灌进去”，氵表义。

泽 zé 指“水汇集的地方”，氵表义。

洗 xǐ 指“用水等去掉物体上的脏物”，氵表义。

津 jīn 指“唾液”，氵表义。

流 liú 指“液体移动”，氵表义。

酒 jiǔ 指“用粮食或水果等发酵制成的含有乙醇的饮料”，氵表义。

涝 lào 指“雨水过多而成灾”，氵表义。

“氵”在合体字中，绝大多数处在字的左旁，称为“三点水旁”，如以上各例。

“氵”在现代汉语常用字中，先后出现过 204 次，构字 204 个。

忄 408 [98]

字头形体的来源同心，是心作合体字左旁时楷书的规范写法。

“忄”是心的附形部首，又是个不能独立成字的部件，名称叫作“竖心(shùxīn)”。凡由它组成的字，大多跟心、心情、思想有关。

“忄”可以表义，作合体字的意旁。例如：

忆 yì 指“心中回想”，忄表义。

忧 yōu 指“心中发愁、担心”，忄表义。

怀 huái 指“心中思念、想念”，忄表义。

怕 pà 指“内心恬淡无为”，忄表义。

怪 guài 指“不寻常的心思”，忄表义。

恤 xù 指“担心、忧虑”，忄表义。

恨 hèn 指“心中极端仇视”，忄表义。

悔 huǐ 指“心中恨自己”，忄表义。

情 qíng 指“人发自内心的喜怒哀乐”，忄表义。

愤 fèn 指“心怀盛怒，气不能平”，忄表义。

愉 yú 指“心情舒畅，快乐”，忄表义。

慎 shèn 指“细心和小心”，忄表义。

懂 dǒng 指“心中知道、了解”，忄表义。

“忄”在合体字中，绝大多数处在字的左旁，称为“竖心旁”，如以上各例。

“忄”在现代汉语常用字中，先后出现过 64 次，构字 64 个。

⺍ 413

字头形体是楷书规范的写法。在汉字中仅作部件使用。没有音和义。

“⺍”是个不能独立成字的部件，名称叫作“学（xué）字头”。

“⺍”在合体字中，有的处在字的上部，称为“学字头”，如：

学等;有的处在字的左下角,称为“学字头左下角”,如:剑(jiàn)、敛(liǎn);也有处在字的右下角的,称为“学字头右下角”,如:脸(liǎn)、裣(liǎn)、殓(liàn)等。

“⺍”在现代汉语常用字中,先后出现过 16 次,构字 16 个。

宀 13/48

 甲  篆  隶

象形字。甲骨文像四面有墙的屋子,指“房屋”,读作 mián。字头形体是楷书规范的写法。

“宀”是个部首字,又是个不能独立成字的部件,名称叫作“宝盖(bǎogài)”。凡由它组成的字,大多跟“房屋、覆盖”有关。

“宀”可以表义,作合体字的意旁。例如:

宁 níng 指“安宁”,宀表义。

宇 yǔ 指“房檐”,宀表义。

守 shǒu 指“官府里的官员要按法度履行职责”,宀表义。

安 ān 指“女子在家中安全”,宀(家)表义。

字 zì 指“在家中生孩子”,宀(家)表义。

灾 zāi 指“家中着火”,宀(家)表义。

宝 bǎo 指“家中有贝和玉等珍贵之物”,宀表义。

家 jiā 指“家中养猪(豕)”,宀表义。

有些字虽有“宀”部件,但跟它的音、义无关,如:它(tā)。

“宀”在合体字中,多处在字的上部,称为“宝盖头”,如以

上各例。

“宀”在现代汉语常用字中，先后出现过 104 次，构字 104 个。

辶$^{513}_{49}$ 甲 篆 隶 楷

会意字。甲骨文像一只脚走在大道上，指“人在路上行走”，读作 chuò。字头形体是楷书规范的写法。

“辶”是个部首字，又是个不能独立成字的部件，名称叫作“走之（zǒuzhī）”。凡由它组成的字，大都跟“行动”义有关。

“辶”可以表义，作合体字的意旁。例如：

边 biān 指“走到看不见的远处就是边”，辶表义。

达 dá 指“人行走通畅”，辶表义。

迅 xùn 指“快速行走”，辶表义。

巡 xún 指“来往查看”，辶表义。

进 jìn 指“向前移动”，辶表义。

远 yuǎn 指“走很长的路”，辶表义。

近 jìn 指“走的路途短”，辶表义。

迎 yíng 指“对着走来”，辶表义。

选 xuǎn 指“派遣先行前往者”，辶表义。

遗 yí 指“在路上遗失贵重之物”，辶表义。

遵 zūn 指“顺着路行走”，辶表义。

“辶”在合体字中，多处在包围结构的外框，称为“走之

框”。如以上各例。

“辶”在现代汉语常用字中，先后出现过 79 次，构字 79 个。

之[486] 甲 金 篆 隶

会意字。甲骨文等像一只脚离此(一)前往的样子，指“往、到”，读作 zhī。字头形体是楷书规范的写法。

“之”是个能独立成字的部件，名称叫作“之(zhī)”。凡由它组成的字，大多跟它的读音有关。

“之”可以表音，作合体字的声旁。例如：

芝(zhī)指“灵芝”，由之得声。

“之”在合体字中，有的在字的下部，称为“之字底”，如：乏(fá)、芝、窆(biǎn)等；有的在字的右下角，称为“之右下角”，如：砭(biān)、贬(biǎn)、泛(fàn)等。

“之”在现代汉语常用字中，先后出现过 6 次，构字 6 个。

彐[415][50] 篆 隶

象形字。小篆像一只右手的样子，指“手”。字头形体是楷书规范的写法。

“彐”是个部首字，又是个不能独立成字的部件，名称叫作“雪(xuě)字底”。由它组成的合体字，多跟“手”义有关。

“彐”可以表义，作合体字的意旁。例如：

帚 zhǒu 指“笤帚”，彐表义。

归 guī 指“返回”，彐表义。

寻 xún 指“人张开两手臂的长度”，彐表义。

急 jí 指“人心急追上”，彐表义。

雪 xuě 指“雪可用手接取”，彐表义。

有的字虽有“彐”部件，但跟它的音、义无关。如：刍(chú)、当(dāng、dàng)、灵(líng)等。

“彐”在合体字中，有的处在字的上部，称为“雪字底头”，如：帚、寻等；有的处在字下部，称为“雪字底”，如：雪等；也有的处在字右边，称为“雪字底边”，如：归等；还有的处在字腰，称为“雪字底腰”，如：急等。

“彐”在现代汉语常用字中，先后出现过 23 次，构字 23 个。

⺕ 224 [50]  篆

象形字。小篆像猪头，指“猪头”，读作 jì。字头形体是楷书规范的写法。

“⺕”是个部首字，又是个不能独立成字的部件，名称叫作“录(lù)字头”。由它组成的字，有的跟猪或读音有关。

“⺕”可以表义，作合体字的意旁。例如：

彘 zhì 指“猪”，彑表义。

“⺕”还可以表音，作合体字的声旁。例如：

彝 yí 指“古代的一种青铜礼器”。

有些合体字虽有“⺕”部件，但跟它的音、义无关。如：

录、禄、碌(lù)、绿、氯(lù)等。

“彐(彑)”在合体字中,常处在字的上部,称为“录字头”,如:录、彘、彝等;也有的处在字的右上角,称为“录头右角”,如:绿、禄、碌等;还有的处在包围结构的中心,称为“录头上心”,如:氯等。

“彐”在现代汉语常用字中,先后出现过 6 次,构字 6 个。

卂 419

 金  篆  隶

象形字。金文等像鸟快飞的样子,指“快速飞行”,读作 xùn。字头形体是楷书规范的写法。

“卂”是个不能独立成字的部件,名称叫作“讯(xùn)字边”。由它组成的字,多跟“快速”有关。

“卂”可以表义,作合体字的意旁。例如:

迅 xùn 从辵从卂,指“快速行走”,卂表义。

“卂”还可以表音,作合体字的声旁。例如:

讯、汛、迅(xùn)等皆从卂得声。

“卂”在合体字中多处在字的右边,称为“卂字边”,如:讯、汛等;也有的处包围结构中,称为“卂字心”,如:迅等。

“卂”在现代汉语常用字中,先后出现过 3 次,构字 3 个。

尸 317 51

 甲  金 篆 隶

象形字。甲骨文等像一个蜷曲着身子侧躺着的人,指“祭祀时代替死者受祭的活人”,读作 shī。字头形体是楷书

规范的写法。

“尸”是个部首字，又是个能独立成字的部件，名称叫作“尸(shī)”。凡由它组成的字，大都跟“人”有关。

“尸”可以表义，作合体字的意旁。例如：

尺 chǐ 指“从人的小腿肚到地面的长度为一尺”，尸表义。

层 céng 指“人住的多层房屋似云般层叠”，尸表义。

屁 pì 指“人从肛门发出的臭气”，尸表义。

尿 niào 指“人从下身排出的液体”，尸表义。

尾 wěi 从尸从毛，指“人带着尾饰”，尸表义。

居 jū 从尸从古，指“人靠着几休息”，尸表义。

屋 wū 从尸从至，指“人到达居住的地方”，尸表义。

屎 shǐ 从尸从米，指“人在排大便”，尸表义。

有些合体字虽有“尸”部件，但跟它的音、义无关，如：尹(yǐn)、尽(jǐn、jìn)、昼(zhòu)等。

“尸”在合体字中，大多为包围结构的框，称“尸字框”，如以上各例；也有少数在字的上部，称为“尸字头”，如：尽、昼等。

“尸”在现代汉语常用字中，先后出现过55次，构字55个。

己$^{158}_{52}$

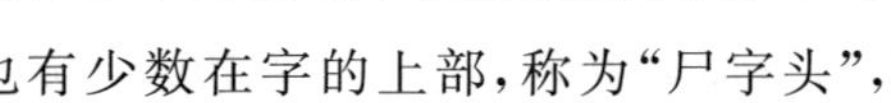

象形字。甲骨文等像一根弯弯曲曲的绳子，指“束丝使

之不乱的绳子叫己（纪）”，读作 jǐ。字头形体是楷书规范的写法。

“己”是个部首字，又是个能独立成字的部件，名称叫作“己（jǐ）”。凡由“己”组成的字，一般跟“约束、识别”义或其读音有关。

“己”可以表义，作合体字的意旁。例如：

记 jì 从言从己，指“核算”，己表义。

纪 jì、jǐ 从纟从己，指“纪律”，己表义。

“己”还可以表音，作合体字的声旁。例如：

记、纪、芑（qǐ）、屺（qǐ）、岂、玘（qǐ）、杞（qǐ）、忌（jì）、妃（fēi）、改（gǎi）等，皆从己得声。

“己”在合体字中，多处在字的右边，称为“己字边”，如以上各例；也有处在字的左旁的，称为“己字旁”，如：改等；还有处在字的上部的，称为“己字头”，如：忌等；还有处在字的下部的，称为“己字底”，如：芑、岂等。

“己”在现代汉语常用字中，先后出现过 10 次，构字 10 个。

巳 159 [52]

象形字。甲骨文等像胎儿，指“胎儿已成熟，将要降生，怀胎已截止”，读作 yǐ。字头形体是楷书规范的写法。

“已”是个附形部首字，又是个能独立成字的部件，名称叫作“已（yǐ）”。凡由“已”组成的字，大都跟它的读音有关。

“已”可以表音，作合体字的声旁。例如：

起 qǐ，从已得声。

“已”在合体字中，处在包围结构中，称为“已字心”，如：起等。

“已”在现代汉语常用字中，先后出现过 1 次，构字 1 个。

巳 161 [52]

甲 金 篆 隶

象形字。甲骨文等像胎儿的样子，本义指“胎儿”，假借指“地支的第六位”，读作 sì。字头形体是楷书规范的写法。

“巳”是个附形部首字，又是个能独立成字的部件，它的名称叫作“巳（sì）”。凡由它组成的字，大都跟“人”义或它的读音有关。

“巳”可以表义，作合体字的意旁。例如：

祀 sì 指“求子的祭礼”，巳表义。

包 bāo 指“胎儿裹在包衣里”，巳表义。

胞 bāo 指“包裹胎儿的包衣”，巳表义。

“巳”还可以表音，作合体字的声旁。例如：

汜（sì）、祀（sì）等皆从巳得声。

“巳”在合体字中，有的处在合体字右边，称为“巳字边”，如汜、祀等；有的处在包围结构中，称为“巳字心”，如：包、苞（bāo）等；也有的在字的右下方，称为“巳右下角”，如：孢、胞、龅（bāo）、饱（bǎo）、抱（bào）、炮（bāo、páo、pào）等；还有的在字的左下方，称为“巳左下角”，如：刨（bào、páo）等。

“巳”在现代汉语常用字中，先后出现过22次，构字21个。

弓$^{122}_{53}$ 甲 金 篆 隶

象形字。甲骨文等像一张有弦的弓，指“一种发射箭或弹子的器具”，读作gōng。字头形体是楷书规范的写法。

“弓”是个部首字，又是个能独立成字的部件，名称叫作“弓(gōng)”。凡由它组成的字大多跟“弓”的音、义有关。

“弓”可以表义，作合体字的意旁。例如：

引 yǐn 指“弓弦需拉到的位置”，弓表义。

弘 hóng 指“拉弓的声音”，弓表义。

弛 chí 指“放松的弓弦弯曲似蛇”，弓表义。

张 zhāng 指“将弦扣在拉开的弓弦上”，弓表义。

弦 xián 指“弓、弩上发射的绳子”，弓表义。

弯 wān 指“开弓”，弓表义。

弱 ruò 指“弓的力量小”，弓表义。

弹 dàn、tán 指“弓每次只发射一个弹丸”，弓表义。

疆 jiāng 指“用弓来丈量田地”，弓表义。

“弓”还可以表音，作合体字的声旁。例如：

芎(xiōng)、穹(qióng)、躬(gōng)等皆从弓得声。

有些字虽有“弓”部件，但跟它的音、义无关，如：弗(fú)、强(qiáng、qiǎng、jiàng)、粥(zhōu)等。

“弓”在合体字中，常处在字的左旁，称为“弓字旁”，如：

引、弘、弛、张、弧、弥、弦、弱、强等；也有少数处在字的下部的，称为“弓字底”，如：弩、弯等。

“弓”在现代汉语常用字中，先后出现过 22 次，构字 19 个。

子$^{510}_{54}$　甲　金　篆　隶

象形字。甲骨文等像一个襁褓中的婴儿，指“小孩”，读作 zǐ。字头形体是楷书规范的写法。

“子”是个部首字，又是个能独立成字的部件，名称叫作“子(zǐ)”。凡由“子”组成的字，大都跟“小孩”义有关。

“子”可以表义，作合体字的意旁。例如：

孔 kǒng 指“乳穴”，子表义。

孕 yùn 指“怀着孩子的人”，子表义。

存 cún 指“初生的草木和幼儿均需悉心照料”，子表义。

孙 sūn 指“系于子下的就是孙”，子表义。

孝 xiào 指“孝顺”，子表义。

学 xué 指“学习”，子表义。

“子”还可以表音，作合体字的声旁。例如：

孜(zī)、籽(zǐ)、仔(zǐ、zǎi)、字(zì)等皆从子得声。

合体字中，有些字虽有“子”部件，但跟它的音、义无关，如：享(xiǎng)、孰(shú)等。

“子”在合体字中，有的处在字左旁，称为“子字旁”，如：孔、孙、孜、孤(gū)、孩(hái)、孺(rú)等；有的处在字的下部，

称为“子字底”，如：孕、孝、孚（fú）、享、学、孪（luán）、孳（zī）等；有的在字的上部，称为“子字头”，如：孟等；还有的处在包围结构中，称为“子字心”，如：存等。

“子”在现代汉语常用字中，先后出现过 44 次，构字 44 个。

屮55 甲 金 篆 屮隶

象形字。甲骨文等像一株小草的样子，指“初生的小草”，读作 chè。字头形体是楷书规范的写法。

“屮”是个部首字，名称叫作“屮（chè）”。凡由它组成的字，大都跟小草有关。

“屮”可以表义，作合体字的意旁。例如：

屯 tún 像种子破土而出的样子，指“艰难”，屮表义。

“屮”在现代汉语常用字中，仅作为部首出现，不作部件。

卫378 甲 金 篆 衛隶 衛楷

会意字。甲骨文等像在四通八达的路上巡行守卫，指“保护、防卫”，读作 wèi。字头形体是楷书的简化字，是规范的写法。

“卫”是个能独立成字的部件，名称叫作“卫（wèi）”。

“卫”是个独体字，在现代汉语常用字中，先后出现过 1 次，构字 1 个。

也[436]

甲 金 篆 隶

象形字。甲骨文等像一条蛇的样子，本义指“蛇”，读作yě。字头是楷书规范的写法。

“也”是个能独立成字的部件，名称叫作“也(yě)”。凡由它组成的字，大都跟它的读音有关。

“也”可以表音，作合体字的声旁。例如：

匜(yí)、迤(yí、yǐ)、地(dì、de)、池、弛、驰(chí)、灺(xiè)、施、缅(shī)等皆从也得声。

“也”在合体字中，多处在字右边，称为“也字边”，如：地、池、弛、驰、灺等；也有处在字的右下角，称为“右也下角”，如：施、缅等；还有少数处在包围结构中心的，称为“也字下心”，如：迤等。

“也”在现代汉语常用字中，先后出现过 9 次，构字 9 个。

女[263][56]

甲 金 篆 隶

象形字。甲骨文等像双臂搭在胸前屈膝跪着的女子，指“女子”，读作 nǚ。字头形体是楷书规范的写法。

“女”是个部首字，又是个能独立成字的部件，名称叫作“女(nǚ)”。凡由它组成的字，大都跟女性或读音有关。

“女”可以表义，作合体字的意旁。例如：

奸 jiān 指“冒犯女人”，女表义。

妄 wàng 指“女人荒唐、无理性”，女表义。

妇 fù 指“操持家务(扫地)的已婚女子”,女表义。

好 hǎo 指“女子貌美”,女表义。

妖 yāo 指“女子艳丽”,女表义。

妥 tuǒ 像用手安抚女子,指“安稳”,女表义。

妻 qī 指“抢夺女子的配偶”,女表义。

姓 xìng 指“女人所生”,女表义。

委 wěi 指“女子像垂穗的禾,委曲顺随”,女表义。

娶 qǔ 指“男子把女子接回家成亲”,女表义。

“女”还可以表音,作合体字的声旁。例如:

汝(rǔ)、钕(nǚ)等皆由女得声。

“女”在合体字中,多处在字的左旁,称为“女字旁”,如:妈、妙、姊、妞、妹、始等;有的处在字的下部,称为“女字底”,如:妥、妻、委、妾、要、姿、婴、婪等;也有的处在字的右边,称为“女字边”,如:妆等。

“女”在现代汉语常用字中,先后出现过 89 次,构字 89 个。

𠃓[429]

甲 金 篆 昜隶 昜楷

会意字。甲骨文等像一个灯盏放在钉在壁上的架子上,指“光明”。读作 yáng。字头形体是楷书的简化字,是规范的写法。

“𠃓”是个不能独立成字的部件,名称叫作“杨(yáng)字边”。凡由它组成的字,大都跟它的读音有关。

"昜"可以表音,作合体字的声旁。例如:

场、肠(cháng)、场(chǎng)、畅(chàng)、砀(dàng)、汤(tāng)、杨、炀、玚、旸、疡(yáng)等皆从昜得声。

"昜"在合体字中,多数处在字的右边,称为"杨字边",如以上各例。也有少数的处在包围结构中,称为"杨字边心",如:疡等。

"昜"在现代汉语常用字中,先后出现过 8 次,构字 8 个。

刃[298]

 甲  篆  隶

指事字。金文等刀口上的一点是指事符号,指"刀口处",读作 rèn。字头形体是楷书规范的写法。

"刃"是个能独立成字的部件,名称叫作"刃(rèn)"。凡由它组成的字大都跟"刀"义有关。

"刃"可以表义,作合体字的意旁。例如:

忍 rěn 从刃从心,像刀刃搁在心上的样子,指"忍耐",刃表义。

"刃"还可以表音,作合体字的声旁。例如:

忍(rěn)、仞、纫、韧、轫、牣(rèn)等皆从刃得声。

"刃"在合体字中,常处在字的右边,称为"刃字边",如以上各例;也有少数处在字的上部,称为"刃字头",如:忍等。

"刃"在现代汉语常用字中,先后出现过 5 次,构字 5 个。

飞[98/57] 甲 篆 飛隶 飛楷

象形字。甲骨文等像鸟儿展翅翱翔的样子，指“鸟等扇动翅膀在空中活动”，读作 fēi。字头形体是楷书的简化字，是规范的写法。

“飞”是个部首字，又是个能独立成字的部件，名称叫作“飞（fēi）”。

“飞”是个独体字。

“飞”在现代汉语常用字中，先后出现过 1 次，构字 1 个。

习[397] 甲 金 篆 習隶 習楷

象形、会意字。甲骨文等像鸟儿白天（日）在练习飞翔的样子，指“白天习飞”，读作 xí。字头形体是楷书的简化字，是规范的写法。

“习”是个能独立成字的部件，名称叫作“习（xí）”。凡由它组成的字，大都跟鸟、羽毛有关。

“习”可以表义，作合体字的意旁。例如：

翅 chì 指“鸟等的飞行器官”，习表义。

翠 cuì 指“翠鸟”，习表义。

翟 dí 指“长尾的山雉”，习表义。

翁 wēng 指“鸟颈上的羽毛”，习表义。

翼 yì 指“鸟等的翅膀”，习表义。

羽 yǔ 指“羽毛”，习表义。

“习”在合体字中，有的处在字的上部，称为“羽字头”，如：翠、翌(yì)、翟、翼等；有的处在字的下部，称为“羽字底”，如：翁、翡(fěi)、翦(jiǎn)等；有的处在字的右边，称为“羽字边”，如：羽等；还有的处在包围结构中心，称为“羽字心”，如：翅(chì)、翘(qiào)等。

“习”在现代汉语常用字中，先后出现过 39 次，构字 20 个。

叉[37]

甲 篆 隶

指事字。甲骨文等像张开手指成叉的样子，指“手指叉开”，读作 chā。字头形体是楷书规范的写法。

“叉”是个能独立成字的部件，名称叫作“叉(chā)”。由它组成的字大都跟它的音、义有关。

“叉”可以表义，作合体字的意旁。例如：

杈 chā、chà 指“树干的分枝或树枝的分岔”，叉表义。

汊 chà 指“水流分岔处”，叉表义。

衩 chǎ、chà 指“衣、裙下部开口处”，叉表义。

钗 chāi 指“样子像叉形的金属制成的发饰品”，叉表义。

“叉”还可以表音，作合体字的声旁。例如：

扠(chā)、汊(chà)、衩、杈、钗等皆从叉得声。

“叉”在合体字中，大都处在字的右边，称为“叉字边”。如以上各例。

“叉”在现代汉语常用字中，先后出现过 4 次，构字 4 个。

马[230][58]

甲 金 篆 馬隶 馬楷

象形字。甲骨文等都像头朝上尾朝下的马的样子，指“马”，读作 mǎ。字头形体是楷书的简化字，是规范的写法。

“马”是个部首字，又是个能独立成字的部件，名称叫作“马(mǎ)”。凡由它组成的字大都跟它的音、义有关。

“马”可以表义，作合体字的意旁。例如：

驴 lú 指“样子像马而形体比马小——驴子”，马表义。

驹 jū 指“小马”，马表义。

骏 jùn 指“行动敏捷，善奔跑的好马”，马表义。

骡 luó 指“样子像马，善于驮物的家畜”，马表义。

“马”还可以表音，作合体字的声旁。例如：

妈(mā)、犸、码(mǎ)、蚂(mā、mǎ、mà)、骂(mà)、吗(ma)等皆由马得声。

“马”在合体字中，大多处在字的右边，称为“马字边”，如以上各例；也有少数处在字的下部，称为“马字底”，如：驽(nú)、驾(jià)、骂(mà)、骛(wù)、骜(ào)、骞(qiān)等。

“马”在现代汉语常用字中，先后出现过 31 次，构字 31 个。

彑[443][[50]]

字头形体来源于彘，是合体字彘的字头，是楷书的规范写法。

“彑”是彐（雪字底）的附形部首，又是个不能独立成字的部件，读作 jì，名称叫作“彝字头（yízìtóu）”。由它组成的字，大多跟“彘”义无关。例如：

彖 tuàn 指“彖辞（《易经》中总括一卦含义的言辞）”。

彘 zhì 指“猪”。

喙 huì 指“鸟兽的嘴”。

蠡 lí 指“贝壳做的瓢”。

彝 yí 指“古代盛酒的器具”。

缘 yuán 指“因由”。

“彑”在合体字中，多处在字的上部，称为“彑（彝字头）”；有的处在字的右上角，称为“彝字头右角”，如以上各例。

“彑”在现代汉语常用字中，先后只出现过 1 次，构字 1 个。

纟 171 [148]　甲　金　篆　隶　纟楷

象形字。甲骨文等像一束丝的样子，指“一小束线”，读作 mì。字头形体是楷书的简化字，是规范的写法。

“纟”是个部首字，《汉字部首表》把它作为附形部首归入到糸部中。“纟”又是个不能独立成字的部件，名称叫作“绞丝旁（jiǎosīpáng）”。凡由它组成的字大多跟“丝”义有关。

“纟”可以表义，作合体字的意旁。例如：

纠 jiū 指“多股丝线缠绕一起”，纟表义。

约 yuē、yāo 指“用线、绳捆缚”，纟表义。

纯 chún 指“原始的蚕丝”，纟表义。

纱 shā 指“用棉、麻等纺成的细丝”，纟表义。

纸 zhǐ 指“古代曾用丝帛等作为书写材料”，纟表义。

绝 jué 指“用刀断丝”，纟表义。

绩 jì 指“力求把线绳搓捻匀细”，纟表义。

缓 huǎn 指“如丝帛一样宽舒”，纟表义。

“纟”在合体字中，绝大多数处在字的左旁，称为“绞丝旁”。如以上各例。

“纟”在现代汉语常用字中，先后出现过 77 次，构字 77 个。

乡 400 甲 金 篆 鄉隶 鄉楷

会意字。甲骨文等像两人对食的样子，指“用酒食招待人”，读作 xiāng。字头形体是楷书的简化字，是规范的写法。

“乡”是个能独立成字的部件，名称叫作“乡(xiāng)”。

“乡”又是个独体字。在现代汉语常用字中，只出现过 1 次，构字 1 个。

幺 433 59 金 篆 幺隶

象形字。金文等像一束小丝的样子，指“幼小”，读作 yāo。字头形体是楷书规范的写法。

“幺”是个部首字，又是个能独立成字的部件，名称叫作“幺(yāo)”或“幼(yòu)字旁”。凡由它组成的字大都跟“细小”义有关。

“幺”可以表义，作合体字的意旁。例如：

幼 yòu 指“力气小”，幺表义。

玄 xuán 指“染丝用的丝结”，幺表义。

幽 yōu 指“用细小的火照明——昏暗”，幺表义。

率 shuài 指“捕鸟的丝网”，幺表义。

兹 zī 指“草木茂盛”，幺表义。

“幺”还可以表音，作合体字的声旁。例如：

吆(yāo)从幺得声。

在合体字中，有些字虽有“幺”部件，但跟它的音、义无关，如：幻(huàn)、乡(xiāng)等。

“幺”在合体字中，有的处在字的左旁，称为“幺字旁”，如：幼等；有的处在字的右边，称为“幺字边”，如：吆等；还有的处在字的下部，称为“幺字底”，如：玄、兹等；还有的处在镶嵌结构中，称为“幺字嵌”，如：率等。

“幺”在现代汉语常用字中，先后出现过 23 次，构字 18 个。

巛 55 60

甲 金 篆

象形字。甲骨文像水流的样子，指“河流”，读作 chuān。字头形体是川的变体，是楷书规范的写法。

巛是个部首字，又是个不能独立成字的部件，名称叫作“巡(xún)字心”。凡由它组成的字，大都跟“河流、流动、顺畅”义有关。

“巛”可以表义，作合体字的意旁。例如：

巡 xún 指“来回(流动)查看”，巛表义。

邕 yōng 指“环绕城邑四周的水流”，巛表义。

有的字虽有“巛”部件，但跟它的音、义无关，如：甾(zī)、巢(cháo)。

“巛”在合体字中，有的处在字的上部，称为“巡字心头”，如：邕、甾、巢等；有的处在包围结构中，称为“巡字心”，如：巡等。

“巛”在现代汉语常用字中，先后出现过 4 次，构字 4 个。

四画

丰[100]

 甲  金  篆  隶

象形字。甲骨文等像根块粗壮、生长茂盛的植物，指“草木茂盛”，读作 fēng。后作“豐”的简化字。字头形体是楷书规范的写法。

“丰”是个能独立成字的部件，名称叫作“丰(fēng)”。凡由它组成的字，多跟它的音、义有关。

“丰”可以表义，作合体字的意旁。例如：

艳 yàn 指“丰满美丽”，丰表义。

“丰”还可以表音，作合体字的声旁。例如：

邦(bāng)、沣(fēng)、蚌(bàng、bèng)等皆从丰得声。

“丰”在合体字中，有的处在字的右边，称为“丰字边”，如：沣、蚌等；有的处在字的左旁，称为“丰字旁”，如：邦、艳等；有的处在字的左上角，称为“丰左角”，如：契(qì)等；还有的处在字中腰，称为“丰字腰”。如：害等。

“丰”在现代汉语常用字中，先后出现过 22 次，构字 21 个。

𡗗101

字头是楷书规范的写法。在汉字中，仅作为部件使用，没有音和义。

“𡗗”是个不能独立成字的部件，名称叫作“寿(shòu)字头”。

“𡗗”在合体字中，一般处在包围结构中，称为“寿字头”，如：寿等；也有处在字的右上角的，称为“寿字头右上角”，如：涛等；还有处在字中腰的，作为“寿字头腰”，如：筹等。

“𡗗”在现代汉语常用字中，先后出现过 6 次，构字 6 个。

王$^{375}_{61}$ 甲 金 篆 隶

象形字。甲骨文等像一把斧头(刑杀武器)，指“帝王、君主”，读作 wáng。字头形体是楷书规范的写法。

“王”是个部首字，又是个能独立成字的部件，名称叫作“王(wáng)”。凡由“王”组成的字，大都跟它的音、义有关。

“王”可以表义，作合体字的意旁。例如：

闰 rùn 指“夏历把一年定为 354 天或 355 天，余下的时间约三年积成一个月，加在某年里，这就称为闰月。每逢这时，帝王都要在祖庙门中央处理公务”，王表义。

“王”还可以表音，作合体字的声旁。例如：匡(kuāng)、狂(kuáng)、汪(wāng)、往、枉(wǎng)、旺(wàng)。

“王”在合体字中，多处在字的右边，称为“王字边”，如：狂、汪、往、旺、枉等；也有的处在包围结构中，称为“王字心”，如：匡、闰等；也有的处在字的下部，称为“王字底”，如：皇(huáng)、望(wàng)等；还有的处在镶嵌结构中，称为“王字嵌”，如：噩(è)等。

“王”在现代汉语常用字中，先后出现过 32 次，构字 30 个。

龶282

字头是楷书规范的写法。在汉字中，仅作部件使用，没有音、义。

“龶”是个不能独立成字的部件，名称叫作“青(qīng)字头”。

“龶”在合体字中，多处在字的上部，称为“青字头”。如：

青 qīng 金文写作,从生从井,指“像草木初生或井水的颜色”。

表 biǎo 小篆写作,从毛从衣,指“皮衣——古人穿皮衣有毛的一面朝外”。

责 zé 金文写作,从贝从朿(cì),指“债主催债时言词的芒刺”。

毒 dú 小篆写作,从(草)从毐(祸害),指“毒草”。

素 sù 小篆写作,从垂从糸,指“柔软下垂的丝绸”。

“龶”在合体字中,多数处在字的上部,称为“青字头”。如以上各例。

“龶”在现代汉语常用字中,先后出现过 18 次,构字 18 个。

𤣩469 甲 金 篆 隶

象形字。字头是玉作边旁的写法。

“𤣩”是个部首字,又是个不能独立成字的部件,名称叫作“斜玉(xiéyù)”。凡由𤣩组成的字,大都跟玉石或玉器有关。

“𤣩”可以表义,作合体字的意旁。例如:

玩 wán 指“摆弄玉器”,𤣩表义。

现 xiàn 指“玉的光彩(易被人看见)”,𤣩表义。

珍 zhēn 指“珠玉等宝物”,𤣩表义。

珠 zhū 指“珍珠——因其色泽如玉”,𤣩表义。

瑰 guī 指“美玉”，王表义。

“王”在合体字中，多处在字的左旁，称为“斜玉旁”。如以上各例。

“王”在现代汉语常用字中，先后出现过 27 次，构字 27 个。

开[198]

说文写作幵，像两根干（竿）并立的样子，指“平”，读作 jiān。字头形体是楷书规范的写法。又作为“開”的简化字，读作 kāi。

“开”是个能独立成字的部件，名称叫作“开（kāi）”。凡由开组成的字，大都跟它的音有关。

“开”可以表音，作合体字的声旁。例如：

妍（yán）、岍（qiān）、汧（qiān）、研（yán）、趼（jiǎn）等皆从开得声。

“开”在合体字中，多数处在字的右边，称为“开字边”。如以上各例。

“开”在现代汉语常用字中，先后出现过 11 次，构字 11 个。

井[185]

甲 金 篆 隶

象形字。甲骨文等像一口水井，四周像井栏，读作 jǐng。

字头形体是楷书规范的写法。

“井”是个能独立成字的部件，名称叫作“井(jǐng)”。凡由井组成的字跟它的音、义有关。

“井”可以表义，作合体字的意旁。例如：

阱 jǐng 指“陷坑”，井表义。

“井”还可以表音，作合体字的声旁。例如：

讲(jiǎng)、进(jìn)、阱、肼(jǐng)、耕(gēng)等皆从井得声。

“井”在合体字中，多处在字的右边，称为“井字边”，如以上各例；也有少数的处在包围结构中，称为“井字心”，如：进等。

“井”在现代汉语常用字中，先后出现过 4 次，构字 4 个。

天[362]

甲 金 篆 天隶

象形字。甲骨文等凸出人的头，指“位置在顶部的”，读作 tiān。字头形体是楷书规范的写法。

“天”是个能独立成字的部件，名称叫作“天(tiān)”。凡由天组成的字大都跟它的音、义有关。

“天”可以表义，作合体字的意旁。例如：

蚕 cán 从天从虫，因蚕吐的丝为人类提供衣料，人们便把它看成是天赐的虫。

“天”还可以表音，作合体字的声旁。例如：

吞(tūn)、忝(tiǎn)等皆从天得声。

“天”在合体字中，多处在字的上部，称为“天字头”。如以上各例。

“天”在现代汉语常用字中，先后出现过19次，构字19个。

夫[105]

甲 金 篆 隶

象形字。甲骨文等像一位头顶上插着簪子的人的样子，指“成年男子”，读作fū。字头形体是楷书规范的写法。

“夫”是个能独立成字的部件，名称叫作“夫(fū)”。

“夫”可以表音，作合体字的声旁。例如：

伕、肤、铁、趺、麸(fū)、扶、芙、蚨(fú)等皆由夫得声。

“夫”在合体字中，有的处在字的右边，称为“夫字边”，如：伕、扶、肤、铁、蚨、趺、麸等；有的在字的下部，称为“夫字底”，如：芙等。

“夫”在现代汉语常用字中，先后出现过12次，构字9个。

无[385][62]

甲 金 篆 隶 楷

象形字。甲骨文等像人手拿着牛尾在跳舞的样子，为“舞”的初文，读作wǔ。字头形体是楷书的简化字，是规范的写法。假借指“没有”。

“无”是个部首字，又是个能独立成字的部件，名称叫作“无(wú)”。由无组成的字，多跟它的读音有关。

“无”可以表音，作合体字的声旁。例如：

芜（wú）、庑、怃、沅（wǔ）、妩（wǔ）、抚（fǔ）等皆由无得声。

“无”在合体字中，大多处在字的右边，称为“无字边”，如以上各例；也有处在字的下部，称为“无字底”，如：芜等；还有的处在包围结构中，称为“无字心”，如：庑等。

“无”在现代汉语常用字中，先后出现过 3 次，构字 3 个。

韦 377 63

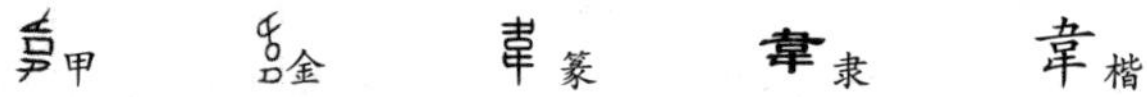

会意字。甲骨文等像上下两只脚围着城池转，指“环绕”，假借指“皮革”，读作 wéi。字头形体是楷书的简化字，是规范的写法。

“韦”是个部首字，又是个能独立成字的部件，名称叫作“韦（wéi）”。凡由“韦”组成的字，大都跟读音或“环绕、皮革”义有关。

“韦”可以表义，作合体字的意旁。例如：

韧 rèn 指“熟牛皮柔软又结实，不易折断”，韦表义。

韬 tāo 指“装弓或剑的皮套子”，韦表义。

围 wéi 指“环绕”，韦表义。

帏 wéi 指“幔帐”，韦表义。

“韦”还可以表音，作合体字的声旁。例如：

违、围、闱（wéi）、伟、苇、纬、炜、玮、韪（wěi）等皆从韦得声。

“韦”在合体字中，多处在字的右边，称为“韦字边”，如以上各例；也有在包围结构中，称为“韦字心”，如：围、违、闱、韪等。

“韦”在现代汉语常用字中，先后出现过 8 次，构字 8 个。

云[476] 甲 金 篆 雲隶 雲楷

象形、会意字。甲骨文等像天上的云朵。小篆在甲骨文上加上“雨”，表示云跟雨有关，读作 yún。字头形体是楷书的简化字，是规范的写法。

“云”是个能独立成字的部件，名称叫作“云(yún)”。凡由云组成的字，大都跟它的读音有关。

“云”可以表音，作合体字的声旁。例如：

纭、芸、耘、运、酝(yùn)、魂(hún)等皆从云得声。

“云”在合体字中，有的在字的右边，称为“云字边”，如：纭、耘、酝等；有的在字的左旁，称为“云字旁”，如：魂等；也有的处在包围结构中，称为“云字心”，如：运等。

在合体字中，有些字虽有“云”部件，但跟它的音、义无关。如：动(dòng)、坛(tán)等。

“云”在现代汉语常用字中，先后出现过 12 次，构字 12 个。

专[504] 甲 金 篆 專隶 專楷

象形字。甲骨文等像手持纺锤的样子，指“集中在某一方面——专一”，读作 zhuān。字头形体是楷书的简化字，是

规范的写法。

“专”是个能独立成字的部件，名称叫作“专（zhuān）”。因纺锤形似圆形，故凡由“专”组成的字，大都跟它的读音或圆、环绕有关。

“专”可以表义，作合体字的意旁。例如：

团（團）tuán 从囗从专，指“圆形”，专表义。

转 zhuǎn、zhuàn 从车从专，指“车轮转动”，专表义。

“专”还可以表音，作合体字的声旁。例如：

传（chuán、zhuàn）、肤、砖（zhuān）、转等皆由专得声。

“专”在合体字中，多处在字的右边，称为“专字边”。如以上各例。

“专”在现代汉语常用字中，先后出现过 4 次，构字 4 个。

耂203

字头形体是楷书规范的写法。在汉字中，耂仅作部件使用，没有音、义。

“耂”是个不能独立成字的部件，名称叫作“老（lǎo）省”。

“耂”在合体字中，一般处在包围结构中，称为“老省框”，如：考（kǎo）、孝（xiào）、者（zhě）等；有的处在字的左上角，称为“老省左角”，如：教等；也有的处在字右上角，称为“老省右角”，如：拷（kǎo）、栲（kǎo）、烤（kǎo）、铐（kào）等；也有的处在字腰，称为“老省腰”，如：暑（shǔ）、署（shǔ）、薯（shǔ）等。

“耂”在现代汉语常用字中，先后出现过 25 次，构字

25 个。

丐[110]

篆 隶

会意字。小篆从亡从人，指“逃亡流浪的人向别人乞讨度日”，读作 gài。字头形体是楷书规范的写法。

“丐”是个能独立成字的部件，名称叫作“丐(gài)”。

“丐”可以表音，作合体字的声旁。例如：钙(gài)，由“丐”得声。

“丐”在合体字中，处在字的右边，称为“丐字边”。如：钙。

“丐”在现代汉语常用字中，先后出现过 2 次，构字 2 个。

廿[255]

甲 金 篆 隶

会意字。甲骨文等像两个十字连在一起，指“二十”，读作 niàn。字头形体是楷书规范的写法。

“廿”是个能独立成字的部件，名称叫作“廿(niàn)”。凡由廿组成的字，其音、义跟“廿”无关。例如：

度 dù duó 指“计算长短的标准或器具”。

庶 shù 指“屋子里光芒普照——百姓”。

燕 yàn 指“燕子”。

遮 zhē 指“人多行走难”。

“廿”在合体字中，有的处在包围结构中，称为“廿字心”，如：度、庶等；有的处在字的上部，称为“廿字头”，如：燕等。

“廿”在现代汉语常用字中，先后出现过 9 次，构字 9 个。

龷394

字头是楷书规范的写法。在汉字中，仅作部件使用，没有音、义。

“龷”是个不能独立成字的部件，名称叫作“昔（xī）字头”。

“龷”在合体字中，多处在字的上部，称为“昔字头”，如：共（gòng）、巷（xiàng、hàng）、恭（gōng）等；有的处在字腰，称为“昔字头腰”，如：暴等；还有的处在包围结构中，称为“昔字头心”，如：展等。

“龷”在现代汉语常用字中，先后出现过 21 次，构字 21 个。

卌66 甲 金 篆 隶

会意字。甲骨文等像三个十连在一起，指“三十”，读作 sà。字头形体是楷书规范的写法。

“卌”是个不能独立成字的部件，名称叫作“带（dài）字头”。凡由它组成的字跟它的音、义无关。例如：

带 dài 指“带子”。

滞 zhì 指“水不流通”。

“卌”在合体字中，有处在字的上部的，称为“带字头”，如：带等；有的处在字的右上角，称为“带字头右角”，如：

滞等。

“卌”在现代汉语常用字中，先后出现过 2 次，构字 2 个。

木$^{246}_{64}$ 甲 金 篆 隶

象形字。甲骨文等像一棵上有枝条，下有根的树木，指“树”，读作 mù。字头形体是楷书规范的写法。

“木”是个部首字，又是个能独立成字的部件，名称叫作“木(mù)”。凡由它组成的字，大都跟它的音、义有关。

“木”可以表义，作合体字的意旁。例如：

未 wèi 指“草木茂盛”，木表义。

本 běn 指“草木的根部”，木表义。

末 mò 指“树梢”，木表义。

束 shù 指“用绳索把木柴捆起来”，木表义。

果 guǒ 指“果实”，木表义。

相 xiāng、xiàng 指“察看”，木表义。

休 xiū 指“歇息”，木表义。

“木”还可以表音，作合体字的声旁。例如：

沐(mù)，由木得声。

“木”在合体字中，有的处在字的左旁，称为“木字旁”，如：朽(xiǔ)、机(jī)、权(quán)、休、相、林(lín)、柜(guì)、板(bǎn)等；有的处在字的右边，称为“木字边”，如：林(lín)等；也有的处在字的上部，称为“木字头”，如：杏(xìng)、李(lǐ)等；也有的处在字的下部，称为“木字底”，如：杀(shā)、朵

(duǒ)、杂(zá)、条(tiáo)、呆(dāi)、采(cǎi)等;也有处在镶嵌结构中的,称为“木字嵌”,如:本、未、末、束、枣(zǎo)、柬(jiǎn)等;还有处在包围结构中的,称为“木字心”,如:床等。

“木”在现代汉语常用字中,先后出现过 238 次,构字 218 个。

支$_{65}$  篆  隶

会意字。小篆像手拿着半竹的样子,指“枝条”(枝的本字),读作 zhī。字头形体是楷书规范的写法。

“支”是个部首字,名称叫作“支(zhī)”。凡由支组成的字,大都跟它的读音有关。

“支”可以表音,作合体字的声旁。例如:

豉(chǐ)、翅(chì)、庋(guǐ)、屐(jī)、伎、芰、技、妓(jì)、岐、歧、跂(qí)、吱、枝、肢(zhī)、忮(zhì)、吱(zī)等皆由支得声。

“支”在合体字中,多数处在字的右边,称为“支字边”,如以上多例;少数的处在包围结构中,称为“支字心”,如:庋、屐等;也有的处在包围结构的外框,称为“支字框”,如:翅等。

“支”在现代汉语常用字中,只作部首,不是部件。

五^{386}  甲  金  篆  隶

会意、指事字。甲骨文等从二从×,二代表天和地,×代表相互交错,指“纵横交错”。假借指“数目字”,读作 wǔ。字头形体是楷书规范的写法。

“五”是个能独立成字的部件，名称叫作“五（wǔ）”。由它组成的字，跟它的音、义有关。

“五”可以表义，作合体字的意旁。例如：

伍 wǔ 从人从五，指“古代军队中五人为一单位，称为伍”，“五”表义。

“五”还可以表音，作合体字的声旁。例如：

吾（wú）、伍（wǔ）皆从五得声。

“五”在合体字中，有的处在字的右边，称为“五字边”，如：伍等；有的处在字的上部，称为“五字头”，如：吾等；还有的处在字的右上角，称为“五右角”，如：梧（wú）、捂（wǔ）、悟（wù）、语（yǔ）等；还有的处在字的中间，称为“五嵌上”，如：衙等。

“五”在现代汉语常用字中，先后出现过 8 次，构字 8 个。

市[106]

 篆  隶

象形字。小篆像草木枝繁叶茂的样子，指“草木茂盛”，读作 bèi。字头形体是楷书规范的写法。

“市”是个不能独立成字的部件，名称叫作“市（fú）”或“肺（fèi）字边”。由它组成的字，跟它的音、义有关。

“市”可以表义，作合体字的意旁。例如：

芾 fú 指“草木茂盛”，市表义。

“市”还可以表音，作合体字的声旁。例如：

芾、肺（fèi）、沛、旆、霈（pèi）等皆从市得声。

“巿”在合体字中，有的处在字的右边，称为“肺字边”，如：沛、肺等；有的处在字的下部，称为“巿字底”，如：芾等；还有的处在字的右下角，称为“巿右下角”，如：旆、霈等。

“巿”在现代汉语常用字中，先后出现过2次，构字2个。

不[29]

甲 金 篆 隶

象形字。甲骨文等像花托的样子，指“花托”。假借指“否定词”。读作bù。字头形体是楷书规范的写法。

“不”是个能独立成字的部件，名称叫作“不(bù)”。凡由它组成的字大都跟它的音、义有关。

“不”可以表义，作合体字的意旁。例如：

否fǒu指“不同意、不承认”，不表义。

甭béng指“不用”，不表义。

歪wāi指“不正”，不表义。

孬nāo指“不好”，不表义。

“不”还可以表音，作合体字的声旁。例如：

丕(pī)、否(fǒu、pǐ)、抔(póu)、吥(bù)、杯(bēi)、芣、钚(bù)、罘(fú)等皆从不得声。

“不”在合体字中，有的处在字上部，称为“不字头”，如：丕、否、甭、歪、孬等；有的处在字的下部，称为“不字底”，如：芣、罘等；还有的处在字的右边，称为“不字边”，如：抔、吥、杯、钚等。

“不”在现代汉语常用字中，先后出现过10次，构字

10个。

犬$^{289}_{66}$ 甲 金 篆 隶

象形字。甲骨文等都像一只狗的样子，指“狗”，读作quǎn。字头形体是楷书规范的写法。

“犬”是个部首字，又是个能独立成字的部件，名称叫作“犬(quǎn)”。由犬组成的字，大都跟“狗、动物”或它的读音有关。

“犬”可以表义，作合体字的意旁。例如：

获 huò 指“用猎犬捕获猎物”，犬表义。

哭 kū 指“犬的哀号”，犬表义。

戾 lì 指“犬从门走出时身体弯曲”，犬表义。

莽 mǎng 指“犬在草丛中”，犬表义。

献 xiàn 指“用鬲烹狗肉作祭品”，犬表义。

臭 xiù 指“犬的鼻子特别灵”，犬表义。

状 zhuàng 指“犬的样子”，犬表义。

“犬”还可以表音，作合体字的声旁。例如：

甽(quǎn)由犬得声。

“犬”在合体字中，有的处在字的下部，称为“犬字底”，如：哭、臭等；有的处在字的右边，称为“犬字边”，如：献、状、甽等；有的处在字的腰间，称为“犬字腰”，如：莽等；还有的处在包围结构中，称为“犬字心”，如：戾等。

“犬”在现代汉语常用字中，先后出现过18次，构字

18个。

太[360]

隶

指事字。隶书是在大字下加上一点，以示跟大的区别，指“过于、过分”的意思，读作 tài。字头形体是楷书规范的写法。

“太”是个能独立成字的部件，名称叫作“太(tài)”。凡由它组成的字，大都跟它的读音有关。

“太”可以表音，作合体字的声旁。例如：

汰、态、肽、钛、酞(tài)、呔(dāi)等皆从太得声。

“太”在合体字中，大多处在字的右边，称为“太字边”，如：汰、肽、钛、酞、呔等；也有少数处在字的上部，称为“太字头”，如：态等。

“太”在现代汉语常用字中，先后出现过3次，构字3个。

歹[64/67]

甲 金 篆 隶

象形字。甲骨文等都像残骨的样子，上部像骨上的裂纹，下部是骨腔，指“残骨”，读作 dǎi。字头形体是楷书规范的写法。

“歹”是个部首字，又是个能独立成字的部件，名称叫作“歹(dǎi)”。凡由它组成的字，大多跟死、恶、坏有关。

“歹”可以表义，作合体字的意旁。例如：

毙 bì 指“死”，歹表义。

殡 bìn 指“停棺待葬”，歹表义。

残 cán 指“持戈相战必有伤害”，歹表义。

歼 jiān 指“消灭众多敌人”，歹表义。

列 liè 指“用刀使骨肉分解”，歹表义。

殁 mò 指“人死尸入于土”，歹表义。

葬 zàng 指“人死后用草席裹着埋入草丛中”，歹表义。

死 sǐ 指“人在哭拜亡人”，歹表义。

殊 shū 指“斩首”，歹表义。

殉 xùn 指“陪葬”，歹表义。

殒 yǔn 指“失去生命”，歹表义。

“歹”在合体字中，大多处在字的左旁，称为“歹字旁”，如：殡、残、歼、列、殁、殊、殉、殒等；有的处在包围结构中，称为“歹字框”，如：死等；也有的处在字的左下包结构，称为“左下歹字框”，如：毙等；还有的处在字腰包围结构中，称为“歹框腰”，如：葬等。

“歹”在现代汉语常用字中，先后出现过 15 次，构字 15 个。

尤[457]

 甲  金  篆 尤 隶

形声、会意字。甲骨文等从一又(手)声，指“手上多一指头的样子”，读作 yóu。字头形体是楷书规范的写法。

“尤”是个能独立成字的部件，名称叫作“尤(yóu)”。凡由“尤”组成的字，大多跟它的读音有关。

“尤”可以表音，作合体字的声旁。例如：

优、忧（yōu）、犹、疣、鱿（yóu）、就（jiù）、扰（rǎo）皆由尤得声。

“尤”在合体字中，大多处在字的右边，称为“尤字边”，如：优、忧、犹、鱿、就、扰等；也有少数处在包围结构中，称为“尤字心”，如：疣等。

“尤”在现代汉语常用字中，先后出现过 7 次，构字 7 个。

车$^{41}_{68}$ 甲 金 篆 隶 楷

象形字。甲骨文等都像一辆古代的车子，指“车子”，读作车 chē。字头形体是楷书的简化字，是规范的写法。当车在左旁时，最后两笔先竖后提。

“车”是个部首字，又是个能独立成字的部件，名称叫作“车（chē）”。凡由它组成的字，大都跟它的音、义有关。

“车”可以表义，作合体字的意旁。例如：

辈 bèi 指“分列成排的战车”，车表义。

军 jūn 指“古时军队驻扎时用战车围成营垒”，车表义。

轨 guǐ 指“车辙”，车表义。

轮 lún 指“车的轮子”，车表义。

辆 liàng 指“计算车子数量的量词”，车表义。

轩 xuān 指“古代一种有帷幕前顶较高的车子”，车表义。

辕 yuán 指“车前驾牲畜的直木”，车表义。

载 zài 指“把人或物置于车内”，车表义。

斩 zhǎn 指“古代用车子分裂肢体”，车表义。

辙 zhé 指“车轮碾过留下的痕迹”，车表义。

“车”还可以表音，作合体字的声旁。例如：

砗（chē）、厍（shè）皆从车得声。

“车”在合体字中，多数处在字的左旁，称为“车字旁”，如：轨、轩、轮、辆、辕、输、辙等；也有的处在字的下部，称为“车字底”，如：辈、军、辇（niǎn）等；还有的处在包围结构中，称为“车字心”，如：载。

“车”在现代汉语常用字中，先后出现过 41 次，构字 41 个。

巨 193

 金  篆  隶

象形、会意字。金文像人手拿画线的工具，指“画方形的尺子”，是“矩”的省文，读作 jù。字头形体是楷书规范的写法。

“巨”是个能独立成字的部件，名称叫作“巨（jù）”。凡由它组成的字，大多数跟它的读音有关。

“巨”可以表音，作合体字的声旁。例如：

柜、矩（jǔ）、讵、拒、苣、炬、距（jù）皆由巨得声。

“巨”在合体字中，大多处在字的右边，称为“巨字边”，如：柜、矩、讵、拒、炬、距等；也有少数的处在字的下边，称为“巨字底”，如：苣。

“巨”在现代汉语常用字中，先后出现过 7 次，构字 7 个。

牙$^{421}_{69}$

金 篆 隶

象形字。金文等像上下牙齿交错的样子,指“牙齿”,读作 yá。字头形体是楷书规范的写法。

“牙”是个部首字,又是个能独立成字的部件,名称叫作“牙(yá)”。凡由它组成的字,大都跟它的读音有关。

“牙”可以表音,作合体字的声旁。例如:

呀、鸦(yā)、伢、芽、岈、玡、钘、蚜(yá)、雅(yǎ)、讶、迓、砑(yà)、邪(xié)等皆由牙得声。

“牙”在合体字中,有的处在字的左旁,称为“牙字旁”,如:鸦、雅、邪等;大多处在字的右边,称为“牙字边”,如:伢、岈、玡、钘、蚜、讶、砑等;也有少数处在字的下部,称为“牙字底”,如:芽等;还有极少数处在包围结构中,称为“牙字心”,如:迓等。

“牙”在现代汉语常用字中,先后出现过 8 次,构字 8 个。

屯^{369}

甲 金 篆 隶

象形字。甲骨文等像种子破土而出的样子,指“艰难”,读作 tún。字头形体是楷书规范的写法。

“屯”是个能独立成字的部件,名称叫作“屯(tún)”。凡由它组成的字,大都跟它的读音有关。

“屯”可以表音,作合体字的声旁。例如:

囤、饨、鲀(tún)、吨(dūn)、盹(dǔn)、囤、沌、炖、砘、钝、顿

(dùn)、扽(dèn)、纯(chún)、迍、肫、窀(zhūn)等皆由屯得声。

“屯”在合体字中,大多处在字的右边,称为“屯字边”,如:饨、鲀、吨、盹、沌、炖、砘、钝、扽、纯、肫等;也有少数处在字的下部,称为“屯字底”,如:窀等;还有的处在包围结构中,称为“屯字心”,如:囤、迍等。

“屯”在现代汉语常用字中,先后出现过 7 次,构字 7 个。

戈$^{115}_{70}$

甲 金 篆 隶

象形字。甲骨文等像古代的一种兵器戈,指“古代一种横刃长柄的兵器,用青铜或铁制成”,读作 gē。字头形体是楷书规范的写法。

“戈”是个部首字,又是个能独立成字的部件,名称叫作“戈(gē)”。凡由它组成的字,大都跟武器、打斗、杀戮有关。

“戈”可以表义,作合体字的意旁。例如:

戊 wù 指“一种古兵器——长柄弯月形的大斧”,戈表义。

戎 róng 指“古代兵器的总称”,戈表义。

戍 shù 指“人持戈在守卫”,戈表义。

戏 xì 指“玩枪弄棒地玩耍”,戈表义。

戒 jiè 指“双手持戈在防备”,戈表义。

武 wǔ 指“拿起武器去打仗”,戈表义。

我 wǒ 指“古代一种有长柄和三齿锋刃的兵器”,戈表义。

战 zhàn 指“用兵器(戈)去猎兽”,戈表义。

截 jié 指“用戈切断雀”,戈表义。

戮 lù 指“用戈杀人”,戈表义。

“戈”还可以表音,作合体字的声旁。例如:

划 huà 从刂(刀)戈声。

“戈”在合体字中,有的处在字的右边,称为“戈字边”,如:戏、战、戮等;也有的处在包围结构的外框,称为“戈字框”,如:戎、戍、戒、武、截等;还有少数的处在字的左旁,称为“戈字旁”,如:划等。

“戈”在现代汉语常用字中,先后出现过 25 次,构字 25 个。

比71 甲 金 篆 隶

会意字。甲骨文等像两人并排在一起的样子,指“并列、挨着”,读作 bǐ。字头形体是楷书规范的写法。

“比”是个部首字,名称叫作“比(bǐ)”。凡由它组成的字,大都跟它的音、义有关。

“比”可以表义,作合体字的意旁。例如:

昆 kūn 指“两人同在太阳下劳作”,比表义。

毗 pí 指“连接(田连着田、人挨着人)”,比表义。

“比”还可以表音,作合体字的声旁。例如:

沘、妣、秕(bǐ)、毕、庇、毙(bì)、批、纰、砒、铍(pī)、枇、毗、蚍、琵(pí)、仳(pǐ)、屁(pì)等皆由比得声。

“比”在合体字中，多处在字的右边，称为“比字边”，如以上多例；有少数的处在字的上部，称为“比字头”，如毕、毙等；有的处在字的下部，称为“比字底”，如：昆、琵等；也有的处在包围结构中，称为“比字心”，如：庇等；也有的处在字的右上角，称为“比右角”，如：陛、狴、哔、跸（bì）等；还有的处在字的右下角，称为“比右下角”，如：貔（pí）、媲（pì）等。

“比”在现代汉语常用字中，只作部首，不是部件。

旡 162 [62]  甲  金  篆 既 隶

旡是既的省文，甲骨文等左旁是盛满食物的食器，而右边是跪坐着张口向后的人。吃完了饭叫作既，旡旁是吃饱了的人，表示“完了”义，读作 jì。字头形体是既的省文，是楷书规范的写法。

“旡”是个不能独立成字的部件，是无的附形部首，名称叫作“旡（jì）”或“既（jì）字边”。凡由它组成的字，大都跟它的音、义有关。

“旡”可以表义，作合体字的意旁。例如：

既 jì 指“动作已经完了”，旡表义。

“旡”还可以表音，作合体字的声旁。例如：

既、暨（jì）、厩（jiù）、溉、概（gài）、慨（kǎi）等皆由旡得声。

“旡”在合体字中，大多处在字的右边，称为“旡字边”，如：既、溉、概、慨等；也有的处在字的右上角的，称为“旡右角”，如暨；还有的处在包围结构的右下角，称为“旡右下角”，

如：瓩等。

“旡”在现代汉语常用字中，只出现过 4 次，构字 4 个。

互[146]

篆　隶

象形字。小篆等像一种绞绳子的工具，指“绞绳的工具”，读作 hù。字头形体是楷书规范的写法。

“互”是个能独立成字的部件，名称叫作“互(hù)”。凡由它组成的字不多，大都跟它的读音有关。

“互”可以表音，作合体字的声旁。例如：

冱、枑(hù)皆由互得声。

“互”在合体字中，多处在字的右边，称为“互字边”，如以上各例。

“互”在现代汉语常用字中，先后出现过 1 次，构字 1 个。

瓦[371/72]

篆　隶

象形字。小篆像两片相扣在一起的瓦，指“屋瓦”，读作 wǎ。字头形体是楷书规范的写法。

“瓦”是个部首字，又是个能独立成字的部件，名称叫作“瓦(wǎ)”。凡由它组成的字，大都跟经过烧制的土器或读音有关。

“瓦”可以表义，作合体字的意旁。例如：

瓷 cí 指“用土烧制的质地坚硬、色泽美丽的瓦器”，瓦表义。

瓴 líng 指“古代一种用土烧制的盛水的瓶”，瓦表义。

瓶 píng 指“汲水的瓦器”，瓦表义。

瓮 wèng 指“一种陶土制成的盛器”，瓦表义。

甄 zhēn 指“制造陶器的转轮”，瓦表义。

“瓦”还可以表音，作合体字的声旁。例如：瓦(wǎ)、佤(wǎ)，从瓦得声。

“瓦”在合体字中，大多处在字的右边，称为“瓦字边”，如：瓴、瓶、甄、佤等；也有在字的下部的，称为“瓦字底”，如：瓷、瓮等。

“瓦”在现代汉语常用字中，先后出现过 3 次，构字 3 个。

止$^{488}_{73}$  甲  金  篆  隶

象形字。像一只脚趾向上的足的样子，指“足、脚”，读作 zhǐ。字头形体是楷书规范的写法。

“止”是个部首字，又是个能独立成字的部件，名称叫作“止(zhǐ)”。凡由它组成的字，大都跟足、脚或读音有关。

“止”可以表义，作合体字的意旁。例如：

步 bù 甲骨文写作“”，像一前一后两只脚向前移动，指“行走”，止表义。

耻 chǐ 指“闻过则止”，止表义。

此 cǐ 指“人所站的地方”，止表义。

肯 kěn 指“附着(停止)在骨头上的肉”，止表义。

歧 qí 指“多出的脚趾”，止表义。

企 qǐ 指“踮起脚跟”，止表义。

武 wǔ 指“扛着戈去打仗”，止表义。

正 zhēng 指“讨伐城池”，止表义。

“止”还可以表音，作合体字的声旁。例如：

址、趾、芷、沚、祉（zhǐ）、齿、耻（chǐ）、扯（chě）、企（qǐ）、徙（xǐ）等皆从止得声。

“止”在合体字中，多数处在字的右边，称为“止字边”，如：耻、址、趾、沚、祉、扯等；也有处在字的左旁的，称为“止字旁”，如：歧、此等；有处在字的上部的，称为“止字头”，如：步、肯、齿等；有处在字的下部的，称为“止字底”，如：正、企等；有处在包围结构中的，称为“止字心”，如：武等；还有处在字的右上角的，称为“止右角”，如：徙等。

“止”在现代汉语常用字中，先后出现过 62 次，构字 61 个。

龰490　甲　金　篆　隶

象形字。甲骨文像一只脚趾向上的脚，是止的变体，没有读音，系“足”的下部。字头形体是楷书规范的写法。

“龰”是个不能独立成字的部件，名称叫作“足（zú）字底”。凡由它组成的字，大都跟脚、行走有关。

“龰”可以表义，作合体字的意旁。例如：

是 shì 指“光明（日）走到哪都是正确的”，龰表义。

徒 tú 指“步行”，止表义。

徙 xǐ 指“迁移”，止表义。

走 zǒu 指“跑”，止表义。

足 zú 指“脚”，止表义。

“止”在合体字中，多处在字的下部，称为“足字底”，如：足、是、走等；也有的处在字的右下角，称为“足底右下角”，如：徒、徙等。

“止”在现代汉语常用字中，先后出现过 32 次，构字 32 个。

攴 96 74

金　篆　隶

象形、会意字。金文像手（又）持一弯棍的样子，指“小击”，读作 pū。字头形体是楷书规范的写法。

“攴”是个部首字，又是个不能独立成字的部件，名称叫作“攴（pū）”或“敲（qiāo）字边”。凡由它组成的字，大多跟“击、打”有关。

“攴”可以表义，作合体字的意旁。例如：

寇 kòu 指“手持棍棒闯入人家击打别人的脑袋（元）”，攴表义。

敲 qiāo 指“手持棍棒打击”，攴表义。

“攴”在合体字中，有的处在字的右边，称为“攴字边”，如：敲等；有的处在字的右下角，称为“攴右下角”，如：寇等。

“攴”在现代汉语常用字中，先后出现过 2 次，构字 2 个。

少[311]

象形字。甲骨文像几粒细沙，指“数量不多，细小”，读作shǎo。字头形体是楷书规范的写法。

“少”是个能独立成字的部件，名称叫作“少(shǎo)”。凡由它组成的字，大多跟它的本义或读音有关。

“少”可以表义，作合体字的意旁。例如：

沙 shā 指“非常细小的石粒”，少表义。

砂 shā 意同“沙”。

纱 shā 指“用棉花、麻等纺成的细缕”，少表义。

杪 miǎo 指“树枝的细梢”，少表义。

眇 miǎo 指“细小”，少表义。

秒 miǎo 指“谷物种子壳上的芒刺”，少表义。

渺 miǎo 指“微小”，少表义。

“少”还可以表音，作合体字的声旁。例如：

沙、纱、砂(shā)、抄、吵、钞(chāo)、吵、炒(chǎo)、耖(chào)、杪、眇、秒(miǎo)、妙(miào)等皆由少得声。

“少”在合体字中，绝大多数在字的右边，称为“少字边”，如以上各例；也有少数的在字的上部，称为“少字头”，如：省等。

“少”在现代汉语常用字中，先后出现过 14 次，构字 14 个。

⺗407[98]　　篆　　隶

象形字。小篆为恭字下部，像一颗心的样子，是“心”的变体。字头形体是楷书规范的写法。

“⺗”是个不能独立成字的部件，名称叫作“恭(gōng)字底”。在《汉字部首表》中，将“⺗”作为附形部首归入到心部中。凡由它组成的字，大都跟心里的活动有关。

“⺗”可以表义，作合体字的意旁。例如：

恭 gōng 指“发自内心的敬重”，⺗表义。

慕 mù 指“心中思念”，⺗表义。

忝 tiǎn 指“心中感到耻辱”，⺗表义。

“⺗”在合体字中，多处在字的下部，称为“恭字底”，如：恭、慕、忝等；也有处在字的右下的，称为“恭底右下角”，如：添(tiān)、舔(tiǎn)。

“⺗”在现代汉语常用字中，先后出现过 4 次，构字 4 个。

冃235[75]　　篆　　隶

象形字。小篆像戴在头上的帽子，系古帽字。指“帽子”，读 mào。字头形体是楷书规范的写法。

“冃”是个不能独立成字的部件，名称叫作“冒(mào)字头”。凡由它组成的字，多跟它的读音、本义有关。

“冃”可以表义，作合体字的意旁。例如：

冒 mào 指“帽子戴在头上”，冃表义。

帽 mào 指“帽子”,冃表义。

冕 miǎn 指“古代帝王、诸侯等所戴的礼帽”,冃表义。

胄 zhòu 指“古代作战时所戴的盔”,冃表义。

“冃”还可以表音,作合体字的声旁。例如:

冒、帽、瑁等皆由冃得声。

“冃”在合体字中,多处在字的上部,称为“冒字头”,如:冒、冕等;也有处在字的下部的,称为“冒头底”,如:胄等;还有处在字的右上角的,称为“冒头右角”,如帽、瑁等。

“冃”在现代汉语常用字中,先后出现过 2 次,构字 2 个。

曰 300 [75]

 甲  金  篆  隶

指事字。甲骨文等从口从一,指“口中发出声音(一)——说”,读作 yuē。字头形体是楷书规范的写法。

“曰”是个能独立成字的部件,名称叫作“曰(yuē)”。《汉字部首表》将“曰”作为附形部首归入到“日部”中。凡由曰组成的字,大都跟它的音、义有关。

“曰”可以表义,作合体字的意旁。例如:

曷 hé 指“古代疑问词”,曰表义。

沓 tà 指“话多得像滔滔流水”,曰表义。

“曰”还可以表音,作合体字的声旁。例如:

汩 gǔ 由曰得声。

“曰”在合体字中,有的处在字的上部,称为“曰字头”,如:曷等;有的处在字的下部,称为“曰字底”,如:沓等;还有

的处在字的右边，称为“曰字边”，如：汩等。

“曰”在现代汉语常用字中，只出现过 1 次，构字 1 个。

日$^{299}_{75}$

象形字。甲骨文等像个太阳，指“太阳”，读作 rì。字头形体是楷书规范的写法。

“日”是个部首字，又是个能独立成字的部件，名称叫作“日(rì)”。凡由它组成的字，大都跟音、义有关。

“日”可以表义，作合体字的意旁。例如：

暗 àn 指“日光不能进入室内而昏黑”，日表义。

旦 dàn 指“太阳从地面升起”，日表义。

旱 hàn 指“太阳暴晒无雨”，日表义。

明 míng 指“像日、月般光亮”，日表义。

暮 mù 指“太阳落入草丛中——傍晚”，日表义。

晒 shài 指“在阳光下取暖或曝干”，日表义。

晓 xiǎo 指“日出渐高——天亮”，日表义。

晕 yùn 指“环绕日、月周围的光环”，日表义。

“日”还可以表音，作合体字的声旁。例如：

捏(niē)、陧、涅(niè)等皆从日得声。

有些字虽有“日部件”，但跟日的音、义无关，如：旧(jiù)、旨(zhǐ)。

“日”在合体字中，有的处在字的左旁，称为“日字旁”，如：暗、明、晒、晓等；有的处在字的上部，称为“日字头”，如：

旦、旱、晕等；还有的处在字的下部，称为“日字底”，如：昏(hūn)、春(chūn)、普(pǔ)、暂(zàn)等；还有的处在字的腰间，称为“日字腰”，如：莫、暮等。

“日”在现代汉语常用字中，先后出现过 243 次，构字 232 个。

𠁁[344]

篆 隶

象形字。“衰”小篆写作，指“草编的雨衣”，𠁁是衰字腰，像草编物。字头形体是楷书规范的写法。

“𠁁”是个不能独立成字的部件，名称叫作“衰(shuāi)字腰”。由它组成的字，跟草编有关。例如：

衰(shuāi)指“草编的雨衣”，𠁁表义。

蓑 suō 指“用草或棕毛制成的雨衣”，𠁁表义。

“𠁁”在合体字中，主要处在字的腰间，称为“衰字腰”，如：衰、蓑等。

“𠁁”在现代汉语常用字中，只出现过 1 次，构字 1 个。

⺼[473][88]

甲 篆 隶

象形字。金文等都像动物的肌肉，指“人或动物体内皮和骨之间的柔软物质”，读作 ròu。当它作边旁时，绝大多数写作“月”(跟月亮的月混同)或“⺼”。字头形体是肉作边旁时的一种写法。

“⺼”是个不能独立成字的部件，《汉字部首表》将“⺼”作

附形部首归入到“月部”中，名称叫作“青(qīng)字底”。凡由它组成的字，大多跟肌肉或器官有关。

“⺼”可以表义，作合体字的意旁。例如：

背 bèi 指“人或动物胸、腹的后面”，⺼表义。

臂 bì 指“人的胳膊”，⺼表义。

肓 huāng 指“古代医学指心脏和膈膜之间的部位”，⺼表义。

脊 jǐ 指“人或动物背部中间的骨肉”，⺼表义。

肩 jiān 指“人的胳膊或动物前肢跟躯干相连的部分”，⺼表义。

肾 shèn 指“人或高等动物的排泄器官之一”，⺼表义。

胃 wèi 指“人或动物的消化器官之一”，⺼表义。

肴 yáo 指“熟的鱼、肉等荤菜”，⺼表义。

育 yù 指“生孩子”，⺼表义。

“⺼”在合体字中，大多处在字的下部，称为“青字底”，如：背、臂、肓、脊、肾、胃、育等；有的处在包围结构中，称为“青字底心”，如：肩、肴等；还有的处在字的左下角，称为“青字底左下角”，如：前等；还有的处在右下角，称为“青字底右下角”，如：婿等。

“⺼”在现代汉语常用字中，先后出现过 78 次，构字 77 个。

中[495]

甲　金　篆　中隶

指事字。甲骨文等以旗子上下当中的方块为中间，指“中间”，读作 zhōng。字头形体是楷书规范的写法。

“中”是个能独立成字的部件，名称叫作“中（zhōng）”。凡由它组成的字，大都跟它的音、义有关。

“中”可以表义，作合体字的意旁。例如：

史 shǐ 指“史官执笔记史应不偏不倚”，中表义。

“中”还可以表音，作合体字的声旁。例如：

忠、盅、钟、衷（zhōng）、肿、种（zhǒng）、仲、种（zhòng）、冲、忡（chōng）、种（chóng）、冲（chòng）等皆由中得声。

“中”在合体字中，多处在字的右边，称为“中字边”，如：钟、肿、种、仲、冲、忡等；有的处在字的上部，称为“中字头”，如：史、忠、盅等；还有少数处在字腰，称为“中字腰”，如：衷等。

“中”在现代汉语常用字中，先后出现过发 14 次，构字 14 个。

罒[220]

字头是临字的右下角，无音、无义，是楷书规范的写法。

“罒”是个不能独立成字的部件，名称叫作“临（lín）下角”。构字很少，只有“临”字。

“罒”在现代汉语常用字中，只出现过 1 次，构字 1 个。

贝 15/76

 甲　 金　 篆　 隶

象形字。甲骨文等像一只打开壳的蛤蜊，指“螺、蚌、蛤蜊等有壳的软体动物的统称”，读作 bèi。字头形体是楷书的简化字，是规范的写法。

“贝”是个部首字，又是个能独立成字的部件，名称叫作“贝（bèi）”。凡由它组成的字，大都跟它的读音或钱财或贵重有关。

“贝”可以表义，作合体字的意旁。例如：

贬 biǎn 指“价值（钱）减少”，贝表义。

财 cái 指“钱和物资的总称”，贝表义。

赌 dǔ 指“用钱财赌博”，贝表义。

贩 fàn 指“贱买贵卖”，贝表义。

货 huò 指“财物”，贝表义。

贱 jiàn 指“不值钱，价钱低”，贝表义。

赔 péi 指“拿出财物补偿损失”，贝表义。

赃 zāng 指“用非法手段得到的财物”，贝表义。

贼 zéi 指“用刀等利器毁坏财物”，贝表义。

“贝”还可以表音，作合体字的声旁。例如：

狈、钡（bèi）、败（bài）、坝（bà）等皆由贝得声。

有些字虽有“贝”部件，但跟贝的音、义无关。如：员（yuán）、贞（zhēn）、则（zé）等。

“贝”在合体字中，大多数在字的左旁，称为“贝字旁”，

如：贬、财、赌、贩、贱、赔、赃、贼等；也有在字的右边的，称为“贝字边”，如：狈、钡、坝等；还有少数在字的下部，称为“贝字底”，如：货、贪、贫、贵、贷、贸、费等。

“贝”在现代汉语常用字中，先后出现过 80 次，构字 77 个。

内[252]

 甲  金  篆  隶

会意字。甲骨文等像人进到里面，指“里头，里面”，读作 nèi。字头形体是楷书规范的写法。

“内”是个能独立成字的部件，名称叫作“内（nèi）”。由它组成的字，大都跟它的音、义有关。

“内”可以表义，作合体字的意旁。例如：

纳 nà 指“丝被浸湿，水渗入丝内”，内表义。

涡 wō 指“向内旋转的水流”，内表义。

“内”还可以表音，作合体字的声旁。例如：

呐、纳、肭、钠、衲（nà）、讷（nè）、芮、汭、枘、蚋（ruì）等皆由内得声。

“内”在合体字中，多处在字的右边，称为“内字边”，如：纳、呐、肭、钠、衲、讷、汭、枘、蚋等；有的处在字的下方，称为“内字底”，如：窝、莴等；还有处在字的右下部的，称为“内右下角”，如：娲（wā）、㖞（wāi）、涡、蜗等。

“内”在现代汉语常用字中，先后出现过 9 次，构字 9 个。

水$^{349}_{77}$ 甲 金 篆 水隶

象形字。甲骨文等像水流的样子，指“江河湖海”，读作 shuǐ。字头形体是楷书规范的写法。

“水”是个部首字，又是个能独立成字的部件，名称叫作“水(shuǐ)”。当它作边旁时，有时写作氵或氺。凡由它组成的字，大都跟水有关。

“水”可以表义，作合体字的意旁。例如：

冰 bīng 指“水遇冷凝结成的固体”，水表义。

汆 cuān 指“人或物迅速入水”，水表义。

氽 tǔn 指“人或物漂浮在水上”，水表义。

泵 bèng 指“水冲击石头”，水表义。

“水”在合体字中，大多处在字的下部，称为“水字底”，如以上各例。也有处在字的右边的，称为“水字边”，如：冰等。

“水”在现代汉语常用字中，先后出现过 9 次，构字 9 个。

见$^{170}_{78}$ 甲 金 篆 見隶 見楷

象形字。甲骨文等像一个瞪大眼睛的人，指“观看”，读作 jiàn。字头形体是楷书的简化字，是规范的写法。

“见”是个部首字，又是个能独立成字的部件，名称叫作“见(jiàn)”。凡由它组成的字，大都跟它的音、义有关。

“见”可以表义，作合体字的意旁。例如：

观 guān 指“看”，见表义。

规 guī 指“成年男子所见（看法）必须合乎法度”，见表义。

觉 jué 指“人醒后必睁眼看物，就有识别能力”，见表义。

览 lǎn 指“观看”，见表义。

靓 jìng 指“召见以明白彼此的想法”，见表义。

觅 mì 指“睁大眼睛动手寻找”，见表义。

视 shì 指“用眼睛看”，见表义。

“见”还可以表音，作合体字的声旁。例如：

舰（jiàn）、蚬（xiǎn）、苋、岘、现（xiàn）、砚（yàn）等皆由见得声。

“见”在合体字中，有的在字的右边，称为“见字边”，如：规、靓、视、舰、蚬、岘、现、砚等；有的处在字的下部，称为“见字底”，如：觉、览、觅等。

“见”在现代汉语常用字中，先后出现过 16 次，构字 16 个。

禸206 篆 隶

象形字。小篆像兽足踩踏地的样子，指“蹂”，读作 róu。字头形体是楷书规范的写法。

“禸”是个不能独立成字的部件，名称叫作“离（lí）字底”。由它组成的字有：

离 lí 指“分开、离开”。

漓 lí 指“水渗入地下”。

璃 lí 指“玻璃”。

篱 lí 指“用竹、木、芦苇等编成的围墙或屏障”。

禽 qín 指“鸟类”。

擒 qín 指“捉拿”。

噙 qín 指“嘴含物”。

“内”在合体字中，多处在字的下部，称为“离字底”，如：离、篱、禽等；也有处在字的右下角的，称为“离底右下角”，如：漓、璃、摛、噙等。

“内”在现代汉语常用字中，先后出现过 6 次，构字 6 个。

午[387]

甲 金 篆 隶

象形字。甲骨文等像舂米的棒槌，指“杵”，读作 wǔ。字头形体是楷书规范的写法。

“午”是个能独立成字的部件，名称叫作“午（wǔ）”。凡由它组成的字，大都跟它的音、义有关。

“午”可以表义，作合体字的意旁。例如：

杵 chǔ 指“用木做成的舂米棒槌”，午表义。

忤 wǔ 指“抵触、违反”，午表义。

迕 wǔ 指“违反、抵触”，午表义。

“午”还可以表音，作合体字的声旁。例如：

杵、迕、仵（wǔ）、许（xǔ）、卸（xiè）等皆从午得声。

“午”在合体字中，多数处在字的右边，称为“午字边”，如：杵、忤、仵、许等；有处在字的左上角，称为“午左角”，如：

卸；还有处在包围结构中，称为“午字心”，如：迕。

“午”在现代汉语常用字中，先后出现过 2 次，构字 2 个。

牛$^{258}_{79}$ 甲 金 篆 隶

象形字。甲骨文等像牛头，上部像两犄角，下面两斜笔像两耳朵，指“牛”，读作 niú。字头是楷书规范的写法。

“牛”是个部首字，又是个能独立成字的部件，名称叫作“牛（niú）”。凡由它组成的字，大都跟牛或牲畜有关。

“牛”可以表义，作合体字的意旁。例如：

告 gào 指“用牛肉祭祀、禀告神明”，牛表义。

犁 lí 指“用牲畜耕地的农具”，牛表义。

牟 móu 指“牛的叫声”，牛表义。

荦 luò 指“毛色不纯的牛”，牛表义。

牵 qiān 指“拉着绳子将牛带出牲畜栏”，牛表义。

“牛”在合体字中，多数处在字的下部，称为“牛字底”，如以上各例。

“牛”在现代汉语常用字中，先后出现过 15 次，构字 15 个。

手$^{333}_{80}$ 金 篆 隶

象形字。金文等都像手指张开的手，指“人腕以下的部分”，读作 shǒu。字头形体是楷书规范的写法。

“手”是个部首字，又是个能独立成字的部件，名称叫作

“手(shǒu)”。凡由它组成的字，大都跟手或动作有关。

“手”可以表义，作合体字的意旁。例如：

拜 bài 指“手和头至地”，手表义。

掰 bāi 指“两手将东西分开”，手表义。

掣 chè 指“用手强行拉拽”，手表义。

摹 mó 指“手拿笔照样子描画”，手表义。

拿 ná 指“用手握取”，手表义。

攀 pān 指“双手抓住树枝等向上爬”，手表义。

擎 qíng 指“用手向上托举”，手表义。

掌 zhǎng 指“手掌”，手表义。

“手”在合体字中，多数处在字的下部，称为“手字底”，如：掣、摹、拿、攀、擎、掌等；也有处在字的左旁的，称为“手字旁”，如：拜、掰等；还有处在字的右边的，称为“手字边”，如：掰等。

“手”在现代汉语常用字中，先后出现过 15 次，构字 14 个。

气$^{275}_{81}$

象形字。甲骨文等都像飘浮在空中的云气，指“云气”，读作 qì。字头形体是楷书的简化字，是规范的写法。

“气”是个部首字，又是个能独立成字的部件，名称叫作“气(qì)”。凡由它组成的字，大都跟它的音、义有关。

“气”可以表义，作合体字的意旁。例如：

氨 ān 指“一种无色、有剧臭、易溶于水的气体”，气表义。

氮 dàn 指“一种无色无臭，化学性质不活泼的气体”，气表义。

氛 fēn 指“一种预示吉凶的云气”，气表义。

氢 qīng 指“一种无色无臭无味，能燃烧的气体”，气表义。

氧 yǎng 指“一种无色无臭，能燃烧，是动植物呼吸所必需的气体”，气表义。

氯 lǜ 指“一种黄绿色，有强烈刺激性臭味并有毒和腐蚀性的气体”，气表义。

“气”还可以表音，作合体字的声旁。例如：

汽(qì)、饩(xì)、忾(kài)等皆由气得声。

“气”在合体字中，多为包围结构的外框，称为“气字框”，如：氨、氮、氛、氢、氧等；还有的处在字的右边，称为“气字边”，如：汽、饩、忾等。

“气”在现代汉语常用字中，先后出现过 8 次，构字 8 个。

毛$^{231}_{82}$ 金 篆 隶

象形字。金文等像毛发，指“须发、兽毛等”，读作 máo。字头形体是楷书规范的写法。

“毛”是个部首字，又是个能独立成字的部件，名称叫作“毛(máo)”。凡由它组成的字，大都跟毛发或读音有关。

“毛”可以表义，作合体字的意旁。例如：

毫 háo 指“细长的毛”，毛表义。

毽 jiàn 指“上面绑插有鸡毛的脚踢玩具”，毛表义。

氅 chǎng 指“用鸟羽做成的大衣”，毛表义。

毯 tǎn 指“用毛织成坐具或卧具”，毛表义。

毡 zhān 指“用毛等压制成的片状物”，毛表义。

“毛”还可以表音，作合体字的声旁。例如：

牦、旄、酕、髦（máo）、耄、眊（mào）、蚝、毫（háo）、耗（hào）等皆由毛得声。

“毛”在合体字中，有处在字的右边的，称为“毛字边”，如：牦、酕、眊、蚝、耗等；有的处在字的下部，称为“毛字底”，如：氅、髦、耄、毫等；有的处在包围结构的外框，称为“毛字框”，如：毽、毯、毡等；还有少数处在字的右下角，称为“毛右下角”，如：旄。

“毛”在现代汉语常用字中，先后出现过 10 次，构字 8 个。

⺧[259]

字头是楷书告的上部，像没尾的牛字。

“⺧”是个不能独立成字的部件，名称叫作“告（gào）字头”，由它组成的字，有的跟“牛”有关。

“⺧”可以表义，作合体字的意旁。例如：

告 gào 指“以牛为牺牲品向神明祭告”，⺧表义。

有些字虽有⺧部件，但跟牛无关。例如：

浩 hào 指“水势盛大”。

窖 jiào 指“收藏东西的地洞或坑”。

靠 kào 指“倚着、挨近”。

“⺧”在合体字中，有的在字的上部，称为“告字头”，如：告、靠等；有的处在字的右上角，称为“告头角”，如：浩等；还有的处在字腰，称为“告头腰”，如：窖等。

“⺧”在现代汉语常用字中，先后出现过 14 次，构字 13 个。

壬[297]

甲　金　篆　隶

象形字。甲骨文等像古时纺织工具，读作 rén。字头是楷书规范的写法。

“壬”是个能独立成字的部件，名称叫作“壬（rén）”。凡由它组成的字，大都跟它的读音有关。

“壬”可以表音，作合体字的声旁。例如：

任（rén）、饪、妊、纴、衽、任（rèn）、凭（píng）、淫（yín）等皆由壬得声。

“壬”在合体字中，多数在字的右边，称为“壬字边”，如上各例；也有处在字的右边上下角的，称为“壬上角”，如：凭；“壬下角”，如：淫。

“壬”在现代汉语常用字中，先后出现过 10 次，构字 10 个。

升[315]

 甲  金  篆  隶

指事字。甲骨文等像斗上加点，表示比斗小，指“量粮食的器具”，读作 shēng。字头形体是楷书规范的写法。

“升”是个能独立成字的部件，名称叫作“升(shēng)”。

“升”是个独体字，由它组成的字不多，例如：

昇 shēng 指“太阳向上升起”，后被简化成升。

陞 shēng 指“提高”，后被简化成升。

“升”在现代汉语常用字中，只出现过 1 次，构字 1 个。

夭[434]

 甲  金  篆  隶

象形字。甲骨文等像人两臂在摆动的样子，指“曲屈”，读作 yāo。字头形体是楷书规范的写法。

“夭”是个能独立成字的部件，名称叫作“夭(yāo)”。凡由它组成的字，大都跟它的音、义有关。

“夭”可以表义，作合体字的意旁。例如：

乔 qiáo 指“高而曲”，夭表义。

“夭”还可以表音，作合体字的声旁。例如：

袄(ǎo)、奀(ào)、侨、桥(qiáo)、沃(wò)、笑(xiào)、妖(yāo)、跃(yuè)等皆由夭得声。

“夭”在合体字中，有的在字的上部，称为“夭字头”，如：乔、奀等；有的在字的下部，称为“夭字底”，如：笑等；有的在字的右边，称为“夭字边”，如：袄、沃、妖、跃等；还有的在字的

右上角，称为“夭字角”，如：桥、侨等。

“夭”在现代汉语常用字中，先后出现过 13 次，构字 13 个。

攵95[74]

 甲  篆  隶  楷

象形字。甲骨文等像手持棍棒的样子，指“小击”，读作 pū。楷书写作攴，字头是作边旁时楷书的一种写法。

“攵”是个不能独立成字的部件，《汉字部首表》将攵作为附形部首归入到攴部中，它的名称叫作“反文(fǎnwén)”。凡由它组成的字，大都跟它的本义有关。

“攵”可以表义，作合体字的意旁。例如：

败 bài 指“手持棍棒把鼎打坏”，攵表义。

敌 dí 指“手持棍棒跟对方发生武力冲突”，攵表义。

放 fàng 指“用棍棒驱逐、流放到远方”，攵表义。

改 gǎi 指“用棍棒督促自己纠正过错”，攵表义。

教 jiào 指“手持教鞭教育孩子”，攵表义。

救 jiù 指“手持棍棒出手援助”，攵表义。

政 zhèng 指“敲打(匡正)使正确”，攵表义。

“攵”在合体字中，多数处在字的右边，称为“反文边”，如以上各例。

“攵”在现代汉语常用字中，先后出现过 55 次，构字 55 个。

长 39 83　甲　金　篆　長隶　長楷

象形字。甲骨文等像一个手持拐棍头发很长的老人，指“长度大”，读作 cháng。字头形体是楷书的简化字，是规范的写法。

“长”是个部首字，又是个能独立成字的部件，名称叫作“长(cháng)”。凡由它组成的字，大都跟它的音、义有关。

“长”可以表义，作合体字的意旁。例如：

帐 zhàng 指“用布、纱等制成的长长的帷幕”，长表义。

张 zhāng 指“拉长弓弦以备射”，长表义。

“长”还可以表音，作合体字的声旁。例如：

伥(chāng)、苌(cháng)、怅、韔(chàng)、枨(chéng)、张(zhāng)、涨(zhǎng)、帐、胀、账、涨(zhàng)等皆由长得声。

“长”在合体字中，多处在字的右边，称为“长字边”，如以上各例。

“长”在现代汉语常用字中，先后出现过 6 次，构字 6 个。

片 267 84　篆　片隶

象形字。小篆等像树木被劈开的样子，指“劈开的木片”，读作 piàn。字头形体是楷书规范的写法。

“片”是个部首字，又是个能独立成字的部件，名称叫作“片(piàn)”。凡由它组成的字，大都跟平而薄的东西有关。

“片”可以表义，作合体字的意旁。例如：

版 bǎn 指“筑土墙用的夹板”，片表义。

牒 dié 指“古代用于书写的木片”，片表义。

牍 dú 指“木简”，片表义。

牌 pái 指“用作标志的木板”，片表义。

牖 yǒu 指“用板制成的窗户”，片表义。

“片”在合体字中，多处在字的左旁，称为“片字旁”，如以上各例。

“片”在现代汉语常用字中，先后出现过 3 次，构字 3 个。

㢟[424] 金 篆 隶

会意字。金文像一只脚，篆、隶、楷在止上添了一撇，指“脚步延长”，读作 zhǐ。字头形体是楷书规范的写法。

“㢟”是个不能独立成字的部件，名称叫作“延（yán）字心”。凡由它组成的字，大都跟它的音、义无关。例如：

埏 yán 指“边际，边远之地”。

蜒 yán 指“昆虫——蜒蚰”。

筵 yán 指“竹席”。

诞 dàn 指“欺诈，说大话”。

“㢟”可以表义，作合体字的意旁。例如：

延 yán 指“走长路”，㢟表义。

“㢟”在合体字中，有的处在包围结构中，称为“延字心”，如：延；大多处在字的右上角，称为“延心角”，如：诞、埏、蜒等；还有少数处在字腰的，称为“延心腰”，如：筵。

“⺪”在现代汉语常用字中，先后出现过 3 次，构字 3 个。

斤 179 85

甲　金　篆　隶

象形字。像一把横刃的斧子，指“斧头”，读作 jīn。字头形体是楷书规范的写法。

“斤”是个部首字，又是个能独立成字的部件，名称叫作“斤(jīn)”。凡由斤组成的字，大都跟它的音、义有关。

“斤”可以表义，作合体字的意旁。例如：

斥 chì 指“用斧子开辟”，斤表义。

断 duàn 指“用斧子劈开、割断”，斤表义。

斧 fǔ 指“斧头”，斤表义。

斯 sī 指“斧子劈砍”，斤表义。

所 suǒ 指“伐木人的住处”，斤表义。

新 xīn 指“用斧子砍柴”，斤表义。

“斤”还可以表音，作合体字的声旁。例如：

近、靳(jìn)、祈、圻、颀，蕲(qí)、听(tīng)、沂(yí)等皆由斤得声。

“斤”在合体字中，绝大多数在字的右边，称为“斤字边”，如：断、斯、所、新、靳、祈、圻、听、沂等；少数在字的左旁，称为“斤字旁”，如：斥、颀等；还有在字的下部，称为“斤字底”，如：斧等。

“斤”在现代汉语常用字中，先后出现过 33 次，构字 33 个。

爪$^{480}_{86}$

甲 金 篆 隶

象形字。甲骨文等像一只掌心向下的手的样子，指“手”，读作 zhǎo。字头形体是楷书规范的写法。

“爪”是个部首字，又是个能独立成字的部件，名称叫作“爪（zhǎo）”。凡由它组成的字，大都跟手或手的动作及读音有关。

“爪”可以表义，作合体字的意旁。例如：

爬 pá 指“用手抓挠”，爪表义。

抓 zhuā 指“用手搔、挠”，爪表义。

“爪”还可以表音，作合体字的声旁。例如：

笊（zhào）、抓等皆由爪得声。

“爪”在合体字中，有的在字的左旁，称为“爪字旁”，如：爬等；有的在字的右边，称为“爪字边”，如：抓等；还有的在字的下部，称为“爪字底”，如：笊等。

“爪”在现代汉语常用字中，先后出现过 3 次，构字 3 个。

父$^{109}_{87}$

甲 金 篆 隶

象形、会意字。像一手拿着斧子的样子，因拿斧干活的人多由父亲来做，故指“父亲”。读作 fù。字头形体是楷书规范的写法。

“父”是个部首字，又是个能独立成字的部件，名称叫作“父（fù）”。凡由它组成的字，大都跟它的音、义有关。

“父”可以表义，作合体字的意旁。例如：

爸 bà 指“父亲”，父表义。

爹 diē 指“爸爸”，父表义。

爷 yé 指“父亲”，父表义。

“父”还可以表音，作合体字的声旁。例如：

斧、釜（fǔ）等皆由父得声。

“父”在合体字中，绝大多数在字的上部，称为“父字头”，如以上各例。

“父”在现代汉语常用字中，先后出现过 5 次，构字 5 个。

仑[228]

 金  篆  隶  楷

会意字。金文等从亼（集）从册，指“简册的编辑次序、条理”，读作 lún。字头形体是楷书的简化字，是规范的写法。

“仑”是个能独立成字的部件，名称叫作“仑（lún）”。凡由它组成的字，大都跟它的音、义有关。

“仑”可以表义，作合体字的意旁。例如：

伦 lún 指“人与人之间的次序、条理”，仑表义。

论 lùn 指“分析、说明事理必须有条理和次序”，仑表义。

沦 lún 指“水流动产生的波纹是有条理和次序的”，仑表义。

“仑”还可以表音，作合体字的声旁。例如：

伦、论、抡、囵、沦、纶、轮（lún）、论（lùn）等皆由仑得声。

“仑”在合体字中，绝大多数处在字的右边，称为“仑字

边”，如以上各例。

“仑”在现代汉语常用字中，先后出现过 7 次，构字 7 个。

爫 482 [86]

字头是截取楷书“爪”的上部而成。

“爫”是个不能独立成字的部件，名称叫作“爪（zhǎo）头”。《汉字部首表》将“爫”作为附形部首归入到“爪部”中。凡由爫组成的字，大都跟手或手的动作有关。

“爫”可以表义，作合体字的意旁。例如：

爱 ài 指“用手捧着心对别人或事物的感情”，爫表义。

采 cǎi 指“用手在树上摘取果实”，爫表义。

舀 yǎo 指“手从臼中取出东西”，爫表义。

受 shòu 指“用手交予和用手接受”，爫表义。

妥 tuǒ 指“用手安抚女子”，爫表义。

奚 xī 指“手牵着一个被绳子绑着的人——奴隶”，爫表义。

“爫”在合体字中，绝大多数处在字的上部，称为“爪字头”，如以上各例。也有处在字的右上角的，称为“爪头角”，如：孵。

“爫”在现代汉语常用字中，先后出现过 30 次，构字 30 个。

今 180

甲 金 篆 今隶

会意字。甲骨文等像一只含有舌头的铃铛，指“现在”，读作 jīn。字头形体是楷书规范的写法。

“今”是个能独立成字的部件，名称叫作“今(jīn)”。凡由它组成的字，大都跟它的读音有关。

“今”可以表音，作合体字的声旁。例如：

衿、矜(jīn)、黔、钤(qián)、衾(qīn)、芩、矜、琴(qín)、吟(yín)等皆由今得声。

“今”在合体字中，多在字的右边，称为“今字边”，如：衿、矜、黔、钤、吟等；也有的在字的上部，称为“今字头”，如：衾等；还有的处在字的下部，称为“今字底”，如：芩、琴等。

“今”在现代汉语常用字中，先后出现过 22 次，构字 22 个。

月 471 88

甲 金 篆 月隶

象形字。甲骨文等像个月亮，指“月亮”，读作 yuè。字头形体是楷书规范的写法。

“月”是个部首字，又是个能独立成字的部件，名称叫作“月(yuè)”或“肉月(ròuyuè)”。凡由它组成的字，大都跟它的音、义有关。

“月”可以表义，作合体字的意旁。例如：

朝 zhāo 指“月亮还未完全落下而太阳已从林中升起”，

月表义。

朗 lǎng 指“月光般明亮”，月表义。

朦 méng 指“月光模糊，不明亮”，月表义。

明 míng 指“像日月般明亮”，月表义。

“月”还可以表音，作合体字的声旁。例如：

刖、玥、钥（yuè）皆由月得声。

有些字虽有月部件，但跟它的音、义无关。如：朋（péng）、有（yǒu）、朕（zhèn）等。

“月”在合体字中，有的处在字的左旁，称为“月字旁”，如：朦、胧（lóng）、刖等；有的处在字的右边，称为“月字边”，如：朝、朗、明、玥、钥等。

“月”在现代汉语常用字中，先后出现过 99 次，构字 93 个。

氏$^{328}_{89}$

 甲  金  篆  隶

象形字。甲骨文等像一个人手提着器皿，指“提”，读作 shì。字头形体是楷书规范的写法。

“氏”是个部首字，又是个能独立成字的部件，名称叫作“氏（shì）”。凡由它组成的字，大都跟它的读音有关。

“氏”可以表音，作合体字的声旁。例如：氐（dǐ）、芪、祇（qí）、舐（shì）、袛、胝（zhī）、抵、纸（zhǐ）等皆由氏得声。

“氏”在合体字中，多处在字的上部，称为“氏字头”，如：昏（hūn）、氐等；有的处在字的右上角，称为“氏右角”，如：婚

(hūn)、诋、坻、抵、柢、砥、骶(dǐ)等;有的处在字的左上角,称为"氐左角",如:邸等;还有的处在包围结构中,称为"氐字心",如:底等。

"氐"在现代汉语常用字中,先后出现过7次,构字7个。

𠂔511 金 篆 隶

会意字。金文等从中从一,像草木生长受一压而止,指"止",读作zǐ。字头形体是楷书规范的写法。

"𠂔"是个不能独立成字的部件,名称叫作"姊(zǐ)字边",由它组成的字,大都跟它的音、义有关。

"𠂔"可以表义,作合体字的意旁。例如:

姊zǐ指"姐姐",古人有重男轻女观念,生女后希为不再生(停止)女孩,𠂔表义。

"𠂔"还可以表音,作合体字的声旁。例如:

秭、第(zǐ)皆由𠂔得声。

"𠂔"在合体字中,有的处在字的右边,称为"姊字边",如:姊、秭等;有的处在字的下部,称为"姊边底",如:第等。

"𠂔"在现代汉语常用字中,只出现过1次,构字1个。

勿390 甲 金 篆 隶

会意字。甲骨文等像刀上黏有点点碎渣,指"不要",读作wù。字头形体是楷书规范的写法。

“勿”是个能独立成字的部件，名称叫作“勿（wù）”。凡由它组成的字，大多跟它的音、义有关。

“勿”可以表义，作合体字的意旁。例如：

甮 fèng 指“不要、不用”，勿表义。

“勿”还可以表音，作合体字的声旁。例如：

昒、曶、忽、唿、惚、淴（hū）、囫（hú）、刎、吻（wěn）、物（wù）等皆由勿得声。

“勿”在合体字中，有处在字的右边的，称为“勿字边”，如：昒、吻、物等；有处在字的左旁的，称为“勿字旁”，如：刎；有的处在字的上部，称为“勿字头”，如：甮、曶、忽等；还有的处在字的右上角，称为“勿右角”，如：唿、惚、淴等。

“勿”在现代汉语常用字中，先后出现过 10 次，构字 10 个。

欠 279 90

 甲  金  篆  隶

象形字。甲骨文等像一跪着的人在打哈欠，指“困倦时张口呵气”，读作 qiàn。字头形体是楷书规范的写法。

“欠”是个部首字，又是个能独立成字的部件，名称叫作“欠（qiàn）”。凡由它组成的字，大都跟它的音、义有关。

“欠”可以表义，作合体字的意旁。例如：

次 cì 指“排在第二、不足”，欠表义。

炊 chuī 指“吹气使火更旺”，欠表义。

歌 gē 指“唱”，欠表义。

欢 huān 指“人高兴时不断开口笑”，欠表义。

款 kuǎn 指“人诚恳地企求避免灾祸”，欠表义。

欣 xīn 指“人高兴时会不断发出笑声”，欠表义。

软 ruǎn 指“内不足则外弱”，欠表义。

欲 yù 指“因欠缺而产生欲望”，欠表义。

“欠”还可以表音，作合体字的声旁。例如：

坎、砍、莰(kǎn)、肷(qiǎn)、芡、嵌、歉(qiàn)、软(ruǎn)等皆由欠得声。

“欠”在合体字中，多数处在字的右边，称为“欠字边”，如：次、炊、歌、欢、款、欣、软、欲、坎、砍、肷、歉等；也有处在字的右下角的，称为“欠下角”，如：莰、嵌等；还有少数处在字的下部的，称为“欠字底”，如：芡。

“欠”在现代汉语常用字中，先后出现过 28 次，构字 28 个。

风$^{102}_{91}$ 甲 篆 風隶 風楷

会意字。甲骨文从鳳从凡，传说凤扇翅而生风；小篆等从凡从虫，指“风能吹到一切地方，风动而虫生”，读作 fēng。字头形体是楷书的简化字，是规范的写法。

“风”是部首字，又是个能独立成字的部件，名称叫作“风(fēng)”。凡由它组成的字，大都跟空气流动和它的读音有关。

“风”可以表义，作合体字的意旁。例如：

飙 biāo 指“疾暴之风”，风表义。

飔 sī 指“凉风”，风表义。

飓 jù 指“发生在海洋上强烈的风”，风表义。

飘 piāo 指“旋风”，风表义。

飒 sà 指“风声”，风表义。

“风”还可以表音，作合体字的声旁。例如：

沨、枫、砜、疯（fēng）、讽（fěng）、凤（fèng）等皆由风得声。

“风”在合体字中，多处在字的右边，称为“风字边”，如：飙、飘、飒、沨、枫、砜、讽等；也有处在包围结构外框的，称为“风字框”，如：飔、飓、凤等；还有处在包围结构中的，称为“风字心”，如：疯。

“风”在现代汉语常用字中，先后出现过 5 次，构字 5 个。

𠂢[226]

字头是楷书旅的下角。旅甲骨文写作，从㫃（yǎn）从从（指士兵），指“众人站在旗下”。但字头没有音、义。

“𠂢”是个不能独立成字的部件，名称叫作“旅（lǚ）下角”。凡由它组成的字，有的跟人有关，有的跟人无关。

“𠂢”可以表义，作合体字的意旁。例如：

旅 lǚ 指“许多士兵站在旗帜下”，𠂢表义。

有的跟它的本义无关。例如：

派 pài 指“水的支流”。

膂 lǚ 指“脊梁骨”。

“𠂢”在合体字中，大多处在字的右下角，称为“旅下角”，如：旅、派等；也有的处在字的右上角的，称为“旅下角右角”，如：膂等。

“𠂢”在现代汉语常用字中，先后出现过 2 次，构字 2 个。

⾐441

字头是楷书衣的下部，没有音、义，甲骨文像两襟左右相搭的样子。

“⾐”是个不能独立成字的部件，名称叫作“衣(yī)省”。由它组成的字大都跟衣服有关。

表 biǎo 指“毛在外的衣服”。

亵 xiè 指“在家穿的内衣”。

袁 yuán 指“衣服长大”。

猿 yuán 指“灵长类哺乳动物，跟猴相似，在猴类中形体较大”(“袁”有“长大义”)。

“⾐”在合体字中，多处在字的下部，称为“衣省底”，如：表、亵、袁等；也有处在字的右下角的，称为“衣省右下角”，如：猿等。

“⾐”在现代汉语常用字中，先后出现过 4 次，构字 4 个。

丹[67] 甲 金 篆 丹隶

指事字。甲骨文等像矿井中有丹砂，指“丹砂、红色”，读作 dān。字头形体是楷书规范的写法。

“丹”是个能独立成字的部件，名称叫作“丹(dān)”，由它组成的字，大都跟它的音、义有关。

“丹”可以表义，作合体字的意旁。例如：

彤 tóng 指“涂上红色”，丹表义。

“丹”还可以表音，作合体字的声旁。例如：

坍(tān)、旃(zhān)等皆由丹得声。

“丹”在合体字中，有的在字的左旁，称为“丹字旁”，如：彤等；有的在字的右边，称为“丹字边”，如：坍等；还有的在字的右下角，称为“丹下角”，如：旃等。

“丹”在现代汉语常用字中，先后出现过 2 次，构字 2 个。

⺼[474]

字头是楷书然的左角。然甲骨文写作，从肰(rán)从火，指“用火烤狗肉”，⺼为“肉”字的变体，没有读音。

“⺼”是个不能独立成字的部件，名称叫作“然(rán)左角”，由它组成的字，有的跟肉的意思有关。

“⺼”可以表义，作合体字的意旁。例如：

祭 jì 指“手拿肉放在祭台上进行祭祀”，⺼表义。

然 rán 指“把狗肉放在火上烧烤”，夕表义。

察 chá 指“手拿肉放到家里供桌上进行祭祀”，夕表义。

燃 rán 意同“然”。

“夕”在合体字中，有的处在字左上角，称为“然左角”，如：然、祭等；有的处在字腰左角的，称为“然左角腰”，如：察、燃等。

“夕”在现代汉语常用字中，先后出现过 6 次，构字 6 个。

夊[393]

字头是楷书夜的下角。夜金文写作，指“月亮已升到人的腋下那么高就是夜”，是月的变体，读作 yuè。字头形体是楷书规范的写法。

“夊”是个不能独立成字的部件，名称叫作“夜（yè）下角”。凡由它组成的字，大都跟它的读音有关。

“夊”可以表音，作合体字的声旁。例如：

夜（yè）从月得声。

“夊”在合体字中，处在字的右下角，称为“夜下角”，如：夜、掖、液、腋（yè）。

“夊”在现代汉语常用字中，先后出现过 3 次，构字 3 个。

鸟[257]

字头是楷书鸟的省写，没有读音，是规范的写法。

“鸟”是个不能独立成字的部件，名称叫作“鸟（niǎo）

省”。由它组成的字有的跟鸟有关。例如：

岛 dǎo 指“水中有山，鸟可以休息的地方”。

凫 fú 指“一种水鸟，俗称野鸭”。

捣 dǎo 指“用棒槌等舂击”。

“⺕”在合体字中，多处在包围结构的外框，称为“鸟省框”，如：凫、岛等；有的处在字的右边，称为“鸟省右框”，如：捣等。

“⺕”在现代汉语常用字中，先后出现过 2 次，构字 2 个。

乌[384]　金　篆　烏隶　烏楷

象形字。金文等像一只全身乌黑，连眼睛都不明显的乌鸦。读作 wū。字头形体是楷书的简化字，是规范的写法。

“乌”是个能独立成字的部件，名称叫作“乌(wū)”。凡由它组成的字，大都跟它的音有关。

“乌”可以表音，作合体字的声旁。例如：

邬、呜、钨(wū)、坞(wù)等皆由乌得声。

“乌”在合体字中，大多处在字的右边，称为“乌字边”，如：呜、钨、坞等；也有少数处在字的左旁的，称为“乌字旁”，如：邬等。

“乌”在现代汉语常用字中，先后出现过 2 次，构字 2 个。

卬[1]　篆　卬隶

会意字。字头是楷书规范的写法，是昂的本字，指“抬起、

扬起”，读作 áng。

“卬”是个能独立成字的部件，名称叫作“卬（áng）”或“昂（áng）字底”。凡由它组成的字，大都跟它的读音、义有关。

“卬”可以表义，作合体字的意旁。例如：

昂 áng 指“抬起头看太阳”，卬表义。

仰 yǎng 指“抬头，脸朝上”，卬表义。

“卬”还可以表音，作合体字的声旁。例如：

昂、仰、迎（yíng）等皆由卬得声。

“卬”在合体字中，有的在字的右边，称为“卬字边”，如：仰等；有的在字的下部，称为“卬字底”，如：昂等；还有的在包围结构中，称为“卬字心”，如：迎等。

“卬”在现代汉语常用字中，先后出现过 4 次，构字 4 个。

殳 336 92  甲  金  篆  隶

会意字。甲骨文等像手执武器的样子，指“古代一种有棱无刃的兵器”，读作 shū。字头形体是楷书规范的写法。

“殳”是个部首字，又是个能独立成字的部件，名称叫作“殳（shū）”或“设（shè）字边”。凡由它组成的字，大都跟它的音、义有关。

“殳”可以表义，作合体字的意旁。例如：

般 bān 指“手持竹竹篙撑船搬运”，殳表义。

殿 diàn 指“手持武器镇守”，殳表义。

段 duàn 指“手持锤在山崖上打石头”，殳表义。

毁 huǐ 指“手持兵器破坏”，殳表义。

没 mò 指“打捞沉入水中的兵器”，殳表义。

殴 ōu 指“手持棍棒等击打”，殳表义。

役 yì 指“手持兵器巡守边疆”，殳表义。

毅 yì 指“用棍棒使猪发怒”，殳表义。

殷 yīn 指“手持兵器在舞动”，殳表义。

“殳”还可以表音，作合体字的声旁。例如：

彀(gòu)、股、羖(gǔ)、投、骰(tóu)等皆由殳得声。

“殳”在合体字中，绝大多数处在字的右边，称为“殳字边”，如以上各例。

“殳”在现代汉语常用字中，先后出现过 18 次，构字 18 个。

六[221]

 甲  金  篆  隶

象形字。甲骨文等像个简单的房子，指“棚舍”，读作 liù。字头形体是楷书规范的写法。

“六”是个能独立成字的部件，名称叫作“六(liù)”。凡由它组成的字，大都跟它的音、义无关。例如：

交 jiāo 指“两腿相交、交叉”。

郊 jiāo 指“城市周围的地区”。

胶 jiāo 指“有黏性，能黏合物体的东西”。

姣 jiāo 指“女子相貌美丽”。

佼 jiǎo 指“美好”。

冥 míng 指“太阳落到地面(六即陆),日光被覆盖——昏暗”。

溟 míng 指“大海深广幽暗”。

“六”在合体字中,有的处在字的上部,称为“六字头”,如:交等;有的处在字的下部,称为“六字底”,如:冥等;有的处在字的右上角,称为“六右上角”,如:胶、姣、佼等;还有的处在字的左上角,称为“六左上角”,如:郊等。

“六”在现代汉语常用字中,先后出现过 13 次,构字 13 个。

文$^{382}_{93}$ 甲 金 篆 隶

象形字。甲骨文等像人胸前有纹身,指“花纹”,读作 wén。字头形体是楷书规范的写法。

“文”是个部首字,又是个能独立成字的部件,名称叫作“文(wén)”。凡由它组成的字,大都跟它的音、义有关。

“文”可以表义,作合体字的意旁。例如:

斑 bān 指“玉中有斑纹”,文表义。

斐 fěi 指“五色交错”,文表义。

斓 lán 指“色彩纵横交错灿烂”,文表义。

“文”还可以表音,作合体字的声旁。例如:

坟(fén)、吝(lìn)、旻(mín)、闵(mǐn)、虔(qián)、纹、炆、蚊、雯(wén)、紊、抆(wěn)、汶、纹(wèn)等皆由文得声。

“文”在合体字中，有的处在字的上部，称为“文字头”，如：紊、吝等；有的处在字的下部，称为“文字底”，如：斐、旻、雯等；有的处在字的右边，称为“文字边”，如：坟、纹、炆、蚊、汶等；有少数处在字的左旁，称为“文字旁”，如：斓等；有的处在包围结构中，称为“文字心”，如：闵、虔等；还有的处在镶嵌结构中，称为“文嵌玨(jué)中”，如：斑等。

“文”在现代汉语常用字中，先后出现过 18 次，构字 18 个。

346 ›‹

字头是楷书率字的腰。率甲骨文写作，中间像有柄的捕鸟网，两边的点像饰物。没有音、义，是楷书规范的写法。

“›‹”是个不能独立成字的部件，名称叫作“率(shuài)字腰”。凡由它组成的字，只作部件出现。例如：

函 hán 指“箭袋”。

涵 hán 指“汇集水流的水泽”。

脊 jǐ 指“人或动物背中间的骨头”。

率 shuài 指“捕鸟的网具”。

蟀 shuài 指“蛐蛐儿”。

摔 shuāi 指“用力往下扔”。

犀 xī 指“犀牛”。

“›‹”在合体字中，有的在字头的腰间，称为“率字腰头”，如：脊等；有的在字的腰间，称为“率字腰”，如：率、犀；还有的在字的右上角，称为“率腰角”，如：蟀、摔等。

“›‹”在现代汉语常用字中，先后出现过7次，构字7个。

方$^{97}_{94}$ 甲 金 篆 隶

象形字。甲骨文等像古代的一种农具，指“古代农具——耒”，读作fāng。字头形体是楷书规范的写法。

“方”是个部首字，又是个能独立成字的部件，名称叫作“方(fāng)”。凡由它组成的字，大都跟它的音、义有关。

“方”可以表义，作合体字的意旁。例如：

坊fāng指“城中的街巷——相互并排着”，方表义。

“方”还可以表音，作合体字的声旁。例如：

邡、坊、芳、枋、钫(fāng)、防、坊、妨、肪、房、鲂(fáng)、仿、访、纺、昉、舫(fǎng)、放(fàng)、旁、彷(páng)等皆由方得声。

“方”在合体字中，多数处在字的右边，称为“方字边”，如以上诸例；少数处在字的左旁，称为“方字旁”，如：邡、放等；有的处在字的下部，称为“方字底”，如：芳、旁等；有的处在包围结构中，称为“方字心”，如：房等；还有处在字的左下角的，称为“方左下角”，如：簇。

“方”在现代汉语常用字中，先后出现过32次，构字32个。

火$^{152}_{95}$ 甲 金 篆 隶

象形字。甲骨文等像一团火焰，指“火焰”，读作 huǒ。字头形体是楷书规范的写法。

“火”是个部首字，又是个能独立成字的部件，名称叫作“火（huǒ）”。凡由它组成的字，大都跟火、光、热或读音有关。

“火”可以表义，作合体字的意旁。例如：

爆 bào 指“猛然炸开火花四散”，火表义。

灯 dēng 指“发光的用品”，火表义。

炖 dùn 指“用文火久煮使食物熟烂”，火表义。

焚 fén 指“火烧树林”，火表义。

炼 liàn 指“用加热等方法使物质纯净或坚韧”，火表义。

灭 miè 指“用一盖火使之消失”，火表义。

秋 qiū 指“禾谷成熟，色似火灼”，火表义。

炎 yán 指“火焰上腾”，火表义。

炸 zhà 指“火力爆发”，火表义。

“火”还可以表音，作合体字的声旁。例如：

伙 huǒ 指“伙伴”，由火得声。

有些字虽有火部件，但跟火的音、义无关。如：灵。

“火”在合体字中，有的处在字的左旁，称为“火字旁”，如：爆、灯、炖、炼、炸等；有的处在字的右边，称为“火字边”，如：秋、伙等；有的处在字的上部，称为“火字头”，如：炎等；有的处在字的下部，称为“火字底”，如：灭、灸、灾（zāi）、炙

(zhì)、烫(tàng)、焚、熨(yùn)等；还有的处在包围结构中，称为“火字心”，如：灰(huī)、炭(tàn)等。

“火”在现代汉语常用字中，先后出现过 65 次，构字 59 个。

为380 甲 金 篆 爲隶 爲楷

会意字。甲骨文等像手牵大象帮助做事，指“会做事”，读作 wéi。字头形体是楷书的简化字，是规范的写法。

“为”是个能独立成字的部件，名称叫作“为(wéi)”。凡由它组成的字，大多跟它的读音有关。

“为”可以表音，作合体字的声旁。例如：

妫(guī)、沩(wéi)、伪(wěi)等皆由为得声。

“为”在合体字中，大多处在字的右边，称为“为字边”，如以上各例。

“为”在现代汉语常用字中，先后出现过 2 次，构字 2 个。

斗85 96 甲 金 篆 斗隶

象形字。像一个舀酒的勺子，指“酒勺”，读作 dǒu。字头形体是楷书规范的写法。

“斗”是个部首字，又是个能独立成字的部件，名称叫作“斗(dǒu)”。凡由它组成的字，大都跟酒斗、斗形、容器或读音有关。

“斗”可以表义，作合体字的意旁。例如：

斛 hú 指“量具，古时十斗为斛”，斗表义。

戽 hù 指“戽斗，旧时灌田汲水的农具”，斗表义。

魁 kuí 指“大斗”，斗表义。

料 liào 指“用斗量米”，斗表义。

斟 zhēn 指“用勺舀取”，斗表义。

斡 wò 指“勺柄”，斗表义。

斜 xié 指“有多余的舀出”，斗表义。

“斗”还可以表音，作合体字的声旁。例如：

抖、蚪、枓（dǒu）、斗（dòu）皆由斗得声。

“斗”在合体字中，大多处在字的右边，称为“斗字边”，如：斛、料、斟、斜、抖、蚪、枓、斜等；有的处在字的右下角，称为“斗下角”，如：斡等；还有少数处在包围结构中，称为“斗字心”，如：魁等。

“斗”在现代汉语常用字中，先后出现过 9 次，构字 9 个。

灬 153 [95]

字头形体是楷书火作字底时有时的写法，没有读音，是楷书规范的写法。

“灬”是个不能独立成字的部件，名称叫作“横四点（héngsìdiǎn）”。凡由它组成的字，大都跟火、光、热有关。

“灬”可以表义，作合体字的意旁。例如：

熬 áo 指“把食物放入锅中用火长时间煮”，灬表义。

羔 gāo 指“用火烤羊”，灬表义。

焦 jiāo 指“东西经火烧烤而变黄或变成炭状”，灬表义。

烈 liè 指“火势凶猛”，灬表义。

热 rè 指“手拿火把——温度高”，灬表义。

煦 xù 指“阳光温暖，热”，灬表义。

照 zhào 指“用火照亮”，灬表义。

有些字虽然从灬，但跟火（灬）没有关系，如：熊（xióng）、燕（yàn）等。

“灬”在合体字中，只处在字的下部，称为“横四点底”，如以上各例。

“灬”在现代汉语常用字中，先后出现过 28 次，构字 28 个。

户[147][97]

 甲  金  篆  隶

象形字。甲骨文等像单扇的门，指“门”，读作 hù。字头形体是楷书规范的写法。

“户”是个部首字，又是个能独立成字的部件，名称叫作“户（hù）”。凡由它组成的字，大都跟门窗、房舍或读音有关。

“户”可以表义，作合体字的意旁。例如：

扁 biǎn 指“写在门框上方的字（匾额）”，户表义。

扉 fēi 指“门扇”，户表义。

雇 gù 指“农户看见雇（候鸟）回来就开始农耕”，户表义。

扈 hù 指“古国名”，户表住户，表义。

肩 jiān 指“肩膀宽而能动似门户”，户表义。

扇 shàn 指“门扇”，户表义。

所 suǒ 指“伐木人的住处”，户表义。

“户”还可以表音，作合体字的声旁。例如：

妒（dù）、雇（gù）、护、沪、戽、扈（hù）、庐、芦、炉（lú）、驴（lǘ）、所（suǒ）等皆由户得声。

“户”在合体字中，有的在字左，称为“户字旁”，如：所等；有的在字右，称为“户字边”，如：妒、护、炉、驴等；也有的在包围结构的外框，称为“户字框”，如：扁、扉、雇、扈、肩、扇、戽、庐等；还有的处在字的下部，称为“户字底”，如：芦等。

“户”在现代汉语常用字中，先后出现过 25 次，构字 25 个。

礻 330 [100]

字头形体是楷书示作左旁时的写法，没有读音，是楷书规范的写法。

“礻”是示的附形部首，又是个不能独立成字的部件，名称叫作“示(shì)旁”。凡由它组成的字，大都跟鬼神、祭祀、心里等或读音有关。

“礻”可以表义，作合体字的意旁。例如：

祠 cí 指“祭祀鬼神的地方”，礻表义。

禅 chán 指“盛大的祭典”，礻表义。

祸 huò 指“鬼神所降的灾难”，礻表义。

福 fú 指“向神献酒求福”，礻表义。

礼 lǐ 指“祭神、敬神”，礻表义。

社 shè 指“土地神和祭祀土地神的地方”，礻表义。

祉 zhǐ 指“神降福”，礻表义。

祖 zǔ 指“祭祀祖先的宗庙”，礻表义。

“礻”还可以表音，作合体字的声旁。例如：

视(shì)、祁、祈(qí)等皆由礻得声。

“礻”在合体字中，只处在字的左旁，称为“示字旁”，如以上各例。

“礻”在现代汉语常用字中，先后出现过 14 次，构字 14 个。

冘[451]  篆  隶

会意字。小篆像人出冂(jiǒng)，指“人走出门外，似走非走的样子”，读作 yín。字头形体是楷书规范的写法。

“冘”是个能独立成字的部件，名称叫作“冘(yīn)”或“枕(zhěn)字边”，由它组成的字，大都跟它的读音有关。

“冘”可以表音，作合体字的声旁。例如：

眈、耽、酖(dān)、忱(chén)、沈(shěn)、枕(zhěn)、鸩(zhèn)等皆由冘得声。

“冘”在合体字中，绝大多数处在字的右边，称为“枕字边”，如以上各例。

“冘”在现代汉语常用字中，先后出现过 4 次，构字 4 个。

心[406][98]　甲　金　篆　隶

象形字。甲骨文等像个心脏的样子，指“心脏”，读作xīn。字头形体是楷书规范的写法。

“心”是个部首字，又是个能独立成字的部件，名称叫作“心（xīn）”。凡由它组成的字，大都跟它的音、义有关。

“心”可以表义，作合体字的意旁。例如：

悲 bēi 指“伤心、哀痛”，心表义。

憋 biē 指“有事感到心神疲困”，心表义。

恶 è 指“丑陋的行为出自内心”，心表义。

急 jí 指“心中急躁”，心表义。

恐 kǒng 指“心中害怕难以消除”，心表义。

恋 liàn 指“心中思念，不忍分离”，心表义。

闷 mèn 指“心里不痛快，憋气”，心表义。

忍 rěn 指“心中容忍”，心表义。

愚 yú 指“心智低下，呆”，心表义。

忠 zhōng 指“竭心尽力”，心表义。

“心”还可以表音，作合体字的声旁。例如：

沁、吣（qìn）、芯（xīn）皆由心得声。

“心”在合体字中，绝大多数处在字的下部，称为“心字底”，如以上诸例；有的处在包围结构中，称为“心字心”，如：闷等；也有的处在字右下角，称为“心下角”，如：熄、蟋（xī）、媳（xí）、隐、缰、瘾（yǐn）等；还有的处在字的右边称为“心字

边”，如：沁、吣等。

“心”在现代汉语常用字中，先后出现过 69 次，构字 67 个。

丰 361 [145]

字头形体是楷书唐字心，没有音、义，是楷书规范的写法。

“丰”是聿的附形部首，又是个不能独立成字的部件，名称叫作“唐（táng）字心”，由它组成的字，如：

唐 táng 指“说大话”。

塘 táng 指“堤岸”。

搪 táng 指“抵挡”。

糖 táng 指“食糖”。

“丰”在合体字中，有的处在包围结构中，称为“唐字心”，如：唐等；还有的处在右边包围结构中，称为“右唐字心”，如：塘、搪、糖等。

“丰”在现代汉语常用字中，先后出现过 3 次，构字 3 个。

尹 452

 甲  金  篆  隶

会意字。甲骨文等从又（手）从丨（笔），指“手执笔治事的官”，读作 yǐn。字头形体是楷书规范的写法。

“尹”是个能独立成字的部件，名称叫作“尹（yǐn）”。凡由它组成的字，大都跟它的读音有关。

“尹”可以表音，作合体字的声旁。例如：

伊(yī)、笋(sǔn)、君(jūn)等皆由尹得声。

“尹”在合体字中，有的处在字的右边，称为“尹字边”，如：伊等；有的处在字的下部，称为“尹字底”，如：笋等；有的处在包围结构的外框，称为“尹字框”，如：君等；有的处在字左包围结构的外框，称为“尹旁框”，如：郡等；还有的处在字右包围结构外框，称为“尹右框”，如：裙、群等。

“尹”在现代汉语常用字中，先后出现过 6 次，构字 6 个。

冄[248]

字头形体是“那”字左旁，小篆写作，像脸颊的垂须，指“男子胡须浓密”，读作 rǎn。字头是冉的变体，是楷书规范的写法。

“冄”是个不能独立成字的部件，名称叫作“那(nà)字旁”。凡由它组成的字，大都跟它的义有关。

“冄”可以表义，作合体字的意旁。例如：

那 nà 指“古代西夷的朝那县，因那里的男子胡须浓密”，冄表义。

“冄”在合体字中，有的处在字的左旁，称为“那字旁”，如：那等；大多处在字的中间，称为“那旁中”，如：哪(nǎ)、娜(nà)、哪(né)、哪(něi)、挪、娜(nuó)等。

“冄”在现代汉语常用字中，先后出现过 4 次，构字 4 个。

尺[47] 篆 尺隶

指事字。小篆从尸(人)从乙(指事),指“人足以上十寸的部位为一尺”,读作 chǐ。字头形体是楷书规范的写法。

“尺”是个能独立成字的部件,名称叫作“尺(chǐ)”。凡由它组成的字,大都跟它的音、义有关。

“尺”可以表义,作合体字的意旁。例如:

咫 zhǐ 指“古代称八寸为咫”,尺表义。

“尺”还可以表音,作合体字的声旁。例如:

迟(chí)、呎(chǐ)皆由尺得声。

有些字虽有尺部件,但跟尺的音、义无关。如:尽(jìn)、昼(zhòu)等。

“尺”在合体字中,有的处在字的右边,称为“尺字边”,如:呎等;有的处在字的上部,称为“尺字头”,如:尽、昼等;还有的处在包围结构中,称为“尺字心”,如:咫、迟等。

“尺”在现代汉语常用字中,先后出现过 4 次,构字 4 个。

夬[126] 篆 夬隶

会意字。小篆像手持一个残缺、损坏的网,指“残缺”,读 jué 或 guài。字头形体是楷书规范的写法。

“夬”是个能独立成字的部件,名称叫作“夬(guài)”或“决(jué)字边”。凡由它组成的字,大都跟残缺、损伤或读音有关。

“夬”可以表义，作合体字的意旁。例如：

缺 quē 指“瓦器破损不全”，夬表义。

决 jué 指“堤坝被冲破”，夬表义。

诀 jué 指“用语言告别（断开）”，夬表义。

玦 jué 指“环形有缺口的佩玉（古时有玦作为与人断交关系的象征物）”，夬表义。

抉 jué 指“把不好的（损伤）剔出”，夬表义。

“夬”还可以表音，作合体字的声旁。例如：

诀、决、玦、抉、駃、觖（jué）、快、块（kuài）、袂（mèi）、缺等皆由夬得声。

“夬”在合体字中，多处在字的右边，称为“夬字边”，如以上各例。

“夬”在现代汉语常用字中，先后出现过 6 次，构字 6 个。

丑[51]

 甲  金  篆  隶

象形字。甲骨文等像一只爪子，指“爪”，读作 chǒu。字头形体是楷书规范的写法。

“丑”是个能独立成字的部件，名称叫作“丑（chǒu）”。凡由它组成的字，大都跟它的读音有关。

“丑”可以表音，作合体字的声旁。例如：

妞（niū）、扭、纽、钮、忸、狃（niǔ）、羞（xiū）等皆由丑得声。

“丑”在合体字中，多数处在字的右边，称为“丑字边”，如以上各例。还有少数处在包围结构中，称为“丑字心”，如：

羞等。

“丑”在现代汉语常用字中，先后出现过 5 次，构字 5 个。

尸[237]

字头形体是楷书眉的框。眉甲骨文写作，尸，像眼睛上头的毛，指“眉毛”。没有读音，是楷书规范的写法。

“尸”是个不能独立成字的部件，名称叫作“眉(méi)字框”，由它组成的字，跟“眉毛”有关。

“尸”可以表义，作合体字的意旁。例如：

眉 méi 指“目上的眉毛”，尸表义。

楣 méi 指“门框上的横木”，尸表义。

“尸”在合体字中，多处在包围结构的外框，称为“眉字框”，如：眉等；也有的处在字右包围结构外框，称为“右眉字框”，如：湄、嵋、猸、楣、镅(méi)、媚(mèi)等；还有的处在字左包围结构外框，称为“左眉字框”，如：郿、鹛(méi)等。

“尸”在现代汉语常用字中，先后出现过 4 次，构字 4 个。

爿 264 [45]

 甲  金  篆  隶

象形字。甲骨文等像劈开成片状的木柴，指“成片的木柴”，读作 pán、qiáng。字头形体是楷书规范的写法。

“爿”是个附形部首字，又是个能独立成字的部件，名称叫作“爿(pán)”。凡由它组成的字，大多跟它的读音有关。

“爿”可以表音，作合体字的声旁。例如：

戕、斨(qiāng)、藏(cáng、zàng)等皆由爿得声。

“爿”在合体字中,绝大多数处在字左旁,称为“爿字旁”,如以上各例。

“爿”在现代汉语常用字中,只出现过1次,构字1个。

巴[7]

篆 巴隶

象形字。小篆像一条张着大嘴的巨蛇,指“大蛇”,读作bā。字头形体是楷书规范的写法。

“巴”是个能独立成字的部件,名称叫作“巴(bā)”。凡由它组成的字,大都跟它的读音有关。

“巴”可以表音,作合体字的声旁。例如:

芭、岜、疤、笆、粑(bā)、把、钯、靶(bǎ)、把、爸、耙、鲃(bà)、吧(ba)、葩(pā)、杷、爬、耙、筢、琶(pá)等皆由巴得声。

“巴”在合体字中,有的处在字的下部,称为“巴字底”,如:芭、岜、琶、爸等;有的处在字的右边,称为“巴字边”,如:粑、把、钯、靶、耙、鲃、吧、杷等;有的处在包围结构中,称为“巴字心”,如:疤、爬等;还有的处在字的右下角,称为“巴右下角”,如:葩、筢等。

“巴”在现代汉语常用字中,先后出现过11次,构字11个。

办[11]

篆 辦隶 辦楷

形声、会意字。小篆从力辡(biàn)声,指“办事要致力并

左右兼顾”，读作 bàn。字头是楷书的简化字，是规范的写法。

“办”是个能独立成字的部件，名称叫作“办(bàn)”。凡由它组成的字，大都跟它的本义有关。

“办”可以表义，作合体字的意旁。例如：

协 xié 指“合力办理”，办表义。

胁 xié 指“身、手共同用力”，办表义。

有些字虽有办部件，但跟它的音、义无关。例如：苏等。

“办”在合体字中，有处在字的右边的，称为“办字边”，如：协、胁等；有的处在字的下部，称为“办字底”，如：苏等。

“办”在现代汉语常用字中，先后出现过 4 次，构字 4 个。

予 465

 篆　　予 隶

会意字。小篆像用手把东西推给别人的样子，指“给”。读作 yǔ。字头形体是楷书规范的写法。

“予”是个能独立成字的部件，名称叫作“予(yǔ)”。凡由它组成的字，大都跟它的音、义有关。

“予”可以表义，作合体字的意旁。例如：

舒 shū 指“以物给人，心里是舒展的”，予表义。

抒 shū 指“用手舀出给人，以表达自己的心意”，予表义。

“予”还可以表音，作合体字的声旁。例如：

抒、舒、纾(shū)、序(xù)、好(yú)、预、豫(yù)、杼(zhù)等皆由予得声。

“予”在合体字中，有的处在字的右边，称为“予字边”，如：舒、抒、纾、妤、杼等；有的处在字的左旁，称为“予字旁”，如：预、豫等；还有的处在字的左上角，称为“予左角”，如：鹬(yù)等；有的处在字的右上角，称为“予右上角”，如：潏(yù)等；还有的处在字的上部，称为“予字头”，如：矞(yù)等。

“予”在现代汉语常用字中，先后出现过 8 次，构字 8 个。

毋99  篆 毋 隶

会意字。小篆从女从一，指“妇女不能侵犯”，读作 wú。字头形体是楷书规范的写法。

“毋”是个部首字，名称叫作“毋(wú)”。毋、母古本为一字，为表“不要”义，用丿贯穿两点以示区分。凡由毋组成的字，大都跟妇女或贯穿有关。

“毋”在现代汉语常用字中，仅出现在部首中，不作部件。

毌127

字头是楷书贯的上部。贯小篆写作，像穿线的绳子，毌像绳穿物，读作 guàn。字头形体是楷书规范的写法。

“毌”是个不能独立成字的部件，名称叫作“毌(guàn)”或“贯(guàn)字头”，由它组成的字，大都跟它的音、义有关。

“毌”可以表义，作合体字的意旁。例如：

贯 guàn 指“穿钱的绳子”，毌表义。

“毌”还可以表音，作合体字的声旁。例如：

贯(guàn)由毌得声。

“毌”在合体字中,处在字的上部,称为“贯字头”,如:贯等;还有的处在字的右上角,称为“毌右角”,如:惯、掼(guàn)等。

“毌”在现代汉语常用字中,先后出现过2次,构字2个。

书[337] 金 篆 書隶 書楷

会意字。金文等像手拿笔在记录说的话,指“记载、写”,读作shū。字头形体是楷书的简化字,是规范的写法。

“书”是个能独立成字的部件,名称叫作“书(shū)”。

“书”是个独体字,在现代汉语常用字中,只出现过1次,构字1个。

五画

丰[10]

字头形体是楷书拜的右边。拜小篆写作,从手𠦪(hū)声,指“两足跪地,低头,下与腰平,两手至地为拜”。楷书写作拜,右边变成了从手从下(丅),没有读音。

“丰”是个不能独立成字的部件,名称叫作“拜(bài)字边”,由它组成的字不多,例如:

拜 bài 指“一种表示恭敬的礼节”。

湃 pài 指“狂涛骇浪不断倾覆而至”。

“手”在合体字中，主要处在字的右边，称为“拜字边”，如以上两例。

“手”在现代汉语常用字中，先后出现过 2 次，构字 2 个。

夫[58]

字头是楷书“春”的上部，没有读音，是楷书规范的写法。

“夫”是个不能独立成字的部件，来源不只一个，无法确定读音，名称叫作“春（chūn）字头”。由它组成的字不少。例如：

春 chūn 指“春天到，众草破土而出”。

奉 fèng 指“双手捧物”。

舂 chōng 指“双手持杵捣禾”。

奏 zòu 指“双手捧着进献上天”。

“夫”在合体字中，大多处在字的上部，称为“春字头”，如以上各例等；也有的处在字的右上角，称为“春头右角”，如：椿（chūn）、滕、凑、辏（còu）、揍（zòu）等。

“夫”在现代汉语常用字中，先后出现过 11 次，构字 11 个。

玉[468] [61]

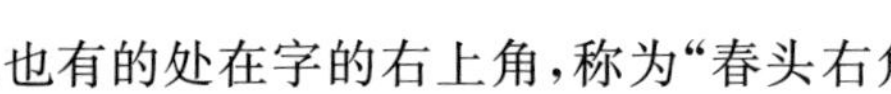

象形字。像一串玉，指“质地细腻有光泽的美石”，读作

yù。字头形体是楷书规范的写法。

“玉”是个部首字，又是个能独立成字的部件，名称叫作“玉(yù)”。凡由它组成的字，大都跟玉石、玉器或读音有关。

“玉”可以表义，作合体字的意旁。例如：

斑 bān 指“玉的花纹”，故玉表义。

璧 bì 指“一种圆形、扁平、中间有孔的玉”，玉表义。

珏 jué 指“合在一起的两块玉”，玉表义。

弄 nòng 指“双手把玩一串玉”，玉表义。

玺 xǐ 指“用玉制成的印章，后专指皇帝的印”，玉表义。

莹 yíng 指“光洁像玉的石头”，玉表义。

“玉”还可以表音，作合体字的声旁。例如：

钰(yù)由玉得声。

“玉”在合体字中，有的处在字的下部，称为“玉字底”，如：璧、玺、莹等；有的处在字的上部，称为“玉字头”，如：弄等；还有的处在字的右边，称为“玉字边”，如：斑、珏、钰等。

“玉”在现代汉语常用字中，先后出现过 5 次，构字 5 个。

龷[133]

字头形体是楷书“寒”的字腰，没有音和义，是规范的写法。

“龷”是个不能独立成字的部件，名称叫作“寒(hán)字腰”。由它组成的字有不少。例如：

寒 hán 指“冷”。

篝 gōu 指“竹笼子”。

嚷 rāng、rǎng 指“喊叫、吵闹”。

瓤 ráng 指“瓜果的肉”。

壤 rǎng 指“松软的土”。

攘 rǎng 指“用手推开”。

襄 xiāng 指“帮助”。

镶 xiāng 指“把物体嵌入另一物体内”。

寨 zhài 指“防守用的栅栏”。

“龷”在合体字中，多处在字腰，称为“寒字腰”，如：寒、篝、襄、寨等；也有处在字右腰间的，称为“右寒字腰”，如：嚷、壤、攘、镶等；还有处在字左腰的，称为“左寒字腰”，如：瓤等。

“龷”在现代汉语常用字中，先后出现过 9 次，构字 9 个。

未[381] 甲 金 篆 隶

象形字。甲骨文等像枝叶繁茂的一棵树，指“繁茂”，读作 wèi。字头形体是楷书规范的写法。

“未”是个能独立成字的部件，名称叫作“未(wèi)”。凡由它组成的字，大都跟它的读音有关。

“未”可以表音，作合体字的声旁。例如：

妹、昧、寐、魅(mèi)、味(wèi)等皆由未得声。

“未”在合体字中，有的处在字的右边，称为“未字边”，如：妹、昧、味等；有的处在包围结构中，称为“未字心”，如：魅等；也有的处在字的右下角，称为“未右下角”，如：寐等。

“未”在现代汉语常用字中，先后出现过 4 次，构字 4 个。

末[244]

金 篆 隶

指事字。金文等像木上加一横，表示树的顶端，指“树梢”，读作 mò。字头形体是楷书规范的写法。

“末”是个能独立成字的部件，名称叫作“末（mò）”。凡由它组成的字，大都跟它的读音有关。

“末”可以表音，作合体字的声旁。例如：

抹（mā）、抹（mǒ）、茉、抹、沫、妹、秣、靺（mò）、袜（wà）等皆由末得声。

“末”在合体字中，绝大多数处在字的右边，称为“末字边”，如以上各例；也有少数处在字的下部，称为“末字底”，如：茉等。

“末”在现代汉语常用字中，先后出现过 6 次，构字 6 个。

示[329][100]

甲 金 篆 隶

象形字。甲骨文等都像上面摆着供品的祭桌，指“显示”，读作 shì。字头形体是楷书规范的写法。

“示”是个部首字，又是个能独立成字的部件，名称叫作“示（shì）”。凡由它组成的字，大都跟神鬼、祭祀、祝愿、心理或读音有关。

“示”可以表义，作合体字的意旁。例如：

祭 jì 指“手持肉放在供桌上——祀神”，示表义。

禁 jìn 指“森林是鬼神活动的地方，不可随便进入”，示表义。

奈 nài 指“奈果可作供品——一种落叶小乔木”，示表义。

柰 nài 指“苹果的一种——可作供品”，示表义。

祟 suì 指“鬼神作怪为害”，示表义。

宗 zōng 指“祖庙”，示表义。

“示”还可以表音，作合体字的声旁。例如：

奈、柰(nài)、佘(shé)皆由示得声。

有些字虽有“示”部件，但跟它的音、义无关。如：禀(bǐng)、票(piào)等。

“示”在合体字中，多处在字的下部，称为“示字底”，如以上各例；有处在字的右下角的，称为“示右下角”，如：综、棕、踪(zōng)、粽(zòng)、赊(shē)等；有处在字的左下角的，称为“示左下角”，如：尉、蔚(wèi)等；还有处在字的右边的，称为“示字边”，如：标等；还有少数处在字左腰的，称为“示左腰”，如：慰等。

“示”在现代汉语常用字中，先后出现过 29 次，构字 28 个。

击[154]　 篆　擊 隶　擊 楷

会意字。小篆从手毄(jī)声，指“敲打”，读作 jī。字头形体是楷书的简化字，是规范的写法。

“击”是个能独立成字的部件，名称叫作“击(jī)”，由它组成的字，跟它的音、义无关。例如：

陆 lù 指“陆地”。

“击”在合体字中，处在字的右边，称为“击字边”，如：陆等。

“击”在现代汉语常用字中，先后出现过 2 次，构字 2 个。

戋[278]　　戔篆　　戔隶　　戋楷

会意字。小篆从二戈，两戈相交战必有一伤，指“残、伤”，读作 jiān。字头形体是楷书的简化字，是规范的写法。

“戋”是个能独立成字的部件，名称叫作“钱(qián)字边”。凡由它组成的字，大都跟它的音、义有关。

“戋”可以表义，作合体字的意旁。例如：

残 cán 指“伤”，戋表义。

笺 jiān 指“小幅的纸”，戋表义。

饯 jiàn 指“酒食送行(因伤感，食量小)”，戋表义。

贱 jiàn 指“价钱低(小)”，戋表义。

践 jiàn 指“用脚踩(易碎——残)”，戋表义。

浅 qiǎn 指“水上下距离小”，戋表义。

线 xiàn 指“棉麻纺成的细(小)丝”，戋表义。

盏 zhǎn 指“小的杯子”，戋表义。

栈 zhàn 指“用竹木等搭建的棚子”，戋表义。

“戋”还可以表音，作合体字的声旁。例如：

残、刬(chǎn)、浅、笺(jiān)、贱、践、饯、钱、浅、线、盏、栈等皆由戋得声。

“戋”在合体字中，绝大多数处在字的右边，称为“戋字边”，如以上诸例；也有在字的上部，称为“戋字头”，如：盏等；还有的处在字的下部，称为“戋字底”，如：笺等。

“戋”在现代汉语常用字中，先后出现过9次，构字9个。

正[485] 甲 金 篆 隶

会意字。甲骨文等像脚(止)对着城邑(口)，指“向着这个方位、目标，不偏不斜地走去”，读作 zhèng。字头形体是楷书规范的写法。

“正”是个能独立成字的部件，名称叫作“正(zhèng)”。凡由它组成的字，大都跟它的音、义有关。

“正”可以表义，作合体字的意旁。例如：

征 zhēng 指“向着某地进发”，正表义。

怔 zhēng 指“心里害怕(心不平正)”，正表义。

症 zhēng 指“病象(须医治——纠正)”，正表义。

整 zhěng 指“敲打、约束，使之端正”，正表义。

证 zhèng 指“劝谏君主改正错误”，正表义。

政 zhèng 指“敲打使匡正”，正表义。

“正”还可以表音，作合体字的声旁。例如：

征、怔、钲、症、整、证、政等皆由正得声。

“正”在合体字中，有的处在字的左旁，称为“正字旁”，

如:政等;多数处在字的右边,称为“正字边”,如:怔、钲、征、证等;有的处在字的上部,称为“正字头”,如:焉等;有的处在字的下部,称为“正字底”,如:整等;也有的处在包围结构中,称为“正字心”,如:症等;还有的处在字的右上角,称为“正右角”,如:惩等。

“正”在现代汉语常用字中,先后出现过 10 次,构字 10 个。

去[288]

甲

金

篆

隶

会意字。甲骨文等像一个人离开洞口,指“离开”,读作 qù。字头形体是楷书规范的写法。

“去”是个能独立成字的部件,名称叫作“去(qù)”。凡由它组成的字,大都跟它的音、义有关。

“去”可以表义,作合体字的意旁。例如:

丢 diū 从一从去,指“一去不返——丢失”,去表义。

劫 jié 指“用武力劫持而去”,去表义。

祛 qū 指“祈求神灵消灾去祸”,去表义。

却 què 指“人遇到困境易屈服,退却”,去表义。

“去”还可以表音,作合体字的声旁。例如:

劫、怯、祛、袪、却等皆由去得声。

“去”在合体字中,有的处在字的左旁,称为“去字旁”,如:劫、却等;有的处在字的右边,称为“去字边”,如:怯、祛、袪、法等;也有处在字的下部的,称为“去字底”,如:丢等;也有处在字的右上角的，称为“去右角”，如：磕等；还有处在字中间的，称为“去字中”，如：脚等。

“去”在现代汉语常用字中，先后出现过 10 次，构字 10 个。

甘 113 101 甲 金 篆 隶

指事字。甲骨文等像嘴里含有一物，指“甜美”，读作 gān。字头形体是楷书规范的写法。

“甘”是个部首字，又是个能独立成字的部件，名称叫作“甘(gān)”。凡由它组成的字，大都跟甜、美味或读音有关。

“甘”可以表义，作合体字的意旁。例如：

柑 gān 指“柑树(因其果实味甜)”，甘表义。

酣 hān 指“酒喝得很畅快(甜美)”，甘表义。

某 mǒu 某为“梅”的本字，指“梅子”，因其味甘甜，故甘表义。

甚 shèn 指“过于喜爱”，因“甘”有“快乐”义，甘表义。

甜 tián 指“甘甜”，甘表义。

“甘”还可以表音，作合体字的声旁。例如：

坩、苷、泔、柑、疳(gān)、酣、蚶(hān)、邯(hán)、钳(qián)、嵌(qiàn)等皆由甘得声。

“甘”在合体字中，多处在字的右边，称为“甘字边”，如：柑、酣、甜、坩、泔、蚶、钳等；有的处在字的左旁，称为“甘字旁”，如：邯等；也有处在字的上部，称为“甘字头”，如：某、甚

等;也有的处在包围结构中,称为“甘字心”,如:疳等;还有的处在字的左下角,称为“甘左下角”,如:嵌等。

“甘”在现代汉语常用字中,先后出现过10次,构字10个。

世[331] 金 篆 隶

会意字。金文等像三个十相连,指“延续三十年——一辈子”,读作shì。字头形体是楷书规范的写法。

“世”是个能独立成字的部件,名称叫作“世(shì)”。凡由它组成的字,大都跟它的音、义有关。

“世”可以表义,作合体字的意旁。例如:

泄xiè指“水满不断往外流”,世表义。

“世”还可以表音,作合体字的声旁。例如:

贳(shì)、屉(tì)、泄、绁(xiè)等皆由世得声。

“世”在合体字中,有的处在字的右边,称为“世字边”,如:泄、绁等;有的处在字的上部,称为“世字头”,如:贳等;也有的处在包围结构中,称为“世字心”,如:屉等;还有的处在字的右上角,称为“世右角”,如:谍、堞、喋、牒、碟、蝶、蹀、鲽(dié)等。

“世”在现代汉语常用字中,先后出现过6次,构字6个。

本[17] 金 篆 隶

指事字。金文等下边的点像树的根部所在处,指“树

根”，读作 běn。字头形体是楷书规范的写法。

“本”是个能独立成字的部件，名称叫作“本（běn）”。凡由它组成的字，大都跟它的音、义有关。

“本”可以表义，作合体字的意旁。例如：

体 tǐ 指“人的身躯”，本（体是人的根本）表义。

“本”还可以表音，作合体字的声旁。例如：

苯（běn）、笨（bèn）、钵（bō）等皆由本得声。

“本”在合体字中，有的处在字的右边，称为“本字边”，如：体、钵等；有的处在字的下部，称为“本字底”，如：苯、笨等。

“本”在现代汉语常用字中，先后出现过 3 次，构字 3 个。

术[342]　術篆　術隶　術楷

形声、会意字。小篆等从行术（shù）声，本指“道路”，术本指“高粱”，后被作術的简化字，读作 shù。字头形体是楷书的简化字，是规范的写法。

“术”是个能独立成字的部件，名称叫作“术（shù）”，由它组成的字，大都跟它的读音有关。

“术”可以表音，作合体字的声旁。例如：

秫（shú）、沭、述、钵（shù）等皆由术得声。

“术”在合体字中，多处在字的右边，称为“术字边”，如：秫、沭、钵等；也有处在包围结构中的，称为“术字心”，如：述等。

“术”在现代汉语常用字中，先后出现过 2 次，构字 2 个。

䒑304

字头是楷书丧的上部。小篆喪写作，从哭从亡，指“哭死去的人”，简化成丧。没有读音。字头形体是楷书规范的写法。

“䒑”是个不能独立成字的部件，名称叫作“丧(sāng)字头”，由它组成的字有：

丧 sāng 指“哭死去的人”。

墙 qiáng 指“用砖石等砌成的屏障”。

樯 qiáng 指“船上挂帆的桅杆”。

嫱 qiáng 指“古代宫廷中的女官”。

穑 sè 指“收获谷物”。

啬 sè 指“吝啬”。

“䒑”在合体字中，有的处在字的上部，称为“丧字头”，如：丧、啬等；多数处在字的右上角，称为“丧头右角”，如：墙、樯、嫱、穑等。

“䒑”在现代汉语常用字中，先后出现过 2 次，构字 2 个。

丙24

甲 金 篆 隶

象形字。甲骨文等像安放锅盆等的底座，指“底座”，读作 bǐng。字头是楷书规范的写法。

“丙”是个能独立成字的部件，名称叫作“丙(bǐng)”，由它组成的字，大都跟它的读音有关。

“丙”可以表音，作合体字的声旁。例如：

柄 bǐng 指“器物的把儿”，由丙得声。

炳 bǐng 指“光明、显著”，由丙得声。

病 bìng 指“不健康的状态”，由丙得声。

“丙”在合体字中，有的处在字的右边，称为“丙字边”，如：柄、炳等；有的处在字的左旁，称为“丙字旁”，如：邴(bǐng)等；也有的处在包围结构中，称为“丙字心”，如：病等；还有的处在字的右上方，称为“丙右角”，如：陋等。

“丙”在现代汉语常用字中，先后出现过 4 次，构字 4 个。

石 320 102

 甲  金  篆  隶

象形字。甲骨文等像山崖下有块石头的样子，指“石头”，读作 shí。字头形体是楷书规范的写法。

“石”是个部首字，又是个能独立成字的部件，名称叫作“石(shí)”。凡由它组成的字，大多跟它的音、义有关。

“石”可以表义，作合体字的意旁。例如：

碍 ài 指“石头会阻交通，不能前行”，石表义。

碑 bēi 指“刻有文字或图画作为纪念或标记的竖石”，石表义。

泵 bèng 指“水冲击石头”，石表义。

础 chǔ 指“垫在房屋柱子下的石礅”，石表义。

砍 kǎn 指“古代曾用石刀、斧斫物”，石表义。

磊 lěi 指“很多石头层层相叠的样子”，石表义。

磐 pán 指“大石头”，石表义。

破 pò 指“石碎”，石表义。

确 què 指“像石头、兽角般坚固”，石表义。

岩 yán 指“高峻的山崖”，石表义。

“石”还可以表音，作合体字的声旁。例如：

妬（dù）、硕（shuò）、拓（tà）、祏、鼫（shí）、橐（tuó）、拓（tuò）、柘（zhè）、跖（zhí）、斫（zhuó）等皆由石得声。

“石”在合体字中，大多在字的右边，称为“石字边”，如：妬、拓、祏、鼫、柘、跖等；有不少处在字的左旁的，称为“石字旁”，如：碍、碑、础、砍、破、确等；也有处在字的上部的，称为“石字头”，如：泵等；还有处在字的下部的，称为“石字底”，如：磐、岩等。

“石”在现代汉语常用字中，先后出现过 46 次，构字 44 个。

𠆢 217

字头形体是楷书尞的上部，没有音、义，是楷书规范的写法。

“𠆢”是个不能独立成字的部件，名称叫作“尞（liáo）字头”。凡由它组成的字有：

撩 liāo 指“掀起”。

僚 liáo 指“官吏”。

嘹 liáo 指“声音响亮”。

潦 lǎo 指“雨水大”。

寮 liáo 指“小屋”。

缭 liáo 指“缠绕”。

燎 liáo 指“延烧”。

瞭 liào 指“从高处往远处看”。

镣 liào 指“套在脚上的刑具”。

“尞”在合体字中，绝大多数在字的右上角，称为“尞头右角”，如以上诸例；也有少数处在字腰的，称为“尞头腰”，如：寮等。

“尞”在现代汉语常用字中，先后出现过 5 次，构字 5 个。

戊[391]

甲 金 篆 隶

象形字。甲骨文等像古代的一种兵器——长柄弯月形的大斧，指“大斧”，读作 wù。字头形体是楷书规范的写法。

“戊”是个能独立成字的部件，名称叫作“戊(wù)”。由它组成的字，大都跟它的音、义无关。

“戊”可以表义，作合体字的意旁。例如：

成 chéng 甲骨文从戊从丨(杵)，指“完成”，戊表义。

“戊”还可以表音，作合体字的声旁。例如：

茂 mào 由戊得声。

有些字虽有戊部件，但跟它的音、义无关，只充当部件。如：

戚 qī 从戉(yuè)尗(shū)声。

咸 xián 从戌从口，指“灭绝人口”。

威 wēi 从戌从女，指“丈夫的妈妈”。

“戌”在合体字中，大多处在包围结构的外框，称为“戌字框”，如以上诸例；少数处在字的下部，称为“戌字底”，如：茂等。

“戌”在现代汉语常用字中，先后出现过 16 次，构字 16 个。

龙$^{222}_{103}$ 甲 金 篆 龍隶 龍楷

象形字。甲骨文等像传说中的神异动物，指“龙”，读作 lóng。字头形体是楷书的简化字，是规范的写法。

“龙”是个部首字，又是个能独立成字的部件，名称叫作“龙(lóng)”。凡由它组成的字，大都跟龙、大或读音有关。

“龙”可以表义，作合体字的意旁。例如：

龛 kān 指“龙的样子”，龙表义。

庞 páng 指“高大的房子”，龙表义。

“龙”还可以表音，作合体字的声旁。例如：

宠(chǒng)、茏、咙、泷、珑、栊、昽、胧、砻、眬、聋、笼(lóng)、陇、垄、拢、笼(lǒng)等皆由龙得声。

“龙”在合体字中，大多处在字的右边，称为“龙字边”，如：咙、泷、珑、栊、昽、眬、胧、陇、拢等；有的处在字的下部，称为“龙字底”，如：龛、宠、笼等；也有的处在字的上部，称为“龙字头”，如：砻、聋、垄等；还有的处在包围结构中，称为“龙字

心”，如：庞等。

“龙”在现代汉语常用字中，先后出现过10次，构字10个。

平[271] 金 篆 隶

会意字。金文等从于从八，指“气出越过障碍而气平和顺”，读作píng。字头形体是楷书规范的写法。

“平”是个能独立成字的部件，名称叫作“平(píng)”。凡由它组成的字，大都跟“平安、和平、平坦、舒和”或读音有关。

“平”可以表义，作合体字的意旁。例如：

秤chèng指“秤杆要平，称出的重量才准确”，平表义。

抨pēng指“心安手稳弹射才能准确”，平(安定)表义。

评píng指“评判要公平”，平表义。

坪píng指“土地平坦”，平表义。

“平”还可以表音，作合体字的声旁。例如：

秤、抨、怦、砰(pēng)、评、坪、苹、枰、萍、鲆(píng)等皆由平得声。

“平”在合体字中，多数处在字的右边，称为“平字边”，如：秤、评、坪、抨、怦、砰、枰、鲆等；有的处在字的下部，称为“平字底”，如：苹、萍等。

“平”在现代汉语常用字中，先后出现过7次，构字7个。

东[83] 甲 金 篆 東隶 東楷

会意字。甲骨文等从日从木，指“太阳升起的方向”，读作 dōng。字头形体是楷书的简化字，是规范的写法。

“东”是个能独立成字的部件，名称叫作“东(dōng)”，由它组成的字，大都跟它的读音有关。

“东”可以表音，作合体字的声旁。例如：

重(chóng)、岽、鸫(dōng)、冻、栋、胨(dòng)、重(zhòng)等皆由东得声。

“东”在合体字中，有的在字的右边，称为“东字边”，如：冻、栋、胨等；有的处在字的左旁，称为“东字旁”，如：鸫等；也有的处在字的下部，称为“东字底”，如：岽等；还有的处在字腰，称为“东字腰”，如：重等。

“东”在现代汉语常用字中，先后出现过 4 次，构字 4 个。

戉[475] 甲 金 篆 戉隶

象形字。甲骨文等像一种有柄的斧形兵器，读作 yuè。字头形体是楷书规范的写法。

“戉”是个能独立成字的部件，名称叫作“戉(yuè)”或“越(yuè)字心”。凡由它组成的字，大都跟古兵器或读音有关。

“戉”可以表义，作合体字的意旁。例如：

戚 qī 从戉尗(shū)声，指“一种大斧”，戉表义。

钺 yuè 指“一种像板斧但比板斧大的古代兵器”，戉

表义。

“戉”还可以表音，作合体字的声旁。例如：

钺、越(yuè)等皆由戉得声。

“戉”在合体字中，有的处在字的右边，称为“戉字边”，如：钺等；有的处在包围结构外框，称为“戉字框”，如：戚等；还有的处在包围结构中，称为“戉字心”，如：越等。

“戉”在现代汉语常用字中，只出现过 1 次，构字 1 个。

东[168] 金 篆 柬隶 柬楷

会意字。金文等从柬从八(分开)，指“把捆绑着的东西解开、挑选”，读作 jiǎn。当柬作合体字的边旁时多简化成字头的样子，是楷书规范的写法。

“东”是个不能独立成字的部件，名称叫作“拣(jiǎn)字边”。凡由它组成的字，大都跟它的音、义有关。

“东”可以表义，作合体字的意旁。例如：

拣 jiǎn 指“用手挑选”，东表义。

“东”还可以表音，作合体字的声旁。例如：

谏(jiàn)、练、炼、楝(liàn)等皆由东(柬)得声。

“东(柬)”在合体字中，绝大多数处在字的右边，称为“拣字边”，如以上各例。

“东(柬)”在现代汉语常用字中，先后出现过 3 次，构字 3 个。

卡[197]

隶

会意字。隶书上下合为一字，指“不上不下，夹在中间”，读作 kǎ。字头形体是楷书规范的写法。

“卡”是个能独立成字的部件，名称叫作“卡（kǎ）”，由它组成的字，大都跟它的读音有关。

“卡”可以表音，作合体字的声旁。例如：

佧、咔、胩（kǎ）等皆由卡得声。

“卡”在合体字中，多处在字的右边，称为“卡字边”，如以上各例。

“卡”在现代汉语常用字中，只出现过 1 次，构字 1 个。

凸[367]

隶

象形字。隶书像中间高，周边低的样子，指“高于周围”，读作 tū。字头形体是楷书规范的写法。

“凸”是个能独立成字的部件，名称叫作“凸（tū）”。

“凸”是个独体字，独体结构。

“凸”在现代汉语常用字中，只出现过 1 次，构字 1 个。

歺[65] [67]

甲 金 篆 隶 楷

象形字。甲骨文等像人的残骨，指“坏、恶”，读作 è。字头形体是古文的写法。

“歺”是个不能独立成字的部件，名称叫作“餐（cān）左

角”。由它组成的字，跟残义有关。

“歺”可以表义，作合体字的意旁。例如：

奴 cán 指“残碎”，歺表义。

餐 cān 指“吃”（吃入嘴里的或吃剩的食物一般都残碎不堪），歺表义。

“歺”在合体字中，有的处在字的左旁，称为“餐左角旁”，如：奴等；有的处在字左上角，称为“餐左角”，如：餐等。

“歺”在现代汉语常用字中，只出现过 1 次，构字 1 个。

业$^{437}_{104}$ 篆 隶 楷

象形字。像古代挂乐器的大板，指“悬挂乐器的大板”，读作 yè。字头形体是楷书的简化字，是规范的写法。

“业”是个能独立成字的部件，名称叫作“业（yè）”，由它组成的字，大都跟它的音、义无关。例如：

显 xiǎn 指“头饰”。

虚 xū 指“大土山”。

嘘 xū 指“慢慢地吐气”。

墟 xū 指“土山”。

凿 záo 指“穿孔”。

“业”在合体字中，有的处在字的上部，称为“业字头”，如：凿等；有的处在字的下部，称为“业字底”，如：显等；也有的处在包围结构中称为“业下心”，如：虚等；还有的处在字的右下角，称为“右业下角”，如：嘘、墟等。

“业”在现代汉语常用字中，先后出现过 7 次，构字 7 个。

氺 351 [77]　甲　金　篆　水隶　水楷

象形字。甲骨文等像一条水流，指“河流”，读作 shuǐ。楷书是规范的写法。当它作边旁处在合体字的下部时，有时写作氺。

“氺”是附形部首，又是个不能独立成字的部件，名称叫作“水（shuǐ）字底”。由它组成的字，大都跟它的音、义无关。例如：

暴 bào 指“双手捧米在烈日下晒”。

瀑 bào 指“暴风雨”。

爆 bào 指“猛然炸裂”。

录 lù 指“记载、抄写”。

禄 lù 指“古代官吏的薪俸”。

碌 lù 指“石头多的样子”。

膝 xī 指“大腿跟小腿相接处关节的前部——膝盖”。

“氺”在合体字中，多处在字的下部，称为“水字底”，如：泰、暴、录等；也有的处在字的右下角，称为“水右下角”，如：瀑、爆、曝、禄、绿、碌、膝、漆等。

“氺”在现代汉语常用字中，先后出现过 15 次，构字 15 个。

目 247 105 甲 金 篆 隶

象形字。甲骨文等像一只眼睛的样子，指“眼睛”，读作mù。字头形体是楷书规范的写法。

“目”是个部首字，又是个能独立成字的部件，名称叫作“目(mù)”。凡由它组成的字，大都跟它的音、义有关。

“目”可以表义，作合体字的意旁。例如：

盯 dīng 指“目光集中在一点上看”，目表义。

睹 dǔ 指“眼睛看得很清楚”，目表义。

盾 dùn 指“盾牌有掩蔽眼睛、脸的作用”，目表义。

看 kàn 指“用手遮光远望”，目表义。

泪 lèi 指“眼睛里流出的液体”，目表义。

盲 máng 指“眼睛失明”，目表义。

瞥 piē 指“眼睛简略迅速地看一下”，目表义。

瞿 jù 指“鸟儿惊恐四顾”，目表义。

相 xiàng 指“察看”，目表义。

睁 zhēng 指“张开眼睛”，目表义。

“目”还可以表音，作合体字的声旁。例如：

苜、钼(mù)皆由目得声。

“目”在合体字中，有的处在字的左旁，称为“目字旁”，如：盯、睹、瞪、睁等；有的处在字的右边，称为“目字边”，如：泪、相等；有的处在包围结构中，称为“目字心”，如：盾、看、眉等；也有的处在字的下部，称为“目字底”，如：盲、瞥、苜等；还

有的处在字的上部，称为“目字头”，如：鼎、瞿等。

“目”在现代汉语常用字中，先后出现过 52 次，构字 52 个。

且[281]

甲　金　篆　隶

象形字。甲骨文等像祖先的神主牌位，读作 qiě。字头形体是楷书规范的写法。

“且”是个能独立成字的部件，名称叫作“且（qiě）”。凡由它组成的字，大都跟它的音、义有关。

“且”可以表义，作合体字的意旁。例如：

祖 zǔ 指“祖先”，且表义。

“且”还可以表音，作合体字的声旁。例如：

粗（cū）、徂、殂（cú）、姐（jiě）、苴、岨、狙、疽、趄（jū）、咀、沮（jǔ）、趄（qiè）、蛆（qū）、助（zhù）、租、菹（zū）、诅、阻、组、俎、祖（zǔ）等皆由且得声。

“且”在合体字中，多处在字的右边，称为“且字边”，如：祖、粗、徂、殂、姐、岨、狙、咀、蛆、沮、租、阻、组、俎等；有处在字的上部的，称为“且字头”，如：悬等；有的处在字的下部，称为“且字底”，如：叠、苴等；有的处在字的左旁，称为“且字旁”，如：助等；有的处在包围结构中，称为“且字心”，如：疽、趄等；也有的处在字中间，称为“且字中”，如：锄等；还有少数处在字的右下角，称为“且右下角”，如：菹等。

“且”在现代汉语常用字中，先后出现过 16 次，构字

16 个。

甲[164]

甲 金 篆 隶

象形字。甲骨文等像古代武士护胸背的战具，指“护身的战衣”，读作 jiǎ。字头形体是楷书规范的写法。

“甲”是个能独立成字的部件，名称叫作“甲（jiǎ）”。凡由它组成的字，大都跟它的读音有关。

“甲”可以表音，作合体字的声旁。例如：

岬、胛、钾、蚺（jiǎ）、呷（xiā）、匣、狎、柙（xiá）、押、鸭（yā）、闸（zhá）等皆由甲得声。

“甲”在合体字中，多处在字的右边，称为“甲字边”，如：岬、胛、蚺、呷、狎、柙、押等；也有的处在字的左旁，称为“甲字旁”，如：鸭等；还有的处在包围结构中，称为“甲字心”，如：匣、闸等。

“甲”在现代汉语常用字中，先后出现过 6 次，构字 6 个。

申[313]

甲 金 篆 隶

象形字。甲骨文等像一道闪电，指“闪电”，读作 shēn。字头形体是楷书规范的写法。

“申”是个能独立成字的部件，名称叫作“申（shēn）”。凡由它组成的字，大都跟它的音、义有关。

“申”可以表义，作合体字的意旁。例如：

电 diàn 指“闪电”，申表义。

“申”还可以表音，作合体字的声旁。例如：畅(chàng)、抻(chēn)、坤(kūn)、伸、呻、绅、珅、砷(shēn)、神(shén)、审、谉、瀋、婶(shěn)、胂(shèn)等皆由申得声。

“申”在合体字中，多处在字的右边，称为“申字边”，如：抻、坤、伸、呻、绅、珅、砷、神、胂等；有少数处在字的左旁，称为“申字旁”，如：畅等；也有的处在字的下部，称为“申字底”，如：审等；还有的处在字的右下角，称为“申右下角”，如：谉、瀋、婶等。

“申”在现代汉语常用字中，先后出现过 9 次，构字 9 个。

电[78] 金 篆 隶 楷

象形、会意字。金文等像雨天阴、阳电相触时的闪电，指“闪电”，读作 diàn。字头形体是楷书的简化字，是规范的写法。

“电”是个能独立成字的部件，名称叫作“电(diàn)”。凡由它组成的字，大都跟它的音、义有关。

“电”可以表义，作合体字的意旁。例如：

奄 yǎn 指“人头上闪电过后会有雷声，人要赶紧捂住耳朵”，电表义。

“电”还可以表音，作合体字的声旁。例如：

奄由电得声。

“电”在合体字中，大多处在字的右下角，称为“电右下角”，如：俺、唵(ǎn)、崦、淹、腌(yān)、掩、罨(yǎn)等；有的处

在包围结构中，称为“电心底”，如：庵(ān)、阉(yān)等。

“电”在现代汉语常用字中，先后出现过 7 次，构字 7 个。

田$^{363}_{106}$

象形字。甲骨文像阡陌纵横交错的农田，指“耕种的土地”，读作 tián。字头形体是楷书规范的写法。

“田”是个部首字，又是个能独立成字的部件，名称叫作“田(tián)”。凡由它组成的字，大都跟土地或读音有关。

“田”可以表义，作合体字的意旁。例如：

畴 chóu 指“已耕作过的土地”，田表义。

番 fān 指“野兽在地上踩出的足印”，田表义。

界 jiè 指“土地的界限”，田表义。

畦 qí 指“用土埂分隔而成的一块块的土地”，田表义。

畜 chù、xù 指“把田猎的野兽饲养成家畜”，田表义。

“田”还可以表音，作合体字的声旁。例如：

佃、甸、钿(diàn)、佃、畋、钿、畑(tián)等皆由田得声。

有些合体字虽有田部件，但跟它的音、义无关，其另有来源。如：甲(jiǎ)、龟(guī)、申(shēn)、胃(wèi)等。

“田”在合体字中，有的在字的上部，称为“田字头”，如：界、甲、胃、男、思、累等；有的在字的下部，称为“田字底”，如：番、畜、亩、留、畚、富等；有的在字的左旁，称为“田字旁”，如：毗、畔、畦、略、畴、畸等；也有的在字的右边，称为“田字边”，如：佃、钿、畑等；还有少数的在包围结构中，称为“田字心”，如：甸、画等。

“田”在现代汉语常用字中，先后出现过 67 次，构字 64 个。

由[458]　　由隶

会意字。隶书从丨从田，像一条路通到田里，指“自、从”，读作 yóu。字头形体是楷书规范的写法。

“由”是个能独立成字的部件，名称叫作“由(yóu)”。由它组成的字，大都跟它的读音有关。

“由”可以表音，作合体字的声旁。例如：

抽、紬(chōu)、迪、笛(dí)、袖、岫(xiù)、邮、油、柚、铀、蚰(yóu)、釉、鼬(yòu)、妯、轴(zhóu)、宙、胄、轴(zhòu)、舳(zhú)等皆由由得声。

“由”在合体字中，大多在字的右边，称为“由字边”，如：抽、紬、袖、岫、油、柚、铀、蚰、釉、鼬、妯、轴、舳等；有的在字的左旁，称为“由字旁”，如：邮等；也有在字的上部的，称为“由字头”，如：胄等；还有处在包围结构中的，称为“由字心”，如：迪、届、庙等。

“由”在现代汉语常用字中，先后出现过 14 次，构字 14 个。

冊[34]

字头形体是楷书扁的下部。扁小篆写作，指写在门框

上边的横牌（像书简——册）。字头形体是它的变体，是规范的写法。

“冊”是个不能独立成字的部件，名称叫作“扁（biǎn）字心”。由它组成的字，有的跟书简有关。

“冊”可以表义，作合体字的意旁。例如：

扁 biǎn 指“写在门楣上的横牌”，冊 表义。

匾 biǎn 本义同“扁”，冊 表义。

“冊”在合体字中，大多处在字的右下角，称为“右扁心下角”，如：煸、编、蝙、鳊（biān）、揙、碥、褊（biǎn）、偏、蹁（pián）、谝（piǎn）、骗（piàn）等；有的处在字的左下角，称为“左扁心下角”，如：翩等；也有处在包围结构中，称为“扁心底”，如：匾、遍等；还有处在字的下部，称为“下扁心底”，如：篇等。

“冊”在现代汉语常用字中，先后出现过 9 次，构字 9 个。

曲35

字头形体是楷书典的上部。典甲骨文写作，像双手捧着简册的样子，指“规范的书册”。字头形体是楷书规范的写法。

“曲”是个不能独立成字的部件，名称叫作“典（diǎn）字头”。由它组成的字，有的跟书册有关。

“曲”可以表义，作合体字的意旁。例如：

典 diǎn 指“规范的书籍、文献等”，曲表义。

“曲”在合体字中，有的在字的上部，称为“典字头”，如：典等；有的处在字的右上角，称为“典头右角”，如：碘等。

“曲”在现代汉语常用字中，先后出现过 2 次，构字 2 个。

史[323]

甲 金 篆 史隶

会意字。甲骨文等像一手拿笔在记载史事的官，指“古代掌管记载史事的官”，读作 shǐ。字头形体是楷书规范的写法。

“史”是个能独立成字的部件，名称叫作“史（shǐ）”。由它组成的字，跟它的读音有关。

“史”可以表音，作合体字的声旁。例如：

驶（shǐ）由史得声。

“史”在合体字中，处在字的右边，称为“史字边”，如：驶。

“史”在现代汉语常用字中，先后出现过 2 次，构字 2 个。

央[428]

甲 金 篆 央隶

会意字。甲骨文等像一个人站在门的中间，指“正中，中心”，读作 yāng。字头形体是楷书规范的写法。

“央”是个能独立成字的部件，名称叫作“央（yāng）”。凡由它组成的字，大都跟它的读音有关。

“央”可以表音，作合体字的声旁。例如：

盎（àng）、泱、殃、秧、鸯、鞅（yāng）、怏、鞅（yàng）、英

(yīng)、映(yìng)等皆由央得声。

“央”在合体字中,多处在字的右边,称为“央字边”,如:泱、殃、秧、鞅、怏、映等;有的处在字的上部,称为“央字头”,如:盎、鸯等;也有的处在字的下部,称为“央字底”,如:英等;还有处在字的右下角,称为“央右下角”,如:瑛等。

“央”在现代汉语常用字中,先后出现过6次,构字6个。

𠂤[506]  甲  金  篆  隶

象形字。甲骨文等像土堆相连的样子,指“多”,读作duī。字头形体是楷书规范的写法。

“𠂤”是个不能独立成字的部件,名称叫作“官(guān)字底”,由它组成的字,有的跟它本义有关。

“𠂤”可以表义,作合体字的意旁。例如:

官 guān 指“房子是做管理众人工作用的”,𠂤 表义。

馆 guǎn 指“供众人食、宿的房子”,𠂤 表义。

“𠂤”在合体字中,有的处在字的下部,称为“官字底”,如:官、菅、管等;有的处在字的右下角,称为“官右下角”,如:棺、倌(guān)、馆、琯(guǎn)、绾(wǎn)等;还有的处在包围结构中,称为“官底心下”,如:遣。

“𠂤”在现代汉语常用字中,先后出现过6次,构字6个。

冉[291]  金  篆  隶

象形字。金文等像两腮的胡须,指“胡子”,读作rǎn。

字头形体是楷书规范的写法。

“冉”是个能独立成字的部件，名称叫作“冉（rǎn）”。凡由它组成的字，大都跟它的音、义有关。

“冉”可以表义，作合体字的意旁。例如：

髯 rán 指“两颊上的胡子”，冉表义。

苒 rǎn 指“草像胡子一样浓密柔软”，冉表义。

“冉”还可以表音，作合体字的声旁。例如：

聃（dān）、蚺、髯（rán）、苒（rǎn）皆由冉得声。

“冉”在合体字中，有的处在字的下部，称为“冉字底”，如：苒、髯等；也有的处在字的右边，称为“冉字边”，如：聃、蚺等。

“冉”在现代汉语常用字中，只出现过 1 次，构字 1 个。

罒 229 107 甲 金 篆 隶

象形字。甲骨文等像一张捕鸟的网，指“用绳等编织成的捕鸟等的器具”，读作 wǎng。字头是楷书的变体写法。

“罒”是个部首字，又是个不能独立成字的部件，名称叫作“罗（luó）字头”。凡由它组成的字，大都跟它的音、义有关。

“罒”可以表义，作合体字的意旁。例如：

罢 bà 指“贤能者落入法网应赦免”，罒表义。

罚 fá 指“骂人应受惩治、处分”，罒表义。

羁 jī 指“用皮革制成的网络来把马束缚住”，罒表义。

罗 luó 指“捕鸟的网”，罒表义。

署 shǔ 指“布置（设网）安排时要考虑周全并协调好”，罒表义。

罩 zhào 指“像网样的捕鱼的竹笼子”，罒表义。

置 zhì 指“正直的人误入法网应予赦免”，罒表义。

罪 zuì 指“为非作歹的人难逃法网的制裁”，罒表义。

“罒”还可以表音，作合体字的声旁。例如：

罔、惘、辋、魍（wǎng）皆由罒得声。

“罒”在合体字中，多处在字的上部，称为“罗字头”，如以上诸例；也有处在字的右上角的，称为“罗头右角”，如：曙（shǔ）、惘、辋、魍等；还有处在字腰的，称为“罗头腰”，如：曼等。

“罒”在现代汉语常用字中，先后出现过 26 次，构字 26 个。

皿$^{243}_{108}$

 甲　 金　 篆　 隶

象形字。甲骨文等像一只盛放食物或饮料的容器，指“盛东西的器具”，读作 mǐn。字头是楷书规范的写法。

“皿”是个部首字，又是个能独立成字的部件，名称叫作“皿（mǐn）”。凡由它组成的字，大都跟器皿或读音有关。

“皿”可以表义，作合体字的意旁。例如：

盛 chéng 指“把东西放在容器里”，皿表义。

盗 dào 指“看到放在容器里的美饮而流口水，便起了偷

窃之心”，皿表义。

盥 guàn 指“双手在容器水中洗手”，皿表义。

盒 hé 指“有盖儿可盛东西的器物”，皿表义。

盟 méng 指“缔约结盟时以皿饮牲血昭告神明”，皿表义。

盘 pán 指“古代一种盥洗用具”，皿表义。

益 yì 指“皿中液体流出”，皿表义。

盈 yíng 指“物多充溢整个器皿”，皿表义。

“皿”还可以表音，作合体字的声旁。例如：

孟(mèng)由皿得声。

“皿”在合体字中，多处在字的下部，称为“皿字底”，如以上各例；也有处在字的右下角的，称为“皿右下角”，如：隘(ài)、嗌、溢、缢、镒(yì)、温、榅、瘟、鳁(wēn)、揾(wèn)、愠、缊、辒、蕴(yùn)等。

“皿”在现代汉语常用字中，先后出现过 28 次，构字 28 个。

凹[2] 凹隶

象形字。隶书像四周高、中间低的样子，指“低于四周的”，读作 āo 或 wā。字头形体是楷书规范的写法。

“凹”是个能独立成字的部件，名称叫作“凹(āo)”。是个独体字。由它构成的字跟它的读音有关。

“凹”还可以表音，作合体字的声旁。例如：

坳(ào)由凹得声。

“凹”在现代汉语常用字中，只出现过 1 次，构字 1 个。

四356 篆 四隶

指事字。小篆从口从八，像嘴向外出气（分气）时所发的音如四。指“数目字四”，读作 sì。字头形体是楷书规范的写法。

“四”是个能独立成字的部件，名称叫作“四（sì）”，由它组成的字，大都跟它的音、义有关。

“四”可以表义，作合体字的意旁。例如：

驷 sì 指“古代套着四匹马的车”，四表义。

“四”还可以表音，作合体字的声旁。例如：

泗、驷（sì）皆由四得声。

“四”在合体字中，主要处在字的右边，称为“四字边”，如：泗、驷等。

“四”在现代汉语常用字中，只出现过 1 次，构字 1 个。

冎123 篆 冎隶

象形字。小篆像去掉肉的骨头，指“剔掉肉的骨头”，读作 guǎ。后写作剐。字头形体是楷书规范的写法。

“冎”是个不能独立成字的部件，名称叫作“骨（gǔ）字头”。凡由它组成的字，多跟它的音、义有关。

“冎”可以表义，作合体字的意旁。例如：

骨 gǔ 指“肉所依附的物质”，冎表义。

剐 guǎ 指“用刀使骨肉分离”，冎表义。

“冎”还可以表音，作合体字的声旁。例如：

剐(guǎ)、猾、滑(huá)等皆由冎得声。

“冎”在合体字中，有的处在字的上部，称为“骨字头”，如：骨等；有的处在字的左上部，称为“骨头左角”，如：剐、髓等；有的处在字的右上角，称为“骨头右角”，如：猾、滑等。

“冎”在现代汉语常用字中，先后出现过 4 次，构字 4 个。

钅 182 [176]　金　篆　金隶　金楷

会意字。金文等从两点从土，两点表示藏在地(土)下的矿物，指“金属”，读作 jīn。字头形体是金作左边旁或中边旁时楷书规范的写法。

“钅”是金的附形部首，又是个不能独立成字的部件，名称叫作“金(jīn)旁”。凡由它组成的字，大都跟金属或读音有关。

“钅”可以表义，作合体字的意旁。例如：

铲 chǎn 指“一种削平、撮取东西的金属工具”，钅表义。

错 cuò 指“用金属等镶嵌”，钅表义。

钉 dīng 指“用金属制成的钉子”，钅表义。

锅 guō 指“用金属制成的炊事用具”，钅表义。

铐 kào 指“金属制成束缚犯人两手的刑具”，钅表义。

铃 líng 指“金属制成的响器”，钅表义。

铁 tiě 指“金属名”，钅表义。

销 xiāo 指“熔化金属”，钅表义。

镇 zhèn 指“用金属物压住”，钅表义。

“钅”还可以表音，作合体字的声旁。例如：

锦（jǐn）、钦（qīn）等皆由钅得声。

“钅”在合体字中，多数处在字的左旁，称为“金字旁”，如以上各例；也有少数处在镶嵌结构中，如：衔（钅嵌行中）。

“钅”在现代汉语常用字中，先后出现过 59 次，构字 59 个。

生$^{316}_{109}$

 甲  金  篆  隶

象形字。甲骨文等像一棵幼苗茁壮向上长的样子，指“植物生长”，读作 shēng。字头形体是楷书规范的写法。

“生”是个部首字，又是个能独立成字的部件，名称叫作“生（shēng）”。凡由它组成的字，大都跟它的音、义有关。

“生”可以表义，作合体字的意旁。例如：

眚 shěng 指“眼角膜上所生障蔽视线的白斑”，生表义。

“生”还可以表音，作合体字的声旁。例如：

旌（jīng）、牲、笙、甥（shēng）、眚（shěng）、胜（shèng）、星（xīng）、性、姓（xìng）等皆由生得声。

“生”在合体字中，有的处在字的左旁，称为“生字旁”，如：甥等；有的处在字的右边，称为“生字边”，如：牲、胜、性、姓等；有的处在字的上部，称为“生字头”，如：眚等；也有处在

字的下部的，称为“生字底”，如：笙、星等；还有的处在字的右下角，称为“生右下角”，如：猩、惺、腥（xīng）、醒（xǐng）、隆、癃（lóng）、窿（lóng）等。

“生”在现代汉语常用字中，先后出现过 13 次，构字 13 个。

矢$^{324}_{110}$  甲  金  篆  隶

象形字。甲骨文等都像一支有尾羽的箭，指“箭”，读作 shǐ。字头形体是楷书规范的写法。

“矢”是个部首字，又是个能独立成字的部件，名称叫作“矢（shǐ）”。凡由它组成的字，大都跟它的音、义有关。

“矢”可以表义，作合体字的意旁。例如：

矮 ǎi 指“人身材似矢——不高”，矢表义。

短 duǎn 指“长如箭、豆——不长”，矢表义。

矫 jiǎo 指“纠正箭杆的器具”，矢表义。

知 zhī 指“智力敏捷，口出言词如矢飞般迅速”，矢表义。

“矢”还可以表音，作合体字的声旁。例如：

疾（jí）、医（yī）、疑（yí）、肄（yì）、彘（zhì）等皆由矢得声。

“矢”在合体字中，多处在字的左旁，称为“矢字旁”，如：矮、短、矫、知、矩（jǔ）等；有的处在字的左下角，称为“矢左下角”，如：疑、肄等；也有的在字的右下角，称为“矢右下角”，如：族、簇等；还有的处在字下中间，称为“矢底中”，如：彘等；还有的处在包围结构中，称为“矢字心”，如：疾、医等。

“夨”在现代汉语常用字中，先后出现过 24 次，构字 24 个。

失[318]

篆 隶

形声字。小篆从手乙（yǐ）声，指“遗失”，读作 shī。字头形体是楷书规范的写法。

“失”是个能独立成字的部件，名称叫作“失（shī）”。凡由它组成的字，大都跟它的音、义有关。

“失”可以表义，作合体字的意旁。例如：

佚 yì 指“散失”，失表义。

轶 yì 指“散失”，失表义。

“失”还可以表音，作合体字的声旁。例如：

跌（diē）、迭、昳、瓞（dié）、铁（tiě）、佚、泆、轶、昳（yì）、帙、秩（zhì）等皆由失得声。

“失”在合体字中，多在字的右边，称为“失字边”，如：佚、轶、跌、昳、铁、泆、昳、帙、秩等；还有少数处在包围结构中，称为“失字心”，如：迭、瓞等。

“失”在现代汉语常用字中，先后出现过 5 次，构字 5 个。

乍[478]

甲 金 篆 隶

会意字。甲骨文像一个坐着的人手拿工具在制作的样子，指“开始制作”，读作 zhà。字头形体是楷书规范的写法。

“乍”是个能独立成字的部件，名称叫作“乍（zhà）”。凡

由它组成的字，大都跟它的音、义有关。

“乍”可以表义，作合体字的意旁。例如：

作 zuò 指“开始制作”，乍表义。

“乍”还可以表音，作合体字的声旁。例如：

酢(cù)、咋(zǎ)、迮、笮、舴(zé)、怎(zěn)、炸(zhá)、苲、拃、砟、鲊(zhǎ)、诈、咋、柞、炸、痄、蚱、榨(zhà)、窄(zhǎi)、昨、笮(zuó)、作、阼、岞、祚、胙、酢(zuò)等皆由乍得声。

“乍”在合体字中，大多处在字的右边，称为“乍字边”，如：酢、咋、舴、炸、拃、砟、鲊、诈、柞、蚱、昨、作、阼、岞、胙、酢等；有的处在字的下部，称为“乍字底”，如：苲、笮、窄等；少数处在包围结构中，称为“乍字心”，如：痄等；也有的处在字的上部，称为“乍字头”，如：怎等；还有的处在字的右下角，称为“乍右下角”，如：榨等。

“乍”在现代汉语常用字中，先后出现过 9 次，构字 9 个。

禾$^{135}_{111}$  甲  金  篆  隶

象形字。甲骨文等像一株穗子低垂的庄稼，指“谷类植物的统称”，读作 hé。字头形体是楷书规范的写法。

“禾”是个部首字，又是个能独立成字的部件，名称叫作“禾(hé)”。凡由它组成的字，大都跟庄稼或读音有关。

“禾”可以表义，作合体字的意旁。例如：

秉 bǐng 指“手拿一棵禾”，禾表义。

秤 chèng 指“用秤衡量禾稻的轻重”，禾表义。

稻 dào 指“一年生草本植物，籽实叫稻谷”，禾表义。

和 hé 指“以稻禾整齐来表示声音和谐”，禾表义。

季 jì 指“幼禾”，禾表义。

兼 jiān 指“手拿两株禾——并合”，禾表义。

科 kē 指“用斗量稻谷”，禾表义。

利 lì 指“以刀割禾以示锋利”，禾表义。

秒 miǎo 指“禾穗上的芒刺细微”，禾表义。

秋 qiū 指“庄稼成熟的季节”，禾表义。

私 sī 指“一种禾名”，禾表义。

秃 tū 指“头顶上稀疏的头发像断了穗的禾”，禾表义。

委 wěi 指“女子像垂穗的禾——委曲顺从”，禾表义。

“禾”还可以表音，作合体字的声旁。例如：

和(hé、huò)由禾得声。

“禾”在合体字中，大多处在字的左旁，称为“禾字旁”，如以上诸例；有的处在字的上部，称为“禾字头”，如：秃、秀、委、香、黍等；有的处在字的下部，称为“禾字底”，如：秦等；还有的处在镶嵌结构中，称为“禾字嵌”，如：秉、乘、兼等；还有的处在字的左上角，称为“禾左角”，如：颓、黎、黏、馥等；还有的处在字的左下角，称为“禾左下角”，如：颖等。

“禾”在现代汉语常用字中，先后出现过 64 次，构字 64 个。

𠃜87

字头形体是楷书段的左旁。段金文写作，像手拿工具在山崖中敲石头的样子。𠃜像山崖。

“𠃜”是个不能独立成字的部件，名称叫作“段（duàn）字旁”。由它组成的字，有的跟它的本义有关。

“𠃜”可以表义，作合体字的意旁。例如：

段 duàn 指“凿崖取石头”，𠃜表义。

有的跟𠃜旁无关。例如：

塅 duàn 指“面积较大的平坦地区”。

缎 duàn 指“质地厚密，一面光滑的丝织品”。

椴 duàn 指“落叶乔木——椴树”。

煅 duàn 指“放在火里烧，减少药石的烈性”。

锻 duàn 指“把金属加热后锤打”。

“𠃜”在合体字中，有的处在字的左旁，称为“段字旁”，如：段等；较多的处在字的中间，称为“段旁中”，如：塅、缎、椴、煅、锻等。

“𠃜”在现代汉语常用字中，先后出现过 3 次，构字 3 个。

丘284

甲 金 篆 隶

象形字。甲骨文等像两座相连的小土山，指“小土山”，读作 qiū。字头形体是楷书规范的写法。

“丘”是个能独立成字的部件，名称叫作“丘（qiū）”。凡由它组成的字，大都跟它的音、义有关。

“丘”可以表义，作合体字的意旁。例如：

虚，小篆写作，从虍从丘，指“大土山”，丘表义。

岳 yuè 指“高大的山”，丘表义。

“丘”还可以表音，作合体字的声旁。例如：

邱、蚯（qiū）皆由丘得声。

“丘”在合体字中，有的处在字的上部，称为“丘字头”，如：岳等；有的处在字的下部，称为“丘字底”，如：虚等；有的处在字的左旁，称为“丘字旁”，如：邱等；有的处在字的右边，称为“丘字边”，如：蚯等。

“丘”在现代汉语常用字中，先后出现过 3 次，构字 3 个。

白 8 112

 甲　 金　 篆　 隶

象形字。甲骨文等像一粒白色的稻米或米饭粒，指“白色”，读作 bái。字头形体是楷书规范的写法。

“白”是个部首字，又是个能独立成字的部件，名称叫作“白（bái）”。凡由它组成的字，大都跟白色、明亮或读音有关。

“白”可以表义，作合体字的意旁。例如：

皑 ái 指“霜雪的颜色”，白表义。

的 dì 指“光线明亮”，白表义。

皓 hào 指“明亮、光明”，白表义。

皎 jiǎo 指“月光洁白、明亮”，白表义。

皆 jiē 指“两人都清楚、明白——都、全”，白表义。

皙 xī 指“人的皮肤白”，白表义。

“白”还可以表音，作合体字的声旁。例如：

伯、柏(bǎi)、伯、帛、泊、柏、铂、舶、鲌(bó)、帕、怕(pà)、拍(pāi)、迫(pǎi)、泊(pō)、迫、珀、粕、魄(pò)等皆由白得声。

有些字虽有白部件，但跟白的音、义无关，另有来源。如：皇(huáng)、泉(quán)等。

“白”在合体字中，有的处在字的左旁，称为“白字旁”，如：皑、的、皓、皎、魄等；有的处在字的右边，称为“白字边”，如：伯、柏、泊、柏、帕、舶、鲌、怕、拍、粕、珀等；有的处在字的下部，称为“白字底”，如：皆、皙、百等；还有少数处在包围结构中，称为“白字心”，如：迫等。

“白”在现代汉语常用字中，先后出现过 39 次，构字 39 个。

斥[48] 篆 隶

形声字。小篆从广从屰(nì)，使房屋扩大，失去原样，指“扩展”，读作 chì。字头形体是楷书规范的写法。

“斥”是个能独立成字的部件，名称叫作“斥(chì)”。由它组成的字，大都跟它的读音有关。

“斥”可以表音，作合体字的声旁。例如：

拆(chāi)、坼(chè)、诉(sù)、柝、跅(tuò)等皆由斥得声。

“斥”在合体字中，只出现在字的右边，称为“斥字边”，如以上各例。

“斥”在现代汉语常用字中，先后出现过 3 次，构字 3 个。

瓜$^{125}_{113}$ 金 篆 隶

象形字。金文等像藤蔓上结了个大瓜的样子，指“蔓生植物，果实可以吃”，读作 guā。字头形体是楷书规范的写法。

“瓜”是个部首字，又是个能独立成字的部件，名称叫作“瓜(guā)”。凡由它组成的字，大都跟瓜果或读音有关。

“瓜”可以表义，作合体字的意旁。例如：

瓣 bàn 指“植物的种子、果实等”，瓜表义。

瓞 dié 指“小瓜”，瓜表义。

瓠 hù 指“一年生草本植物，果实长圆形，嫩时可以吃”，瓜表义。

“瓜”还可以表音，作合体字的声旁。例如：

呱、孤、轱、觚(gū)、呱、胍(guā)、狐、弧(hú)等皆由瓜得声。

“瓜”在合体字中，多处在字的右边，称为“瓜字边”，如：瓠、呱、孤、轱、觚、胍、瓤等；有的处在镶嵌结构中，称为“瓜嵌中”，如：瓣等；也有的处在包围结构中，称为“瓜字心”，如：瓞等。

“瓜”在现代汉语常用字中，先后出现过 7 次，构字 7 个。

乎[144]

甲 金 篆 隶

会意字。甲骨文上部像声音向外向上扬，下部像舒气，指“吐气”，读作 hū。字头形体是楷书规范的写法。

“乎”是个能独立成字的部件，名称叫作“乎（hū）”。凡由它组成的字，大都跟它的音、义有关。

“乎”可以表义，作合体字的意旁。例如：

呼 hū 指“往外出气”，乎表义。

“乎”还可以表音，作合体字的声旁。例如：

呼、轷、烀（hū）等皆由乎得声。

“乎”在合体字中，大多处在字的右边，称为“乎字边”，如以上各例。

“乎”在现代汉语常用字中，先后出现过 2 次，构字 2 个。

用[456]

甲 金 篆 隶

象形字。甲骨文等像兵器插在架上以备使用，指“使用”，读作 yòng。字头形体是楷书规范的写法。

“用”是个能独立成字的部件，名称叫作“用（yòng）”。凡由它组成的字，大都跟使用或读音有关。

“用”可以表义，作合体字的意旁。例如：

甭 béng 指“不用，不要”，用表义。

甮 fèng 指“不用”，用表义。

甫 fǔ 指“用来对男子的美称”，用表义。

甩 shuǎi 指“把没有用的东西扔掉”，用表义。

“用”还可以表音，作合体字的声旁。例如：

佣、拥、痈(yōng)等皆由用得声。

“用”在合体字中，有的处在字的下部，称为“用字底”，如：甬、甯、甫等；有的处在字的上部，称为“用字头”，如：甩等；有的处在字的右边，称为“用字边”，如：佣、拥等；也有处在字腰的，如：勇、恿等；也有处在包围结构中的，称为“用字心”，如：痈、通等；还有处在字的右下角，称为“用右下角”，如：涌、桶等。

“用”在现代汉语常用字中，先后出现过 11 次，构字 11 个。

甩[345] 甩隶

会意字。隶书从用从乚，指“把没用的东西扔掉”，读作 shuǎi。字头形体是楷书规范的写法。

“甩”是个能独立成字的部件，名称叫作“甩(shuǎi)”，是个独体字。

“甩”在现代汉语常用字中，只出现过 1 次，构字 1 个。

乐[204] 甲 金 篆 樂隶 樂楷

会意字。甲骨文从丝从木，金文加上了一块白玉，指“用白玉拨动琴弦，弹出美妙的音乐，使人快乐”，读作 yuè。字头形体是楷书的简化字，是规范的写法。

“乐”是个能独立成字的部件，名称叫作“乐（lè）”。凡由它组成的字，大都跟它的读音有关。

“乐”可以表音，作合体字的声旁。例如：

栎、轹、砾、跞（lì）、泺、跞（luò）、泺（pō）、烁、铄（shuò）、栎（yuè）等皆由乐得声。

“乐”在合体字中，绝大多数处在字的右边，称为“乐字边”，如以上各例。

“乐”在现代汉语常用字中，先后出现过3次，构字3个。

匆[60]

篆 隶 楷

形声、会意字。小篆从心囱（cōng）声，指“心里像烟囱冒烟一样急促”，读作cōng。字头形体是楷书的简化字，是规范的写法。

“匆”是个能独立成字的部件，名称叫作“匆（cōng）”，由它组成的字，跟它的读音有关。

“匆”可以表音，作合体字的声旁。例如：

葱（cōng）由匆得声。

“匆”在合体字中，处在字腰，称为“匆字腰”，如：葱。

“匆”在现代汉语常用字中，先后出现过2次，构字2个。

册[33]

甲 金 篆 隶

象形字。甲骨文等像用绳子穿在一起的竹简，指“简册”，读作cè。字头形体是楷书规范的写法。

“册”是个能独立成字的部件，名称叫作“册(cè)”。凡由它组成的字，大都跟它的音、义有关。

“册”可以表义，作合体字的意旁。例如：

删 shān 指“用刀刮去简册上的错字”，册表义。

“册”还可以表音，作合体字的声旁。例如：

栅 zhà 指“栅栏”，由册得声。

“册”在合体字中，有的处在字的左旁，称为“册字旁”，如：删等；多数处在字的右边，称为“册字边”，如：姗、珊、栅、跚(shān)等。

“册”在现代汉语常用字中，先后出现过 4 次，构字 4 个。

卯[233] 甲 金 篆 隶

象形字。像两扇打开的门，指“门打开”，读作 mǎo。字头形体是楷书规范的写法。

“卯”是个能独立成字的部件，名称叫作“卯(mǎo)”。凡由它组成的字，大都跟它的读音有关。

“卯”可以表音，作合体字的声旁。例如：

聊(liáo)、茆(máo)、峁、泖、昴、铆(mǎo)、贸(mào)等皆由卯得声。

“卯”在合体字中，多处在字的右边，称为“卯字边”，如：聊、泖、铆等；也有处在字的下部的，称为“卯字底”，如：茆、峁、昴等。

“卯”在现代汉语常用字中，先后出现过 4 次，构字 4 个。

鸟$^{256}_{114}$ 甲 金 篆 鳥隶 鳥楷

象形字。甲骨文等像一只面朝左的鸟形，指“有羽毛，能飞行的脊椎动物的一类”，读作 niǎo。字头形体是楷书的简化字，是规范的写法。

“鸟”是个部首字，又是个能独立成字的部件，名称叫作“鸟(niǎo)”。凡由它组成的字，大都跟禽类或读音有关。

“鸟”可以表义，作合体字的意旁。例如：

鹅 é 指“一种家禽，比鸭子大，羽毛白色或灰色，颈长，嘴扁而阔，额部有肉质突起，脚有蹼，善游水”，鸟表义。

鸡 jī 指“一种家禽，雄的会打鸣，母的会下蛋”，鸟表义。

莺 yīng 指“鸟类的一种，身体小，嘴短而尖，叫声清脆，吃昆虫”，鸟表义。

鹰 yīng 指“鸟类的一科，嘴成钩形，足趾有利爪，性凶猛、捕捉小兽和其他鸟类”，鸟表义。

“鸟”还可以表音，作合体字的声旁。例如：

窎(diào)、茑、袅(niǎo)等皆由鸟得声。

“鸟”在合体字中，大多处在字的右边，称为“鸟字边”，如：鸡、鸣、鸦、鸭、鸽、鹤等；也有处在字的左旁的，称为“鸟字旁”，如：鸵等；还有的处在字的下部，称为“鸟字底”，如：莺、鸯、鸳、鹜、鹫等；还有少数处在包围结构中，称为“鸟字心”，如：鹰等。

“鸟”在现代汉语常用字中，先后出现过 20 次，构字

20个。

卯[234]

字头是楷书留的上部。留小篆写作，从田丣(yǒu)声。字头形体是楷书规范的写法。

“卯”是个不能独立成字的部件，名称叫作“留(liú)字头”。凡由它组成的字，大都跟它的读音有关。

“卯”可以表音，作合体字的声旁。例如：

留(liú)由“卯”得声。

“卯”在合体字中，大多处在字的右上角，称为“留头右角”，如：溜、熘(liū)、馏、榴、镏(liú)等；还有的处在包围结构中，称为“留头心”，如：飗、瘤(liú)、遛(liù)等。

“卯”在现代汉语常用字中，先后出现过6次，构字6个。

主[503] 篆 隶

象形字。小篆像灯中的火焰，指“灯头火焰”，读作 zhǔ。字头形体是楷书规范的写法。

“主”是个能独立成字的部件，名称叫作“主(zhǔ)”。凡由它组成的字，大都跟它的读音有关。

“主”可以表音，作合体字的声旁。例如：

拄(zhǔ)、住、注、驻、柱、炷、砫、疰、蛀(zhù)等皆由主得声。

有些字虽有“主”部件，但跟它的音、义无关，另有来源。

如：往。

“主”在合体字中，多数处在字的右边，称为“主字边”，如以上诸例；有少数的处在包围结构中，称为“主字心”，如：疰。

“主”在现代汉语常用字中，先后出现过 8 次，构字 8 个。

疒$^{26}_{115}$ 甲 篆 隶

象形字。甲骨文等像一个人有病卧床休息的样子，读作 chuáng 或 nè。字头形体是楷书规范的写法。

“疒”是个部首字，又是个不能独立成字的部件，名称叫作“病（bìng）字框”。凡由它组成的字，大都跟疾病有关。

“疒”可以表义，作合体字的意旁。例如：

病 bìng 指“不健康的状态”，疒表义。

疮 chuāng 指“皮肤上肿烂的病”，疒表义。

疯 fēng 指“精神失常的病”，疒表义。

疾 jí 指“受箭伤”，疒表义。

瘦 shòu 指“老人大多肌肉不丰满，脂肪少”，疒表义。

瘫 tān 指“肢体麻木，行动艰难的病”，疒表义。

癣 xuǎn 指“由霉菌引起的皮肤病”，疒表义。

疫 yì 指“流行性传染病”，疒表义。

“疒”在合体字中，多处在包围结构的外框，称为“病字框”，如以上各例，有的处在字右包围结构的外框，称为“右病字框”，如：嫉（jí）等。

“疒”在现代汉语常用字中，先后出现过 35 次，构字

35个。

立$^{209}_{116}$ 甲 金 篆 隶

象形字。甲骨文等像一个人站在地上的样子，指“站”，读作 lì。字头形体是楷书规范的写法。

“立”是个部首字，又是个能独立成字的部件，名称叫作“立(lì)”。凡由它组成的字，大都跟站立或读音有关。

“立”可以表义，作合体字的意旁。例如：

竦 sǒng 指“伸长脖子踮着脚站着”，立表义。

站 zhàn 指“站立”，立表义。

“立”还可以表音，作合体字的声旁。例如：

垃、拉(lā)、拉、砬(lá)、粒、笠(lì)、泣(qì)、飒(sà)、翊、翌(yì)、昱(yù)等皆由立得声。

有些字虽有立部件，但跟它的音、义无关，另有来源。如：妾、竞、竟、童、意、章等。

“立”在合体字中，多数处在字的右边，称为“立字边”，如：垃、拉、砬、粒、泣等；有的处在字的左旁，称为“立字旁”，如：竦、站、飒、翊等；有的处在字的下部，称为“立字底”，如：翌、昱、竖等；有处在字的上部的，称为“立字头”，如：妾、亲、竞、竟、章、童、意等。

“立”在现代汉语常用字中，先后出现过 45 次，构字 45 个。

半[12] 金 篆 隶

会意字。金文从八(分)从牛，因牛大便于分割，指“二分之一”，读作 bàn。

“半”是个可独立成字的部件，名称叫作“半(bàn)”。凡由它组成的字，大都跟它的音、义有关。

“半”可以表义，作合体字的意旁。例如：

叛 pàn 指“从物中分离”，故半表义。

衅 xìn 指“古代用牲口的血(牛)涂在祭器的缝隙用以祭祀”，半表义。

“半”还可以表音，作合体字的声旁。例如：

伴、拌、绊、柈、靽（bàn)、胖（pán)、判、泮、叛、畔、袢(pàn)、胖(pàng)等皆由半得声。

“半”在合体字中，大都处在字的右边，称为“半字边”，如以上诸例；也有少数的处在字的左旁，称为“半字旁”，如：判、叛等。

“半”在现代汉语常用字中，先后出现过 9 次，构字 9 个。

兴[352]

字头形体是楷书益的上部。益甲骨文写作，隶书写作，指“器皿中的水往外流”，故从水从皿。字头有“水”义，没有读音，是楷书规范的写法。

“𠔉”是个不能独立成字的部件，名称叫作“益（yì）字头”，由它组成的字，有的跟它的本义有关。

“𠔉”可以表义，作合体字的意旁。例如：

益 yì 指“皿中水满向外流”，𠔉表义。

溢 yì 指“充满而流出”，𠔉表义。

“𠔉”在合体字中，有的处在字的上部，称为“益字头”，如：益；多处在字的右上角，称为“益头右上角”，如：隘（ài）、谥（shì）、溢、嗌、缢、镒（yì）等；也有的处在字的左上角，称为“益头左上角”，如：蠲（juān）、鹢（yì）等。

“𠔉”在现代汉语常用字中，先后出现过 3 次，构字 3 个。

头[365] 金 篆 頭隶 頭楷

形声字。金文等从页豆（dòu）声，指“脑袋”，读作 tóu。字头形体是楷书的简化字，是规范的写法。

“头”是个能独立成字的部件，名称叫作“头（tóu）”，由它组成的字，大都跟它的音、义无关。例如：

读 dòu 指“句中的停顿处”。

窦 dòu 指“洞、孔”。

读 dú 指“依照文字念”。

渎 dú 指“水沟，小渠”。

椟 dú 指“柜子、匣子”。

犊 dú 指“小牛”。

牍 dú 指“古代在上面写字的木简”。

黩 dú 指“随随便便，不郑重”。

买 mǎi 指“拿钱换东西”。

卖 mài 指“拿东西换钱”。

“头”在合体字中，有处在字下的，称为“头字底”，如：买、卖、窦、实等；大多处在字的右下角，称为“头右下角”，如：读、渎、椟、犊、牍、黩等。

“头”在现代汉语常用字中，先后出现过 7 次，构字 7 个。

穴$^{414}_{117}$ 甲 篆 隶

象形字。甲骨文等像个洞穴的样子，指“洞穴”，读作 xué。字头形体是楷书规范的写法。

“穴”是个部首字，又是个能独立成字的部件，名称叫作“穴(xué)”。凡由它组成的字，大都跟洞窟或读音有关。

“穴”可以表义，作合体字的意旁。例如：

穿 chuān 指“刺孔”，穴表义。

窗 chuāng 指“开在屋顶或墙上用来采光、透气的洞”，穴表义。

窖 jiào 指“地洞”，穴表义。

窥 kuī 指“从小孔或缝隙里偷看”，穴表义。

帘 lián 指“店门前的旗子”，穴表义。

窃 qiè 指“虫把米偷到洞穴中”，穴表义。

容 róng 指“房屋或山谷能容纳和盛受”，穴表义。

窝 wō 指“鸟、兽、昆虫的巢穴”，穴表义。

窒 zhì 指“洞穴狭小易阻塞不通”，穴表义。

“穴”还可以表音，作合体字的声旁。例如：

茓(xué)从穴得声。

“穴”在合体字中，多处在字的上部，称为“穴字头”，如以上各例；也有少数处在字的下部的，称为“穴字底”，如：茓等。

“穴”在现代汉语常用字中，先后出现过 24 次，构字 24 个。

衤 442 [142]

象形字。甲骨文等像一件衣服的样子，指“衣服”，读作 yī。衣是个部首字，当它作左边旁时写作 衤。字头形体是楷书规范的写法。

“衤”是衣的附形部首，又是个不能独立成字的部件，名称叫作“衣(yī)旁”。凡由它组成的字，大都跟衣服、布匹有关。

“衤”可以表义，作合体字的意旁。例如：

袄 ǎo 指“有衬里的上衣”，衤表义。

被 bèi 指“睡觉时包裹全身的被子”，衤表义。

补 bǔ 指“把损破的衣、被等缝好”，衤表义。

初 chū 指“用剪刀开始裁剪衣服”，衤表义。

袱 fú 指“古代妇女的包头巾”，衤表义。

褂 guà 指“中式上衣”，衤表义。

襟 jīn 指“衣服胸前的部分”，衤表义。

裸 luǒ 指“脱光衣服，没有遮盖”，衤表义。

裙 qún 指“围在腰下没有裆的服装”，衤表义。

褪 tuì 指“脱下衣服”，衤表义。

袜 wà 指“布、棉、毛、丝等制成穿在脚上的织品”，衤表义。

“衤”在合体字中，多处在字的左旁，称为“衣字旁”，如以上各例。

“衤”在现代汉语常用字中，先后出现过 20 次，构字 20 个。

必[21]

金 篆 隶

会意字。金文等从弋（木桩）从八（分），指“分界的木桩”，读作 bì。字头形体是楷书规范的写法。

“必”是个能独立成字的部件，名称叫作“必（bì）”。凡由它组成的字，大都跟它的读音有关。

“必”可以表音，作合体字的声旁。例如：

邲、苾、閟、泌、毖、铋、秘（bì）、泌、宓、秘（mì）、瑟（sè）等皆由必得声。

“必”在合体字中，多数处在字的右边，称为“必字边”，如：泌、铋、秘等；有的处在字的左旁，称为“必字旁”，如：邲等；有的处在字的下部，称为“必字底”，如：苾、毖、宓、瑟等；也有的处在包围结构中，称为“必字心”，如：閟等；还有的处在字腰，称为“必字腰”，如：密、蜜等；还有的处在字的右上

角，称为“必右角”，如：谧等。

“必”在现代汉语常用字中，先后出现过 6 次，构字 6 个。

永[455]

甲 金 篆 隶

象形字。甲骨文等像一条长长的水流，指“水长流”，读作 yǒng。字头形体是楷书规范的写法。

“永”是个能独立成字的部件，名称叫作“永（yǒng）”。凡由它组成的字，大都跟它的读音有关。

“永”可以表音，作合体字的声旁。例如：

咏、泳（yǒng）等皆由永得声。

“永”在合体字中，多处在字的右边，称为“永字边”，如以上各例；少数的处在字的右下角，称为“永右下角”，如：漾（yàng）。

“永”在现代汉语常用字中，先后出现过 5 次，构字 5 个。

肀[119]

字头形体是楷书“庚”字的心，没有音、义。是楷书规范的写法。

“肀”是个不能独立成字的部件，名称叫作“庚（gēng）字心”，由它组成的字只有一个，例如：庚。

“肀”在合体字中，处在包围结构中，称为“庚字心”，如：庚等。

“肀”在现代汉语常用字中，只出现过 1 次，构字 1 个。

艮 156

字头是楷书即的左旁。即甲骨文写作，像一个人跪坐着面向装满食物的食器。艮像装满食物的食器。

“艮”是个不能独立成字的部件，名称叫作“即(jí)字旁”，由它组成的字有些跟它的意思有关，但大多数无关。

“艮”可以表义，作合体字的意旁。例如：

即 jí 指“坐在食物用餐”，艮表义。

既 jì 指“一人吃完转身要离开”，艮表义。

卿 qīng 指“两人相向就食”，艮表义。

有些字虽有艮部件，但跟它的意思无关，如：

溉 gài 指“浇灌”。

概 gài 指“大略、总括”。

爵 jué 指“古代的酒器”。

嚼 jué 指“咀嚼”。

郎 láng 指“对年轻男子的称呼”。

廊 láng 指“有顶的过道”。

锒 láng 指“锤子”。

“艮”在合体字中，有的处在字的左旁，称为“即左旁”，如：即、既、郎等；有的处在字中间，称为“即旁中”，如：卿、溉、锒等；有的处在字的左下角，称为“即旁左下角”，如：爵等；有的处在字的右边左下角，称为“即右左下角”，如：嚼；还有的处在包围结构中，称为“即旁心下角”，如：廊等。

“卩”在现代汉语常用字中，先后出现过 14 次，构字 14 个。

司[354]

甲 金 篆 隶

会意字。甲骨文等像一个人动口发布命令的样子，指“管理、主持”，读作 sī。字头形体是楷书规范的写法。

“司”是个能独立成字的部件，名称叫作“司(sī)”，由它组成的字，大都跟它的音、义有关。

“司”可以表义，作合体字的意旁。例如：

词 cí 指“人张口用言词发令”，司表义。

“司”还可以表音，作合体字的声旁。例如：

词、祠(cí)、伺(cì)、伺、饲、觇、笥、嗣(sì)等皆由司得声。

“司”在合体字中，多数处在字的右边，称为“司字边”，如：词、祠、伺、饲、嗣等；少数处在字的左旁，称为“司字旁”，如：觇等；也有处在字的下部的，称为“司字底”，如：笥等。

“司”在现代汉语常用字中，先后出现过 5 次，构字 5 个。

民[242]

金 篆 隶

会意字。金文等像一只眼睛被利器刺瞎的样子，指“奴隶”，读作 mín。字头形体是楷书规范的写法。

“民”是个能独立成字的部件，名称叫作“民(mín)”。凡由它组成的字，大都跟它的读音有关。

“民”可以表音，作合体字的声旁。例如：

眠(mián)、苠、岷、珉(mín)、抿、泯(mǐn)等皆由民得声。

“民”在合体字中，大多处在字的右边，称为“民字边”，如：眠、岷、珉、抿、泯等；少数处在字的下部，称为“民字底”，如：苠等；也有的处在字的右上角的，称为“民上角”，如：缗(mín)、湣(mǐn)等；还有处在字的左上角的，称为“民左角”，如：愍(mǐn)等。

“民”在现代汉语常用字中，先后出现过 3 次，构字 3 个。

弔[76] 甲 金 篆 隶

会意字。甲骨文等像人背着一把弓的样子，读作 diào。字头形体是楷书规范的写法。

“弔”是个不能独立成字的部件，名称叫作“弟(dì)省”，由它组成的字，大都跟它的音、义无关。例如：

弟 dì 指“同父母的比自己小的男子”。

递 dì 指“传送”。

娣 dì 指“古代称丈夫的弟妇”。

睇 dì 指“斜着眼看”。

第 dì 指“次序”。

“弔”在合体字中，有的在字的下部，称为“弟省底”，如：弟、第等；有的处在字的右下角，称为“弟省右下角”，如：娣、睇等；也有的处在包围结构中，称为“弟省心底”，如：递等。

“弔”在现代汉语常用字中，只出现过 1 次，构字 1 个。

弗 107 甲 金 篆 隶

会意字。甲骨文像由绳子捆绑两根不平直的杆子，使之直溜，指“矫”，读作 fú。字头形体是楷书规范的写法。

“弗”是个能独立成字的部件，名称叫作“弗（fú）”。凡由它组成的字，大都跟它的读音有关。

“弗”可以表音，作合体字的声旁。例如：

狒、沸、费（fèi）、佛（fó）、佛、茀、拂、怫、绋、氟、艴（fú）等皆由弗得声。

“弗”在合体字中，多处在字的右边，称为“弗字边”，如：狒、怫、沸、佛、拂、绋等；有的处在字的左旁，称为“弗字旁”，如：艴等；有的处在字的上部，称为“弗字头”，如：费等；有的处在字的下部，称为“弗字底”，如：茀等；也有的处在字的右上角，称为“弗右角”，如：镄等；还有的处在包围结构中，称为“弗字心”，如：氟等。

“弗”在现代汉语常用字中，先后出现过 5 次，构字 5 个。

疋 118 甲 篆 隶

象形字。甲骨文像一只脚的样子，指“脚”，读作 shū 或 pǐ。字头形体是楷书规范的写法。

“疋”是个部首字，又是个能独立成字的部件，名称叫作“疋（shū）”或“楚字底”。由它组成的字，大都跟它的音、义有关。

“疋”可以表义，作合体字的意旁。例如：

楚 chǔ 指“灌木丛生会阻碍人脚的行走”，疋表义。

疐 zhì 指“足前行受阻难行”，疋表义。

“疋”还可以表音，作合体字的声旁。例如：

疐(zhì)、胥(xū)等皆由“疋”得声。

还有些字虽有疋部件，但跟它的音、义无关，另有来源。如：蛋、疍(dàn)等。

“疋”在合体字中，多处在字的下部，称为“疋字底”，如：楚、疐等；也有处在字的上部的，称为“疋字头”，如：蛋、疍、胥等；还有的处在字的右上角的，称为“疋右角”，如：婿、谞、湑(xù)、糈、醑(xǔ)等；还有处在字的右下方的，称为“疋右下角”，如：嚏、疑等。

“疋”在现代汉语常用字中，只作部首，不作部件。

⻊[118]

字头形体是楷书疋作左边旁时的一种写法(常见“疋”字条)，读作 shū，是规范的写法。

“⻊”是疋的附形部首，又是个不能独立成字的部件，名称叫作“⻊(shū)”。由它组成的字，大都跟它的音、义有关。

“⻊”可以表义，作合体字的意旁。例如：

疏 shū 从㐬(畅通)疋(足)，指“用足可以通达”，⻊表义。

“⻊”还可以表音，作合体字的声旁。例如：

疏由⻊得声。

“⺪”在合体字中，有的处在字的左旁，称为“⺪字旁”，如：疏等；有的处在字的左下角，称为“⺪左下角”，如：蔬等。

“⺪”在现代汉语常用字中，只作部首，不作部件。

出[52]

甲 金 篆 出隶

会意字。甲骨文等像一只脚（止）从洞口（凵）迈出，指“出去”，读作 chū。字头形体是楷书规范的写法。

“出”是个能独立成字的部件，名称叫作“出（chū）”。凡由它组成的字，大都跟它的音、义有关。

“出”可以表义，作合体字的意旁。例如：

祟 suì 指“神鬼出来作怪为害”，出表义。

粜 tiào 指“出卖粮食”，出表义。

“出”还可以表音，作合体字的声旁。例如：

础（chǔ）、绌、黜（chù）、咄（duō）、饳、柮（duò）、诎、屈（qū）、拙（zhuō）、茁（zhuó）等皆由出得声。

“出”在合体字中，大多数处在字的右边，称为“出字边”，如：础、绌、黜、咄、饳、柮、诎、拙等；有的处在字的下部，称为“出字底”，如：茁等；有的处在字的上部，称为“出字头”，如：祟、粜等；还有的处在包围结构中，称为“出字心”，如：屈等。

“出”在现代汉语常用字中，先后出现过 11 次，构字 11 个。

皮$^{266}_{119}$　金　篆　皮隶

会意字。金文像手拿小铲在剥兽皮，指“兽皮”，读作 pí。字头形体是楷书规范的写法。

“皮”是个部首字，又是个能独立成字的部件，名称叫作“皮(pí)”。凡由它组成的字，大都跟皮肤或读音有关。

“皮”可以表义，作合体字的意旁。例如：

皴 cūn 指“皮肤因受冻或受风吹而干裂”，皮表义。

皲 jūn 指“皮肤因寒冷或干燥而破裂”，皮表义。

皱 zhòu 指“皮肤上的褶纹”，皮表义。

“皮”还可以表音，作合体字的声旁。例如：

陂(bēi)、鞁、被(bèi)、彼(bǐ)、波、玻(bō)、跛(bǒ)、簸(bǒ、bò)、帔(pèi)、披(pī)、陂、铍、鲏、疲(pí)、坡、陂、颇(pō)、破(pò)等，皆由皮得声。

“皮”在合体字中，多数处在字的右边，称为“皮字边”，如以上诸例；有的处在字的左旁，称为“皮字旁”，如：颇等；有的处在字的右下角，称为“皮右下角”，如：簸、菠等；也有处在字的右上角的，称为“皮右角”，如：婆等；还有少数处在包围结构中，称为“皮字心”，如：疲等。

“皮”在现代汉语常用字中，先后出现过 15 次，构字 15 个。

发[92] 金 篆 發隶 發楷

形声、会意字。金文等从弓癹(bá)声,指“手拉弓发射”,读作 fā。字头形体是楷书的简化字,是规范的写法。

“发”是个能独立成字的部件,名称叫作“发(fā)”,凡由它组成的字,大都跟它的读音有关。

“发”可以表音,作合体字的声旁。例如:

拨(bō)、废(fèi)、泼、钹、酦(pō)等皆由发得声。

“发”在合体字中,多处在字的右边,称为“发字边”,如:拨、泼、钹、酦等;少数的处在包围结构中,称为“发字心”,如:废等。

“发”在现代汉语常用字中,先后出现过 4 次,构字 4 个。

𢀖[283] 金 篆 巠隶 巠楷

象形字。金文等像装在织机上的纵丝,指“经线”,读作 jīng。字头形体是楷书的简化字,是规范的写法。

“𢀖”是个不能独立成字的部件,名称叫作“轻(qīng)字边”。凡由它组成的字,大都跟细、长或读音有关。

“𢀖”可以表义,作合体字的意旁。例如:

茎 jīng 指“植物的茎比较细长”,𢀖表义。

经 jīng 指“经线”,𢀖表义。

胫 jìng 指“小腿(比大腿细)”,𢀖表义。

痉 jìng 指“抽筋(筋细长)”,𢀖表义。

径 jìng 指“小路（小路一般细长）”，𢀖表义。

颈 jǐng 指“连接头和躯体部分（颈比头和躯体细长）”，𢀖表义。

“𢀖”还可以表音，作合体字的声旁。例如：

劲（jìn）、茎、经、泾（jīng）、到、颈（jǐng）、劲、径、胫、痉（jìng）、硁（kēng）、轻、氢（qīng）、陉（xíng）等，皆由𢀖得声。

“𢀖”在合体字中，大多处在字的右边，称为“𢀖字边”，如：经、胫、径、泾、硁、轻、陉等；有的处在字的左旁，称为“𢀖字旁”，如：颈、劲、到等；有的处在字的下部，称为“𢀖字底”，如：茎等；有的处在包围结构中，称为“𢀖字心”，如：痉、氢等。

“𢀖”在现代汉语常用字中，先后出现过 7 次，构字 7 个。

癶 73 120　　篆　　隶

会意字。小篆从二止相背，指“两脚相背行走不顺”，读作 bō。字头形体是楷书规范的写法。

“癶”是个部首字，又是个不能独立成字的部件，名称叫作“登（dēng）字头”。由它组成的字，大都跟行走有关。

“癶”可以表义，作合体字的意旁。例如：

登 dēng 甲骨文写作，上从𣥠（两只脚），中间从豆（盛食物的器皿），下从双手，指“双手捧着豆登阶进献食物”，癶表义。

有些字虽有癶部件，但跟癶的音、义无关，另有来源。

如:癸(guǐ)等。

“癶”在合体字中,常处在字的上部,称为“登字头”,如:登、凳、癸等;有的处在字的右上角,称为“登头右角”,如:橙(chéng)、噔、蹬(dēng)、澄、瞪、镫(dèng)等;有的处在字腰,称为“登字腰”,如:葵等。

“癶”在现代汉语常用字中,先后出现过 8 次,构字 8 个。

矛$^{232}_{121}$ 金 篆 隶

象形字。金文像一把上有锋利矛头,下有长柄,柄上有系装饰物的环的古代兵器,指“长矛”,读作 máo。字头形体是楷书规范的写法。

“矛”是个部首字,又是个能独立成字的部件,名称叫作“矛(máo)”,由它组成的字,大都跟它的音、义有关。

“矛”可以表义,作合体字的意旁。例如:

矜 jīn 指“长矛的柄”,矛表义。

“矛”还可以表音,作合体字的声旁。例如:

茅、蟊(máo)、袤、懋(mào)、柔(róu)等皆由矛得声。

“矛”在合体字中,有的处在字的左旁,称为“矛字旁”,如:矜等;有的处在字的上部,称为“矛字头”,如:蟊、柔等;有的处在镶嵌结构中,称为“矛嵌中”,如:袤等;有的处在字的左上角,称为“矛左角”,如:鍪、蝥(máo)、瞀(mào)等;有的处在字的右上角,称为“矛右角”,如:橘、揉、糅、蹂等。

“矛”在现代汉语常用字中,先后出现过 6 次,构字 6 个。

母245 [99]　甲　金　篆　隶

象形字。甲骨文等像一位露出两乳的妇人，指“给孩子喂奶的妈妈”，读作 mǔ。字头形体是楷书规范的写法。

“母”是毋的附形部首，又是个能独立成字的部件，名称叫作“母(mǔ)”。由它组成的字，大都跟母亲或年长妇女或读音有关。

“母”可以表义，作合体字的意旁。例如：

毑 jiě 指“媎毑(尊称老年妇人)”，母表义。

姆 mǔ 指“古时教育未出嫁女子的妇女”，母表义。

毓 yù 甲骨文写作，像妇女生下一个孩子的样子，指“生育”，母表义。

“母”还可以表音，作合体字的声旁。例如：

拇、姆、牳(mǔ)皆由母得声。

“母”在合体字中，有的处在字的右边，称为“母字边”，如：姆、拇、牳等；有的处在字的左旁，称为“母字旁”，如：毑等；有的处在字的下部，称为“母字底”，如：每、毒等；有的处在字的左下角，称为“母左下角”，如：敏、毓等；有的处在字的右下角，称为“母右下角”，如：梅等；还有的在字的左上角下，称为“母左上角下”，如：繁等。

“母”在现代汉语常用字中，先后出现过 14 次，构字 14 个。

丝 355 甲 金 篆 絲隶 絲楷

象形字。甲骨文等像两束丝的样子，指“蚕丝”，读作 sī。字头形体是楷书的简化字，是规范的写法。

“丝”是个能独立成字的部件，名称叫作“丝(sī)”，由它组成的字，大都跟它的读音有关。

“丝”可以表音，作合体字的声旁。例如：

咝、鸶(sī)、兹(zī)等皆由丝得声。

“丝”在合体字中，有的处在字的右边，称为“丝字边”，如：咝等；有的处在字的上部，称为“丝字头”，如：鸶等；有的处在字的下部，称为“丝字底”，如：兹等；有的处在字的右下角，称为“丝右下角”，如：嗞、滋、嵫、镃等；还有的处在字腰，称为“丝字腰”，如：孳等。

“丝”在现代汉语常用字中，只出现过 1 次，构字 1 个。

六画

耒 205 122 甲 篆 耒隶

象形字。甲骨文像有曲把、下有犁头的一种翻土的农具，指“古代的一种农具”，读作 lěi。字头形体是楷书规范的写法。

“耒”是个部首字，又是个能独立成字的部件，名称叫作

“耒(lěi)”。凡由它组成的字,大都跟农耕或读音有关。

“耒”可以表义,作合体字的意旁。例如:

耙 bà 指“用来弄碎土块的农具”,耒表义。

耖 chào 指“土地耕、耙后用来把土弄得更细的农具”,耒表义。

耕 gēng 指“用农具犁地”,耒表义。

耗 hào 指“庄稼歉收”,耒表义。

耘 yún 指“清除田地里杂草”,耒表义。

“耒”还可以表音,作合体字的声旁。例如:

诔(lěi)由耒得声。

“耒”在合体字中,主要处在字的左旁,称为“耒字旁”,如:耕、耘、耖、耗、耙、耥、耨等;也有少数处在字的右边,称为“耒字边”,如:诔等;还有处在字的左下角的,称为“耒左下角”,如:藉、籍等。

“耒”在现代汉语常用字中,先后出现过 7 次,构字 7 个。

𧘇^{3}

字头形体是楷书敖的左旁,没有音、义,是规范的写法。

“𧘇”是个不能独立成字的部件,名称叫作“敖(áo)字旁”,由它组成的字有:

敖 áo 指“姓”。

熬 āo 指“煮”。

遨 áo 指“游逛”。

獒 áo 指“一种凶猛的狗”。

聱 áo 指“话不顺耳”。

傲 ào 指“自高自大”。

赘 zhuì 指“多而无用的”。

“⿱土方”在合体字中，有的处在字的左旁，称为“敖字旁”，如：敖等；有的处在字的左上角，称为“敖旁左上角”，如：熬、獒、聱、赘等；有的处在字的中间，称为“敖旁中”，如：傲等；还有处在包围结构中的，称为“敖旁心”，如：遨等。

“⿱土方”在现代汉语常用字中，先后出现过 3 次，构字 3 个。

老$^{202}_{123}$ 甲 金 篆 隶

象形字。甲骨文等像一位手拿拐棍，头发长长的老人，指“年岁大”，读作 lǎo。字头形体是楷书规范的写法。

“老”是个部首字，又是个能独立成字的部件，名称叫作“老(lǎo)”。凡由它组成的字，大都跟年岁或读音有关。

“老”可以表义，作合体字的意旁。例如：

耋 dié 指“老年”，老表义。

耄 mào 指“年老”，老表义。

耆 qí 指“六十岁以上的年纪”，老表义。

“老”还可以表音，作合体字的声旁。例如：

佬、荖、姥、栳、铑(lǎo)、姥(mǔ)等皆由老得声。

“老”在合体字中，有的处在字的上部，称为“老字头”，如：耋、耄、耆等；有的处在字的右边，称为“老字边”，如：佬、

姥、栳、铑等；有的处在字的下部，称为“老字底”，如：耄等；还有的处在字的右上角，称为“老右角”，如：嗜等。

“老”在现代汉语常用字中，先后出现过 4 次，构字 4 个。

耳$^{90}_{124}$ 甲 金 篆 隶

象形字。甲骨文等像只耳朵的样子，指“耳朵”，读作 ěr。字头形体是楷书规范的写法。

“耳”是个部首字，又是个能独立成字的部件，名称叫作“耳(ěr)”。凡由它组成的字，大都跟耳朵或读音有关。

“耳”可以表义，作合体字的意旁。例如：

耻 chǐ 指“闻过则知耻而止”，耳表义。

聪 cōng 指“听觉灵敏”，耳表义。

耷 dā 指“耳朵大”，耳表义。

耽 dān 指“耳大垂肩”，耳表义。

耿 gěng 指“耳朵能听到燃烧声的火必是很大，火光明亮”，耳表义。

聋 lóng 指“耳朵听不见声音”，耳表义。

聂 niè 指“贴耳低语”，耳表义。

取 qǔ 指“古代打仗以割取左耳数以报功”，耳表义。

闻 wén 指“声音进入耳门——听到”，耳表义。

职 zhí 指“耳闻而记之”，耳表义。

“耳”还可以表音，作合体字的声旁。例如：

饵、洱、珥、铒(ěr)、佴(èr)、弭(mǐ)、佴(nài)、茸(róng)等

皆由耳得声。

“耳”在合体字中，有的处在字的左旁，称为“耳字旁”，如：耻、聪、眈、耿、取等；有的处在字的右边，称为“耳字边”，如：饵、洱、珥、铒等；有的处在字的下部，称为“耳字底”，如：聋、耷等；有的处在字的上部，称为“耳字头”，如：聂等；也有的处在包围结构中，称为“耳字心”，如：闻等；还有的处在右上角，称为“耳右角”，如：摄、慑、镊、蹑等。

“耳”在现代汉语常用字中，先后出现过 30 次，构字 30 个。

亚[422] 甲 金 篆 隶

象形字。甲骨文像古人在屋子中央挖的十字形土坑，在里面点上火，日夜不灭，象征祖先所在，指“祭祀的火塘”，读作 yà。字头形体是楷书规范的写法。

“亚”是个能独立成字的部件，名称叫作“亚(yà)”。凡由它组成的字，大多跟它的读音有关。

“亚”可以表音，作合体字的声旁。例如：

恶(ě)、垩、恶(è)、恶(wù)、垭、哑(yā)、痖、哑(yǎ)、垭、挜、氩、娅(yà)等皆由亚得声。

“亚”在合体字中，有的在字的上部，称为“亚字头”，如：恶、垩、晋等；有的在字的右边，称为“亚字边”，如：垭、哑、娅、挜等；还有的处在包围结构中，称为“亚字心”，如：痖、氩等；还有的处在字腰，称为“亚字腰”，如：普等。

“亚”在现代汉语常用字中，先后出现过 7 次，构字 7 个。

臣[42][125] 甲 金 篆 隶

象形字。甲骨文像一只竖着的眼睛（人低头时眼睛才是竖着），指“男性奴隶”，读作 chén。字头形体是楷书规范的写法。

“臣”是个部首字，又是个能独立成字的部件，名称叫作“臣（chén）”。凡由它组成的字，大都跟它的音、义有关。

“臣”可以表义，作合体字的意旁。例如：

宦 huàn 指“贵族家的奴仆”，臣表义。

卧 wò 指“人躺下休息时眼睛合成一条缝”，臣表。

“臣”还可以表音，作合体字的声旁。例如：

嚚（yín）由臣得声。

义“臣”在合体字中，有的在字的左旁，称为“臣字旁”，如：卧等；有的在字的下部，称为“臣字底”，如：宦等；有的处在包围结构中，称为“臣字心”，如：藏（cáng、zàng）、臧（zāng）等；还有的处在镶嵌结构中，称为“臣嵌中”，如：嚚，臣嵌㗊（jí）中。

“臣”在现代汉语常用字中，先后出现过 4 次，构字 4 个。

吏[210] 甲 金 篆 隶

会意字。甲骨文等像手拿着笔和板在记事，指“官员”，读作 lì。字头形体是楷书规范的写法。

“吏”是个能独立成字的部件，名称叫作“吏(lì)”。由它组成的字，大都跟它的音、义有关。

“吏”可以表义，作合体字的意旁。例如：

使 shǐ，指“受君命办事的官员”，吏表义。

“吏”还可以表音，作合体字的声旁。例如：

使(shǐ)由吏得声。

“吏”在合体字中，只处在字的右边，称为“吏字边”，如：使等。

“吏”在现代汉语常用字中，先后出现过 2 次，构字 2 个。

再477

甲 金 篆 隶

会意字。甲骨文等从鱼从二，指“二鱼重叠”，读作 zài。字头形体是楷书规范的写法。

“再”是个能独立成字的部件，名称叫作“再(zài)”。是个独体字。

“再”在现代汉语常用字中，只出现过 1 次，构字 1 个。

覀396 126

篆 隶

会意字。小篆从冂(jiōng)从凵(kǎn)从一。指“上下覆盖”，读作 yà。字头是楷书规范的写法。

“覀”是个部首字，又是个不能独立成字的部件，名称叫作“要(yào)字头”。凡由它组成的字，大都跟它的音、义有关。

“覀”可以表义，作合体字的意旁。例如：

羈今写作羁 jī 指“套在马嘴上的笼头”，覀表义。

覆 fù 指“底朝上扣上”，覀表义。

“覀”还可以表音，作合体字的声旁。例如：

贾（jiǎ）由覀得声。

有些字虽有覀部件，但跟它的音、义无关。如：票（piào）、粟（sù）、栗（lì）、要（yào）、覃（qín、tán）等。

“覀”在合体字中，多处在字的上部，称为“要字头”，如：覆、贾、票、粟、栗、要等；也有处在字的左旁上角的，称为“要头左角”，如：飘、剽、瓢等；还有处在字的右上角的，称为“要头右角”，如：漂、嫖、膘、僄、潭、谭、腰等。

“覀”在现代汉语常用字中，先后出现过 12 次，构字 12 个。

朿[59]

象形字。甲骨文等像树木上长的芒刺，指“木芒”，读作 cì。字头形体是楷书规范的写法。

“朿”是个不能独立成字的部件，名称叫作“朿（cì）”或“刺（cì）字旁”。凡由它组成的字，大都跟它的音、义有关。

“朿”可以表义，作合体字的意旁。例如：

刺 cì 指“用刀扎”，朿表义。

棘 jí 指“矮小的酸枣丛，到处有刺”，朿表义。

枣 zǎo 指“枣枝上有刺”，朿表义。

“朿”还可以表音，作合体字的声旁。例如：

策(cè)、刺(cì)由朿得声。

“朿”在合体字中，有的处在字的左旁，称为“朿字旁”，如：刺、棘等；有的处在字的右边，称为“朿字边”，如：棘等；有的处在字的上部，称为“朿字头”，如：枣等；也有的处在字的下部，称为“朿字底”，如：策等。

“朿”在现代汉语常用字中，先后出现过 5 次，构字 4 个。

西 395 [126] 甲 金 篆 隶

象形字。甲骨文等像一只鸟窝，太阳西下鸟儿回巢，借指“方向”，读作 xī。字头形体是楷书规范的写法。

“西”是个能独立成字的部件，名称叫作“西(xī)”。凡由它组成的字，大都跟它的音、义有关。

“西”可以表义，作合体字的意旁。例如：

晒 shài 指“阳光照到太阳西下”，西表义。

“西”还可以表音，作合体字的声旁。例如：栖(qī)、茜(qiàn)、洒(sǎ)、晒(shài)、哂(shěn)、茜、恓、栖、氥、牺、硒、舾、粞(xī)等皆由西得声。

“西”在合体字中，绝大多数处在字的右边，称为“西字边”，如以上诸例；有少数处在字的下部，称为“西字底”，如：茜等；还有少数处在包围结构中，称为“西字心”，如：氥等。

“西”在现代汉语常用字中，先后出现过 5 次，构字 5 个。

戌[411]

甲 金 篆 隶

象形字。甲骨文等像古代的一种像斧的兵器，后假借指“地支的第十一位”，读作 xū。字头形体是楷书规范的写法。

“戌”是个能独立成字的部件，名称叫作“戌（xū）”。由它组成的字，部分跟它的本义有关。

“戌”可以表义，作合体字的意旁。例如：

威 wēi 从戌从女，指“一把大斧使女人（胆小）害怕——畏惧”，戌表义。

有些字虽有戌部件，但跟戌音、义无关。如：

崴 wǎi 指“山高的样子”。

葳 wēi 指“葳蕤——草木茂盛的样子”。

“戌”在合体字中，有的处在包围结构外，称为“戌字框”，如：威等；还有的处在字下部包围结构外，称为“下戌框”，如：崴、葳等。

“戌”在现代汉语常用字中，只出现过 1 次，构字 1 个。

百[9]

甲 金 篆 隶

会意字。甲骨文像一酒坛子，古人借一瓮为一百，指“十个十”，读作 bǎi。字头形体是楷书规范的写法。

“百”是个能独立成字的部件，名称叫作“百（bǎi）”。凡由它组成的字，大都跟它的音、义有关。

“百”可以表义，作合体字的意旁。例如：

佰 bǎi 指“统率百人的长官”，百表义。

“百”还可以表音，作合体字的声旁。例如：

䂍(bāi)、佰(bǎi)、陌、貊(mò)等皆由百得声。

“百”在合体字中，多处在字的右边，称为“百字边”，如以上诸例；也有少数的处在字的左旁，称为“百字旁”，如：䂍等；还有少数处在字的右下角，称为“百右下角”，如：宿、缩等。

“百”在现代汉语常用字中，先后出现过 4 次，构字 4 个。

而$^{88}_{127}$ 甲 金 篆 隶

象形字。甲骨文像下巴上的胡须，指“胡子”，读作 ér。字头形体是楷书规范的写法。

“而”是个部首字，又是个能独立成字的部件，名称叫作“而(ér)”。凡由它组成的字，大都跟它的音、义有关。

“而”可以表义，作合体字的意旁。例如：

耐 nài 指“用手剃去须发的刑罚”，而表义。

耍 shuǎ 指“用鬓毛戏弄女子”，而表义。

“而”还可以表音，作合体字的声旁。例如：

鸸(ér)、耐(nài)、恧(nǜ)等皆由而得声。

有些字虽有而部件，但跟它的音、义无关。如：

揣(chuǎi、chuāi)指“猜测；藏”。

端 duān 指“直、正”。

瑞 ruì 指“吉祥”。

儒 rú 指“(旧时指)读书的人”。

濡 rú 指“沾湿”。

孺 rú 指“小孩子”。

擩 rǔ 指“插、塞”。

“而”在合体字中，有的处在字的左旁，称为“而字旁”，如：耐、鸸等；有的处在字的上部，称为“而字头”，如：要等；有的处在字的下部，称为“而字底”，如：需等；更多的处在字的右下角，称为“而右下角”，如：揣、端、湍、瑞、儒、孺等。

“而”在现代汉语常用字中，先后出现过 13 次，构字 13 个。

页 438 128

 甲  金  篆 頁 隶 頁 楷

象形字。甲骨文等像一个大头人的样子，指“人头”，读作 yè。字头形体是楷书的简化字，是规范的写法。

“页”是个部首字，又是个能独立成字的部件，名称叫作“页(yè)”。凡由它组成的字，大都跟头有关。

“页”可以表义，作合体字的意旁。例如：

颁 bān 指“头大”，页表义。

颤 chàn 指“头不停地摇动”，页表义。

顶 dǐng 指“人或物的上端”，页表义。

烦 fán 指“头发烧似火”，页表义。

顾 gù 指“回头看”，页表义。

颈 jǐng 指“连接人头的部分”，页表义。

领 lǐng 指“脖子能使头转动自如”，页表义。

顺 shùn 指“人从头到脚像河流一样顺畅”，页表义。

题 tí 指“额头”，页表义。

顽 wán 指“头脑迟钝、愚蠢”，页表义。

颊 jiá 指“脸的两旁”，页表义。

嚣 xiāo 指“人头周围有众口——吵闹”，页表义。

颜 yán 指“脸色、面容”，页表义。

“页”在合体字中，多在字的右边，称为“页字边”，如以上各例；也有少数的处在包围结构中，称为“页字心”，如：题等；还有的处在镶嵌结构中，称为“页嵌中”，如：嚣（页嵌㗊中）等。

“页”在现代汉语常用字中，先后出现过 32 次，构字 32 个。

夹[163]

会意字。甲骨文等像两人架着一人的样子，指“左右相持”，读作 jiā。字头形体是楷书的简化字，是规范的写法。

“夹”是个能独立成字的部件，名称叫作“夹（jiā）”。凡由它组成的字，大都跟夹持或读音有关。

“夹”可以表义，作合体字的意旁。例如：

荚 jiá 指“豆科植物的长形果实（因两边的壳夹着豆）”，夹表义。

铗 jiá 指“冶铸的钳”，夹表义。

颊 jiá 指“脸的两侧”，夹表义。

峡 xiá 指“两山夹着的水道”，夹表义。

狭 xiá 指“两边的距离小”，夹表义。

挟 xié 指“夹在胳膊下”，夹表义。

“夹”还可以表音，作合体字的声旁。例如：

浃（jiā）、郏、荚、铗、颊、蛱（jiá）、侠、峡、狭、硖（xiá）、挟（xié）等皆由夹得声。

“夹”在合体字中，绝大多数处在字的右边，称为“夹字边”，如以上诸例；也有少数处在字的左旁，称为“夹字旁”，如：颊、郏等；还有少数的处在字的下部，称为“夹字底”，如：荚等。

“夹”在现代汉语常用字中，先后出现过 7 次，构字 7 个。

夷[444] 金 篆 隶

象形字。金文等像一个身背弓的人的样子，指“东方以游牧打猎为生的少数民族”，读作 yí。字头形体是楷书规范的写法。

“夷”是个能独立成字的部件，名称叫作“夷（yí）”。凡由它组成的字，大都跟它的读音有关。

“夷”可以表音，作合体字的声旁。例如：

荑（tí）、咦、荑、姨、胰、痍（yí）等皆由夷得声。

“夷”在合体字中，有的处在字的右边，称为“夷字边”，如：咦、姨、胰等；有的处在字的下部，称为“夷字底”，如：荑等；也有的处在包围结构中，称为“夷字心”，如：痍等。

“夷”在现代汉语常用字中，先后出现过 3 次，构字 3 个。

至$^{492}_{129}$ 甲 金 篆 隶

会意字。甲骨文等像一支箭从空中落到地面的样子，指“到达”，读作 zhì。字头形体是楷书规范的写法。

“至”是个部首字，又是个能独立成字的部件，名称叫作“至(zhì)”。凡由它组成的字，大都跟它的音、义有关。

“至”可以表义，作合体字的意旁。例如：

到 dào 指“抵达”，至表义。

室 shì 指“人到达歇息的屋子”，至表义。

屋 wū 指“人抵达居住的地方”，至表义。

致 zhì 指“送达”，至表义。

“至”还可以表音，作合体字的声旁。例如：

垤、咥、绖、耋(dié)、室(shì)、侄(zhí)、窒、厔、郅、桎、轾、致、铚、蛭(zhì)等皆由至得声。

“至”在合体字中，有的在字的右边，称为“至字边”，如：垤、咥、绖、侄、桎、轾、铚、蛭等；有的处在字的左旁，称为“至字旁”，如：到、致、郅等；也有的在字的下部，称为“至字底”，如：室、耋、窒等；还有的处在包围结构中，称为“至字心”，如：屋等。

“至”在现代汉语常用字中，先后出现过 9 次，构字 9 个。

灬 423

字头形体是楷书焉的下部，没有音义，是楷书规范的写法。

“灬”是个不能独立成字的部件，名称叫作“焉(yān)字底”，由它组成的字如：

焉 yān 指“一种鸟名——焉鸟”。

蔫 niān 指“花草枯萎”。

嫣 yān 指“女子身材修长美丽”。

鄢 yān 指“县名——鄢陵(在河南省)”。

“灬”在合体字中，有的处在字的下部，称为“焉字底”，如：焉、蔫等；有的处在字的左下角，称为“焉底左下角”，如：鄢等；有的处在字的右下角，称为“焉底右下角”，如：嫣等。

“灬”在现代汉语常用字中，只出现过 1 次，构字 1 个。

虍 145 130  篆  隶

象形字。小篆像虎皮上的斑纹，指“虎纹”，读作 hū。字头形体是楷书规范的写法。

“虍”是个部首字，又是个不能独立成字的部件，名称叫作“虎(hǔ)字头”。凡由它组成的字，大都跟虎或读音有关。

“虍”可以表义，作合体字的意旁。例如：

彪 biāo 指“虎身上的斑纹”，虍表义。

虎 hǔ 指“老虎”，虍表义。

虑 lǜ 指“思考问题要像老虎身上条纹一样清晰”，虍表义。

虐 nüè 指“虎爪伤人”，虍表义。

虞 yú 指“虎属的野兽驺虞”，虍表义。

“虍”还可以表音，作合体字的声旁。例如：

虎(hǔ)、虏(lǔ)、虑(lǜ)、虚(xū)等皆由虍得声。

“虍”在合体字中，有的处在字的上部，称为“虎字头”，如：虎、虑、虐、虞、虚等；有的处在包围结构的外框，称为“虎头框”，如：彪等；有的处在字的右上角，称为“虎头右角”，如：滤、唬、琥等；还有的处在字的左上角，称为“虎头左角”，如：觑等。

“虍”在现代汉语常用字中，先后出现过 9 次，构字 9 个。

曳 439

篆　　曳隶

会意字。小篆从申(延长)从丿(拖引)，指“拖、拉”，读作 yè。字头形体是楷书规范的写法。

“曳”是个能独立成字的部件，名称叫作“曳(yè)”或“拽(zhuài)字边”，由它组成的字，跟它的本义有关。

“曳”可以表义，作合体字的意旁。例如：

拽 zhuài 指“牵引、拉、拖”，曳表义。

“曳”在合体字中，处在字的右边，叫作“曳字边”，如上例。

“曳”在现代汉语常用字中，只出现过 1 次，构字 1 个。

虫 50 131 甲 金 篆 蟲隶 蟲楷

象形字。甲骨文等像一条头似三角形的毒蛇，指“昆虫”，读作 chóng。字头形体是楷书的简化字，是规范的写法。

“虫”是个部首字，又是个能独立成字的部件，名称叫作“虫(chóng)”。凡由它组成的字，大都跟昆虫或读音有关。

“虫”可以表义，作合体字的意旁。例如：

蚕 cán 指“一种会吐丝结茧的昆虫”，虫表义。

蠢 chǔn 指“虫蠕动的样子”，虫表义。

蝶 dié 指“蝴蝶”，虫表义。

蛾 é 指“像蝴蝶的昆虫”，虫表义。

蛊 gǔ 指“害人的毒虫”，虫表义。

蛮 mán 指“古代对南方民族的贬称(南方多虫蛇)”，虫表义。

闽 mǐn 指“一个以蛇为图腾的民族名”，虫表义。

蜀 shǔ 指“蛾、蝶类的幼虫”，虫表义。

蜕 tuì 指“蝉、蛇等脱皮”，虫表义。

“虫”还可以表音，作合体字的声旁。例如：

融(róng)由虫得声。

“虫”在合体字中，多处在字左旁，称为“虫字旁”，如：虾、蚊、蚁、蛆、蛇、蛾等；有的处在字的右边，称为“虫字边”，如：独等；有的处在字的下部，称为“虫字底”，如：蚕、蚤、萤、蛊、

蚤、蛮、蜜、螯、蟹等;也有的处在包围结构中,称为“虫字心”,如:虱、闽、蜀等;还有的处在字的左下角,称为“虫左下角”,如:蠢、蠹等;还有的处在字的右下角,称为“虫右下角”,如上例等。

“虫”在现代汉语常用字中,先后出现过 63 次,构字 62 个。

曲[287]　金　篆　隶

象形字。金文等像弯曲、不直的样子,指“弯曲,不直”,读作 qū。字头形体是楷书规范的写法。

“曲”是个能独立成字的部件,名称叫作“曲(qū)”,由它组成的字,跟它的读音有关。

“曲”可以表音,作合体字的声旁。例如:

蛐(qū)由曲得声。

“曲”在合体字中,处在字的右边,称为“曲字边”,如:蛐等。

“曲”在现代汉语常用字中,只出现过 1 次,构字 1 个。

肉[472/132]　甲　金　篆　隶

象形字。甲骨文等像带着骨头的一块肉,指“人或动物体内皮和骨之间的柔软物质”,读作 ròu。字头形体是楷书规范的写法。

“肉”是个部首字,又是个能独立成字的部件,名称叫作

"肉(ròu)",由它组成的字,大都跟肌肉、脏器有关。

"肉"可以表义,作合体字的意旁。例如:

腐 fǔ 指"肉朽烂、变质",肉表义。

瘸 qué 指"腿脚有疱痂,走路一拐一拐的",肉表义。

"肉"在合体字中,多处在字的下部,称为"肉字底",如以上两例。

"肉"在现代汉语常用字中,先后出现过 3 次,构字 3 个。

年[254]

甲 金 篆 隶

会意字。甲骨文等从禾从人,以人背禾指"谷物成熟了",读作 nián。字头形体是楷书规范的写法。

"年"是个能独立成字的部件,名称叫作"年(nián)"。年是个独体字。

"年"在现代汉语常用字中,仅出现过 1 次,构字 1 个。

朱[500]

甲 金 篆 隶

指事字。甲骨文等从木从一,一指此处是树干(其心多为红色),合起来指"树干",是株的本字,读作 zhū。字头形体是楷书规范的写法。

"朱"是个能独立成字的部件,名称叫作"朱(zhū)"。凡由它组成的字,大都跟它的音、义有关。

"朱"可以表义,作合体字的意旁。例如:

株 zhū 指"树干",朱表义。

“朱”还可以表音，作合体字的声旁。例如：

姝、殊（shū）、咮（zhòu）、侏、诛、邾、茱、洙、珠、株、铢、蛛（zhū）等皆由朱得声。

“朱”在合体字中，大多处在字的右边，称为“朱字边”，如以上多例；也有处在字的左旁的，如：邾等；还有处在字的下部的，称为“朱字底”，如茱等。

“朱”在现代汉语常用字中，先后出现过 5 次，构字 5 个。

缶 104 133

 甲  金  篆  隶

会意字。甲骨文等从午（杵）从口，指“用杵在池子里将泥捣成浆”，读作 fǒu。字头形体是楷书规范的写法。

“缶”是个部首字，又是个能独立成字的部件，名称叫作“缶（fǒu）”。凡由它组成的字，大都跟陶、瓦器等有关。

“缶”可以表义，作合体字的意旁。例如：

缸 gāng 指“陶制容器”，缶表义。

罐 guàn 指“盛物或汲水的瓦器”，缶表义。

罄 qìng 指“缶中无物击之会发出如磬的声音”，缶表义。

缺 quē 指“瓦器易破损不全”，缶表义。

陶 táo 指“制作陶器”，缶表义。

窑 yáo 指“烧制砖瓦陶瓷的建筑物”，缶表义。

遥 yáo 指“远（古时出远门得用瓦器带水）”，缶表义。

“缶”在合体字中，有的处在字的左旁，称为“缶字旁”，如：缸、罐、缺等；有的处在字的下部，称为“缶字底”，如：罄、

窑等；也有的处在包围结构中的下部，称为“缶下心”，如：遥等；还有的处在字右的下角，称为“缶右下角”，如：谣、摇、徭等；更有的处在字右的包围结构中，称为“右缶心”，如：掏、淘、啕等。

“缶”在现代汉语常用字中，先后出现过 11 次，构字 11 个。

𠂔 493

字头是楷书制的左旁。制小篆写作 ，从未从刀，未读作 wèi，有“枝繁叶茂”义。字头形体是楷书规范的写法。

“𠂔”是个不能独立成字的部件，名称叫作“制（zhì）字旁”，由它组成的字，跟它的本义有关。

“𠂔”可以表义，作合体字的意旁。例如：

制 zhì 指“用刀修饰枝叶繁茂的枝条”，𠂔表义。

“𠂔”在合体字中，处在字的左旁，称为“制字旁”，如：制。

“𠂔”在现代汉语常用字中，只出现过 1 次，构字 1 个。

舌 312 134

 甲　 金　 篆　 隶

象形字。甲骨文像从口中伸出来的舌头的样子，指“舌头”，读作 shé。字头形体是楷书规范的写法。

“舌”是个部首字，又是个能独立成字的部件，名称叫作“舌（shé）”。凡由它组成的字，大都跟它的音、义有关。

“舌”可以表义，作合体字的意旁。例如：

话 huà 指“言从口舌中出”，舌表义。

舐 shì 指“用舌头舔物”，舌表义。

甜 tián 指“舌头能感知甘美的食物”，舌表义。

舔 tiǎn 指“用舌头接触东西或取食”，舌表义。

“舌”还可以表音，作合体字的声旁。例如：

舍（shè）、适（shì）皆从舌得声。

有些字虽有舌部件，但跟它的音、义无关，如：辞（cí）、活（huó）、刮（guā）、括、阔（kuò）、乱（luàn）、舒（shū）等，另有来源。

“舌”在合体字中，多在字的左旁，称为“舌字旁”，如：舐、甜、舔、辞、刮、乱等；有的在字的右边，称为“舌字边”，如：活、括等；也有的在字的下部，称为“舌字底”，如：舍等；也有的在字的左下角，称为“舌左下角”，如：舒等；还有的在包围结构中，称为“舌字心”，如：适、阔等。

“舌”在现代汉语常用字中，先后出现过 13 次，构字 13 个。

竹 501 135

金 篆 隶

象形字。金文等像竹子叶，指“竹子”，读作 zhú。字头形体是楷书规范的写法。

“竹”是个部首字，又是个能独立成字的部件，名称叫作“竹（zhú）”。当它作合体字的边旁时多写作⺮。

“竹”在现代汉语常用字中，只出现过 1 次，构字 1 个。

⺮502
[135]

⺮的形体演变同竹字条。字头形体是楷书规范的写法。

“⺮”是个不能独立成字的部件，《汉字部首表》将⺮作为附形部首归入到竹部中，名称叫作“竹(zhú)字头”。凡由它组成的字，大都跟竹或读音有关。

“⺮”可以表义，作合体字的意旁。例如：

笔 bǐ 指“用竹和毛制成的写、画的工具”，⺮表义。

笨 bèn 指“竹子的内膜”，⺮表义。

策 cè 指“竹子制成的马鞭”，⺮表义。

等 děng 指“官府(寺)的竹简很多，需码齐”，⺮表义。

竿 gān 指“竹竿”，⺮表义。

籍 jí 指“古人把事、账等写在简上，然后编穿成册”，⺮表义。

筷 kuài 指“用竹制成的筷子”，⺮表义。

签 qiān 指“古时署名画押在竹简上”，⺮表义。

箱 xiāng 指“用竹席铺盖而成乘人、放物的车厢”，⺮表义。

箸 zhù 指“竹制成的筷子”，⺮表义。

“⺮”还可以表音，作合体字的声旁。例如：

笃(dǔ)、筑、竺(zhú)、筑(zhù)等皆由⺮得声。

“⺮”在合体字中，绝大多数处在字的上部，称为“⺮字头”，如以上各例。

“⺮”在现代汉语常用字中，先后出现过 42 次，构字 42 个。

乒[269]

字头形体是兵省，指“古代兵器相互撞击造成残缺并形成乒乓声”，读作 pīng。字头形体是楷书规范的写法。

“乒”是个能独立成字的部件，名称叫作“乒（pīng）”。

“乒”可以表义，作合体字的意旁。例如：

兵 bīng 指“古代武器”，乒表义。

“乒”在现代汉语常用字中，只出现过 1 次，构字 1 个。

乓[270]

字头形体是兵省，指“古代兵器相互撞击造成残缺并发出乒乓之声”，读作 pāng。字头形体是楷书规范的写法。

“乓”是个能独立成字的部件，名称叫作“乓（pāng）”，由它组成的字，跟武器有关。

“乓”可以表义，作合体字的意旁。例如：

兵 bīng 指“古代武器”，乓表义。

“乓”在现代汉语常用字中，只出现过 1 次，构字 1 个。

臼[190/136]

 篆  隶

象形字。小篆像一个内有齿纹的石臼，指“中间凹的舂米器具”，读作 jiù。字头形体是楷书规范的写法。

“臼”是个部首字，又是个能独立成字的部件，名称叫作“臼(jiù)”。凡由它组成的字，大都跟臼、坑或读音有关。

“臼”可以表义，作合体字的意旁。例如：

舂 chōng 指“把东西放在臼中捣去皮壳或捣碎”，臼表义。

毁 huǐ 指“用瓦器(臼)舂米易破损”，臼表义。

臽 xiàn 指“人掉进坑里”，臼表义。

舀 yǎo 指“用手从臼里掏出”，臼表义。

“臼”还可以表音，作合体字的声旁。例如：

桕、舅(jiù)皆由臼得声。

“臼”在合体字中，有的处在字的上部，称为“臼字头”，如：舅等；有的处在字的下部，称为“臼字底”，如：舂、臽、舀等；也有的处在字的右边，称为“臼字边”，如：桕、陷等；还有的处在字的左上角，称为“臼左角”，如：毁等。

“臼”在现代汉语常用字中，先后出现过 13 次，构字 13 个。

乑194 篆 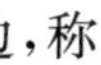隶

会意字。小篆从三人，指“众”，读作 yín。字头形体是楷书规范的写法。

“乑”是个不能独立成字的部件，名称叫作“聚(jù)字底”，由它组成的字，大都跟它的本义有关。

“乑”可以表义，作合体字的意旁。例如：

聚 jù 指“众人居住的村落”，乑表义。

“乑”在合体字中，有的处在字的下部，称为“聚字底”，如：聚等；有的处在字的右下角，称为“聚底右下角”，如：骤等。

“乑”在现代汉语常用字中，先后出现过 2 次，构字 2 个。

自$^{512}_{137}$ 甲 金 篆 隶

象形字。甲骨文等像一个鼻子的样子，古人在称说自己时往往指着自己的鼻子，指“己或鼻子”，读作 zì。字头形体是楷书规范的写法。

“自”是个部首字，又是个能独立成字的部件，名称叫作“自（zì）”。凡由它组成的字，大都跟它的音、义有关。

“自”可以表义，作合体字的意旁。例如：

鼻 bí 指“呼吸、嗅觉器官——鼻子”，自表义。

𤺺 biě 指“鼻子周围的皱褶多如简册的缝隙——干瘦”，自表义。

息 xī 指“从鼻子进出之气”，自表义。

臭 xiù 指“用鼻子辨别气味（因犬鼻子最灵）”，自表义。

咱 zán 指“我”，自表义。

“自”还可以表音，作合体字的声旁。例如：

垍、洎（jì）、息（xī）等皆由自得声。

“自”在合体字中，多处在字的上部，称为“自字头”，如：鼻、息、臭等；也有的处在字的右边，称为“自字边”，如：垍、

洎、咱等；还有的处在包围结构中，称为“自字心”，如：瘜等。

“自”在现代汉语常用字中，先后出现过9次，构字9个。

𠂤[505] 甲 金 篆 隶

象形字。甲骨文等像小土山或小土堆，指“小土山”，读作duī。字头形体是楷书规范的写法。

“𠂤”是个不能独立成字的部件，名称叫作“追（zhuī）字心”。凡由它组成的字，大都跟它的音、义有关。

“𠂤”可以表义，作合体字的意旁。例如：

埠bù指“高于水面像小土山似的陆地码头”，𠂤表义。

阜fù指“小土山”，𠂤表义。

追zhuī指“野外(𠂤)追赶”，𠂤表义。

師（师）shī指“军队环绕小土山扎营”，𠂤表义。

帥（帅）shuài指“胸的佩巾高起似𠂤”，𠂤表义。

“𠂤”还可以表音，作合体字的声旁。例如：

歸、師、追等皆由𠂤得声。

“𠂤”在合体字中，有的在字的上部，称为“追心头”，如：阜等；有的处在字的左旁，称为“追心旁”，如：師、帥等；有的处在字的左上角，称为“追心左角”，如：歸等；有的处在字的右上角，称为“追心右角”，如：埠、缒、膇等；也有的处在包围结构中，称为“追字心”，如：追等；也有的处在字的左下角，称为“追心左下角”，如：薛等；还有的处在字腰左边，称为“追心左腰”，如：孽等。

“自”在现代汉语常用字中，先后出现过 4 次，构字 4 个。

血 417 138

甲 金 篆 隶

指事字。甲骨文像皿中装有血液，指“血液”，读作 xuè、xiě。字头形体是楷书规范的写法。

“血”是个部首字，又是个能独立成字的部件，名称叫作“血(xuè)”。凡由它组成的字，大都跟它的音、义有关。

“血”可以表义，作合体字的意旁。例如：

衄 nǜ 指“鼻子流血”，血表义。

衃 pēi 指“凝聚的死血”，血表义。

衅 xìn 指“古代用牲畜的血涂器物的缝隙”，血表义。

恤 xù 指“见到血心里忧虑”，血表义。

“血”还可以表音，作合体字的声旁。例如：

洫、恤(xù)等由血得声。

“血”在合体字中，有的处在字的左旁，称为“血字旁”，如：衄、衃、衅等；有的处在字的右边，称为“血字边”，如：洫、恤等。

“血”在现代汉语常用字中，先后出现过 3 次，构字 3 个。

向 401

甲 金 篆 隶

象形字。甲骨文等像房屋上有窗户，指“朝北的窗户”，读作 xiàng。字头形体是楷书规范的写法。

“向”是个能独立成字的部件，名称叫作“向(xiàng)”。

凡由它组成的字，大都跟它的读音有关。

“向”可以表音，作合体字的声旁。例如：

垧、晌(shǎng)、响、饷(xiǎng)等皆由向得声。

“向”在合体字中，绝大多数处在字的右边，称为“向字边”，如以上各例。

“向”在现代汉语常用字中，先后出现过 3 次，构字 3 个。

囟[410]

 甲　 金　 篆　 隶

象形字。甲骨文等像婴儿头顶骨未合缝的地方，指“囟门”，读作 xìn。字头形体是楷书规范的写法。

“囟”是个独立成字的部件，名称叫作“囟(xìn)”。由它组成的字，大都跟头颅或读音有关。

“囟”可以表义，作合体字的意旁。例如：

瑙 nǎo 指“玛瑙(因纹路似马脑)”，囟表义。

傻 shǎ 指“头脑笨，不明事理”，囟表义。

“囟”还可以表音，作合体字的声旁。例如：

细(xì)，小篆写作 ，从糸(mì)囟声，指“细小如丝如囟门”。由囟得声。

“囟”在合体字中，有的处在字的右上角，称为“囟右角”，如：傻等；有的处在字的右下角，称为“囟右下角”，如：瑙等；也有的处在字的右边，称为“囟右边”，如：细等。

“囟”在现代汉语常用字中，先后出现过 2 次，构字 2 个。

后[143]

甲 金 篆 隶

会意字。甲骨文从人从子，指“母生子”，读作 hòu。字头形体是楷书规范的写法。

“后”是个能独立成字的部件，名称叫作“后（hòu）”。凡由它组成的字，大都跟它的读音有关。

“后”可以表音，作合体字的声旁。例如：

诟、垢（gòu）、郈、垕、茩、逅（hòu）等皆由后得声。

“后”在合体字中，有的处在字的右边，称为“后字边”，如：诟、垢等；有的处在字的左旁，称为“后字旁”，如：郈等；有的处在字的上部，称为“后字头”，如：垕等；有的处在字的下部，称为“后字底”，如：茩等；还有的处在包围结构中，称为“后字心”，如：逅等。

“后”在现代汉语常用字中，先后出现过 2 次，构字 2 个。

㐆[450]

篆 隶

会意字。小篆从反身，指“转身”，读作 yǐn。字头形体是楷书规范的写法。

“㐆”是个不能独立成字的部件，名称叫作“殷（yīn）字旁”。由它组成的字，大都跟它的读音有关。

“㐆”可以表音，作合体字的声旁。例如：

殷（yīn、yān）、溵（yīn）等皆由㐆得声。

“㐆”在合体字中，有的处在字的左旁，称为“殷字旁”，如：殷等；有的处在左中右结构的中间，称为“殷旁中”，如：溵等。

“㐆”在现代汉语常用字中，只出现过 1 次，构字 1 个。

舟 498 139

甲 金 篆 隶

象形字。甲骨文等像一只小船的样子，指“船”，读作 zhōu。字头形体是楷书规范的写法。

“舟”是个部首字，又是个能独立成字的部件，名称叫作“舟(zhōu)”。凡由它组成的字，大都跟它的音、义有关。

“舟”可以表义，作合体字的意旁。例如：

般 bān 指“用船搬运(今写作搬)”，舟表义。

舱 cāng 指“船或飞机中用来载人或物的部分”，舟表义。

舵 duò 指“船或飞机等用来控制方向的装置”，舟表义。

航 háng 指“船——连接两岸的工具”，舟表义。

舰 jiàn 指“大型军用船只”，舟表义。

盘 pán 指“盛水的器皿(因舟浮在水中)”，舟表义。

艄 shāo 指“船尾”，舟表义。

“舟”还可以表音，作合体字的声旁。例如：

侜、辀、鸼(zhōu)等皆从舟得声。

“舟”在合体字中，多数处在字的左旁，称为“舟字旁”，如：般、舱、船、舵、航、舰、艄、鸼等；有的处在字的右边，称为“舟字边”，如：侜、辀等；也有的在字的上部，称为“舟字头”，

如：盘等；还有的处在左中右结构中，称为“舟字中”，如：搬等。

“舟”在现代汉语常用字中，先后出现过 12 次，构字 12 个。

兆[483]　金　篆　隶

象形字。金文像龟背被烤所产生的裂纹，小篆在金文上加了个卜字，指“古代占卜时，观看龟背上的裂纹，以判定吉凶”，读作 zhào。字头形体是楷书规范的写法。

“兆”是个能独立成字的部件，名称叫作“兆(zhào)”。凡由它组成的字，大都跟它的读音有关。

“兆”可以表音，作合体字的声旁。例如：

晁(cháo)、铫(diào)、洮、逃、桃、鼗(táo)、佻、挑、祧(tiāo)、挑、朓、窕(tiǎo)、眺、跳(tiào)、姚、珧、铫(yáo)等皆由兆得声。

“兆”在合体字中，绝大多数处在字的右边，称为“兆字边”，如以上诸例；有的处在字的下部，称为“兆字底”，如：晁、窕等；也有少数的处在包围结构中，称为“兆字心”，如：逃等。

“兆”在现代汉语常用字中，先后出现过 6 次，构字 6 个。

伞[303]　隶　楷

象形字。隶书等上面像伞面，下面像伞骨和伞把，指“挡雨遮阳的用品”，读作 sǎn。字头形体是楷书的简化字，是规

范的写法。

“伞”是个能独立成字的部件，名称叫作“伞(sǎn)”。伞没有组字功能。

“伞”在现代汉语常用字中，只出现过 1 次，构字 1 个。

𧰨 326

𧰨本义指“猪”，字头形体是楷书豕省，没有读音，是规范的写法。

“𧰨”是个不能独立成字的部件，名称叫作“豕(shǐ)省”。凡由它组成的字，大都跟猪或兽义有关。例如：

椽 chuán 指“放在檩上承托屋面和瓦片的圆木(因其形圆滚如猪)”。

豕 shǐ 指“猪”。

毅 yì 指“用棍驱赶使猪发怒”。

缘 yuán 因“彖”指“毫兽”，而毫是兽的边缘，指“衣服的边饰”。

“𧰨”在合体字中，有的处在字下，称为“豕省底”，如：豕等；有的处在字的左下角，称为“豕省左下角”，如：毅等；也有的处在字的右下角，称为“豕省右下角”，如：缘、橼、椽等。

“𧰨”在现代汉语常用字中，先后出现过 2 次，构字 2 个。

争 484

金 篆 爭隶 爭楷

会意字。金文等像上下两手在抢夺一物，指“夺取”，读

作 zhēng。字头形体是楷书的简化字，是规范的写法。

“争”是个能独立成字的部件，名称叫作“争（zhēng）”。凡由它组成的字，大都跟它的读音有关。

“争”可以表音，作合体字的声旁。例如：

琤（chēng）、净、静（jìng）、挣、峥、狰、睁、铮、筝（zhēng）等皆由争得声。

“争”在合体字中，绝大多数处在字右边，称为“争字边”，如以上诸例；有少数的处在字的下部，称为“争字底”，如：筝等。

“争”在现代汉语常用字中，先后出现过 7 次，构字 7 个。

色$^{305}_{140}$

 篆　　色 隶

会意字。小篆从人从卩（jié），卩像一个跪着的人，合起来指“跪着的人仰望着上面站着的人的表情”，读作 sè。字头形体是楷书规范的写法。

“色”是个部首字，又是个能独立成字的部件，名称叫作“色（sè）”。凡由它组成的字，大都跟它的音、义有关。

“色”可以表义，作合体字的意旁。例如：

艴 fú 指“人生气的样子”，色（神态）表义。

艳 yàn 指“体态丰满、美丽”，色表义。

“色”还可以表音，作合体字的声旁。例如：

铯（sè）由色得声。

“色”在合体字中，大多在字的右边，称为“色字边”，如：

艴、艳、绝、铯等。

“色”在现代汉语常用字中，先后出现过 3 次，构字 3 个。

亦449 甲 金 篆 隶

指事字。甲骨文等从大从两点，两点指“人的腋部”，指“腋”，读作 yì。字头形体是楷书规范的写法。

“亦”是个能独立成字的部件，名称叫作“亦(yì)”。凡由它组成的字，大都跟它的读音有关。

“亦”可以表音，作合体字的声旁。例如：

迹(jì)、弈、奕(yì)等皆由亦得声。

有些字虽有亦部件，但跟它的音、义无关，另有来源，如：变、峦、恋、蛮、弯等。

“亦”在合体字中，有的处在字的上部，称为“亦字头”，如：弈、奕、变、峦、恋、蛮、弯等；有的处在包围结构中，称为“亦字心”，如：迹等。

“亦”在现代汉语常用字中，先后出现过 8 次，构字 8 个。

齐141 甲 金 篆 隶 楷

象形字。甲骨文等像禾、麦穗长得很平整的样子，指“平整一致”，读作 qí。字头形体是楷书的简化字，是规范的写法。

“齐”是个部首字，名称叫作“齐(qí)”。凡由它组成的字，大都跟它的读音有关。

“齐”可以表音，作合体字的声旁。例如：

侪(chái)、挤、济(jǐ)、剂、荠、济、霁、鲚(jì)、脐、蛴(qí)、荠(qí)等皆由齐得声。

“齐”在合体字中，有的处在字的左旁，称为“齐字旁”，如：剂等；大多处在字的右边，称为“齐字边”，如以上多例；也有的处在字的下部，称为“齐字底”，如：荠、霁等。

“齐”在现代汉语常用字中，只作部首，不作部件。

衣$^{440}_{142}$

 甲　 金　 篆　 隶

象形字。甲骨文等像一件衣服的样子，指“衣服”，读作yī。字头形体是楷书规范的写法。

“衣”是个部首字，又是个能独立成字的部件，名称叫作“衣(yī)”。凡由它组成的字，大都跟衣服、布匹或读音有关。

“衣”可以表义，作合体字的意旁。例如：

表 biǎo 指“皮毛衣服(古人穿皮衣有毛面朝外)”，衣表义。

褒 bāo 指“衣襟宽大的袍服”，衣表义。

裁 cái 指“剪制衣服”，衣表义。

袋 dài 指“衣服上有口袋”，衣表义。

裹 guǒ 指“包、绕的衣服或布料”，衣表义。

裂 liè 指“剪裁后剪下的余布料”，衣表义。

袭 xí 指“衣服上的外套”，衣表义。

襄 xiāng 指“手持农具在土中挖一小洞，放进种子，用土

盖上，像种子包在衣服里一样”，衣表义。

衷 zhōng 指“穿在里面的衣服”，衣表义。

“衣”还可以表音，作合体字的声旁。例如：

哀(āi)、依、铱(yī)、扆(yǐ)、裔(yì)等皆由衣得声。

“衣”在合体字中，有的处在字的下部，称为“衣字底”，如：表、袭、袋、裂、装、裘、裳等；有的处在镶嵌结构中，称为“嵌衣中”，如：衰、衷、袤、褒、裹、哀、襄等；有的处在包围结构中，称为“衣字心”，如：裁、扆等；有的处在字的上部，称为“衣字头”，如：裔等；有的处在字的右边，称为“衣字边”，如：依、铱等；也有的处在右边的镶嵌结构中，称为“右×嵌衣中”，如：嚷、壤、镶、攘等；还有的处在左旁的镶嵌结构中，称为“左×嵌衣中”，如：瓤、勷等。

“衣”在现代汉语常用字中，先后出现过 18 次，构字 18 个。

产[38]

会意字。金文等从生从彦(yàn 省)，指“生育”，读作 chǎn。字头形体是楷书的简化字，是规范的写法。

“产”是个能独立成字的部件，名称叫作“产(chǎn)”。由它组成的字，跟它的音、义有关。

“产”可以表义，作合体字的意旁。例如：

萨 sà 指“生长在山区的一种草”，产表义。

“产”可以表音，作合体字的声旁。例如：

铲、浐(chǎn)等皆由产得声。

有些字虽有产部件，但跟它的音、义无关，另有来源。如：

彦 yàn 指“有才学、德行的人”。

谚 yàn 指“谚语”。

“产”在合体字中，有的处在字的上部，称为“产字框”，如：彦等；有的处在字的右边，称为“产字边”，如：铲、浐等；也有的处在字的右上角，称为“右产框角”，如：谚等；还有的处在字的右下角，称为“产右下角”，如：萨等。

“产”在现代汉语常用字中，先后出现过 5 次，构字 5 个。

𠆢[308]

字头形体是楷书商的上部，没有音、义，是楷书规范的写法。

“𠆢”是个不能独立成字的部件，名称叫作“商(shāng)字头”。由它组成的字有：

啇 dì 指“生物的基根部位”。

滴 dī 指“落下的少量液体”。

嘀 dí 指“小声说私话”。

嫡 dí 指“封建宗法制度中称正妻”。

摘 zhāi 指“采取，拿下”。

商 shāng 指“商量”。

墒 shāng 指“田地里土壤的湿度”。

“冂”在合体字中，有的处在字的上部，称为“商字头”，如：商、商等；大多处在字的右上角，称为“商头右角”，如：滴、嘀、嫡、摘、墒等。

“冂”在现代汉语常用字中，先后出现过 4 次，构字 4 个。

产74

字头是楷书帝的上部，没有音、义，是规范的写法。

“产”是个不能独立成字的部件，名称叫作“帝（dì）字头”。由它作部件组成的字如：

帝 dì 指“君主”。

谛 dì 指“仔细聆听君主、天神的指示”。

蒂 dì 指“瓜、果与枝茎相连的部分”。

缔 dì 指“结合”。

旁 páng 指“旁边”。

膀 páng 指“膀胱”。

螃 páng 指“螃蟹”。

磅 páng 指“磅礴”。

傍 bàng 指“靠近”。

谤 bàng 指“恶毒地攻击别人”。

镑 bàng 指“英国、埃及等国的本位货币”。

“产”在合体字中，有的处在字的上部，称为“帝字头”，如：帝、旁等；有少数的处在字腰，称为“帝头腰”，如：蒂等；大多数处在字的右上角，称为“帝头角”，如：谛、缔、膀、螃、磅、傍、谤、镑等。

“产”在现代汉语常用字中，先后出现过 13 次，构字 13 个。

亥[132] 甲 金 篆 隶

象形字。甲骨文等像一头猪的样子，指“猪”，读作 hài。字头形体是楷书规范的写法。

“亥”是个能独立成字的部件，名称叫作“亥(hài)”。凡由它组成的字，大都跟它的读音有关。

“亥”可以表音，作合体字的声旁。例如：

该、陔、垓、荄、赅(gāi)、咳(hāi)、孩、骸(hái)、胲(hǎi)、骇、氦(hài)、劾、阂、核(hé)、核(hú)、痎(jiē)、欬(kài)、颏(kē)、咳(ké)、刻(kè)等皆由亥得声。

“亥”在合体字中，大多数处在字的右边，称为“亥字边”，如：该、陔、垓、赅、咳、孩、骸、胲、骇、核、咳等；有的处在字的左旁，称为“亥字旁”，如：劾、欬、颏、刻等；也有少数处在字下部的，称为“亥字底”，如：荄等；还有处在包围结构中的，称为“亥字心”，如：氦、阂、痎等。

“亥”在现代汉语常用字中，先后出现过 7 次，构字 7 个。

羊[430][143] 甲 金 篆 隶

象形字。甲骨文等上部像一对弯曲的犄角，下部像羊的两耳，合起来像羊头，指“反刍类哺乳动物——羊”，读作

yáng。字头形体是楷书规范的写法。

“羊”是个部首字，又是个能独立成字的部件，名称叫作“羊(yáng)”。凡由它组成的字，大都跟它的音、义有关。

“羊”可以表义，作合体字的意旁。例如：

羝 dī 指“公羊”，羊表义。

羚 líng 指“羊的一种——羚羊”，羊表义。

群 qún 指“羊性好群”，羊表义。

羞 xiū 指“进献美味的羊肉”，羊表义。

“羊”还可以表音，作合体字的声旁。例如：

羟(qiǎng)、详、庠、祥、翔(xiáng)、佯、垟、徉、烊、蛘(yáng)、氧、痒(yǎng)、样、烊(yàng)等皆由羊得声。

“羊”在合体字中，有的处在字的左旁，称为“羊字旁”，如：羝、羚、羟、翔等；有的处在字的右边，称为“羊字边”，如：群、详、祥、佯、垟、徉、烊、蛘、鲜等；也有的处在包围结构中，称为“羊字心”，如：痒、庠、氧等。

“羊”在现代汉语常用字中，先后出现过 17 次，构字 17 个。

𦍌 431 [143]

字头形体是楷书美的上部，像人戴的头饰，没有读音和义，是规范的写法。

“𦍌”是羊的附形部首，又是个不能独立成字的部件，名称叫作“美(měi)字头”。凡由它组成的字，大都跟羊或羊的读音有关。

“𦍌”可以表义，作合体字的意旁。例如：

羔 gāo 指“小羊”，𦍌表义。

羹 gēng 指“带浓汁的小羊肉菜”，𦍌表义。

羡 xiàn 指“见到美味(小羊肉)而流口水”，𦍌表义。

美 měi 指“羊肉味道好”，𦍌表义。

羌 qiāng 指“西部以牧羊为业的民族之一”，𦍌表义。

“𦍌”还可以表音，作合体字的声旁。例如：

羌(qiāng)、姜(jiāng)、恙(yàng)等。

“𦍌”在合体字中，主要处在字的上部，称为“美字头”或“无尾羊头”，如以上各例。也有少数的处在字的右上角，称为“美头右角”，如：漾等。

“𦍌”在现代汉语常用字中，先后出现过 9 次，构字 8 个。

龹[196] 篆 龹隶

会意、形声字，小篆从収(gǒng)釆(biàn)声，指“双手把散着的饭粒揉搓成饭团”，读作 juàn。字头形体是楷书规范的写法。

“龹”是个不能独立成字的部件，名称叫作“卷(juǎn)字头”。凡由它组成的字，大都跟它的读音有关。

“龹”可以表音，作合体字的声旁。例如：

豢(huàn)、卷、锩(juǎn)、卷、桊、眷(juàn)、拳(quán)、券(quàn)、券(xuàn)等皆由龹得声。

“类”在合体字中，多处在字的上部，称为“卷字头”，如以上各例；有的处在字的右上角，称为“卷头右角”，如：锩、倦、惓、蜷、绻等；也有处在字腰的，称为“卷头腰”，如：鬈等；还有的处在包围结构中，称为“卷头心”，如：圈等。

“类”在现代汉语常用字中，先后出现过 9 次，构字 9 个。

米$^{239}_{144}$ 甲 篆 隶

象形字。甲骨文等像米粒的样子，指“去皮的稻子”，读作 mǐ。字头形体是楷书规范的写法。

“米”是个部首字，又是个能独立成字的部件，名称叫作“米（mǐ）”。凡由它组成的字，大都跟粮食和读音有关。

“米”可以表义，作合体字的意旁。例如：

粗 cū 指“糙米”，米表义。

粪 fèn 指“粮食经消化吸收后排出的大便”，米表义。

精 jīng 指“上等好米”，米表义。

粒 lì 指“单个的米——泛称颗粒”，米表义。

粟 sù 指“谷子”，米表义。

粥 zhōu 指“用米在锅中熬成的稀饭”，米表义。

“米”还可以表音，作合体字的声旁。例如：

咪、眯（mī）、迷、眯、縻（mí）、敉、脒（mǐ）等皆由米得声。

“米”在合体字中，有的处在合体字的左旁，称为“米字旁”，如：籽、粉、料、粘、粗、粒、粳、粮等；有的处在字的右边，称为“米字边”，如：咪、眯等；有的处在字的上部，称为“米字

头”，如：类、粪等；有的处在包围结构中，称为“米字心”，如：迷、糜等；有的处在字的下部，称为“米字底”，如：粟等；有的处在左中右结构中，称为“米字中”，如：粥等；也有的处在字的右上角，称为“米右角”，如：搂、瞜、偻、喽、楼、蝼、髅等；还有的处在字腰，称为“米字腰”，如萎、篓等。

“米”在现代汉语常用字中，先后出现过 41 次，构字 41 个。

屰[253]　甲　金　篆　隶

象形字。甲骨文等像倒着的人，指“相反”，读作 nì。字头形体是楷书规范的写法。

“屰”是个不能独立成字的部件，名称叫作“屰(nì)”或“逆(nì)字心”。凡由它组成的字，有的跟它的音、义有关。

“屰”可以表义，作合体字的意旁。例如：

逆 nì 指“走向前迎接来(方向相反的)人”，屰表义。

朔 shuò 指“农历每月初一始迎来新月”，屰表义。

溯 sù 指“由下游向上游前进”，屰表义。

“屰”还可以表音，作合体字的声旁。例如：

逆(nì)、朔(shuò)等皆由屰得声。

“屰”在合体字中，有的处在字的左旁，称为“屰字旁”，如：朔等；有的处在左中右结构中，称为“屰字中”，如：溯、搠等；有的处在包围结构中，称为“屰字心”，如：逆等；还有的处在字的左上角，称为“屰左角”，如：塑、槊等；还有的处在字的

左下角，称为“亠左下角”，如：蒴等。

“亠”在现代汉语常用字中，先后出现过3次，构字3个。

州[499]

甲 金 篆 州隶

象形字。甲骨文等像水中的陆地，现写作洲，指“水中的陆地”，读作 zhōu。字头形体是楷书规范的写法。

“州”是个能独立成字的部件，名称叫作“州(zhōu)”。由它组成的字，大都跟它的音、义有关。

“州”可以表义，作合体字的意旁。例如：

洲 zhōu 指“水中的陆地”，州表义。

“州”还可以表音，作合体字的声旁。例如：

酬(chóu)、洲皆由州得声。

“州”在合体字中，主要处在字的右边，称为“州字边”，如以上两例。

“州”在现代汉语常用字中，先后出现过3次，构字3个。

农[260]

甲 金 篆 農隶 農楷

会意字。甲骨文等像手持蚌壳去农耕，指“农耕”，读作 nóng。字头形体是楷书的简化字，是规范的写法。

“农”是个能独立成字的部件，名称叫作“农(nóng)”。凡由它组成的字，大都跟它的读音有关。

“农”可以表音，作合体字的声旁。例如：

侬(náo)、依、哝、浓、脓、秾(nóng)等皆由农得声。

“农”在合体字中，主要处在字的右边，称为“农字边”，如以上各例。

“农”在现代汉语常用字中，先后出现过 3 次，构字 3 个。

聿 470 145　 甲　 金　 篆　 隶

象形字。甲骨文等像手拿一支笔的样子，指“笔”，读作 yù。字头形体是楷书规范的写法。

“聿”是个部首字，又是个能独立成字的部件，名称叫作“聿（yù）”或“律（lǜ）字边”。由它组成的字，有的跟它的音、义有关。

“聿”可以表义，作合体字的意旁。例如：

建 jiàn 指“手持毛笔书写典章法度”，聿表义。

肄 yì 指“手持毛笔学习或练习”，聿表义。

“聿”还可以表音，作合体字的声旁。例如：

律（lǜ）由聿得声。

有些字虽有聿部件，但跟聿的音、义无关，另有来源。如：津等。

“聿”在合体字中，多数处在字的右边，称为“聿字边”，如：肄、律、津等；有的处在包围结构中，称为“聿字心”，如：建等；还有的处在字的右上角，称为“聿右角”，如：健、键、毽、楗等。

“聿”在现代汉语常用字中，先后出现过 7 次，构字 7 个。

艮 118 146　篆　隶

会意字。小篆从目从匕（比），指“彼此怒目相视不下”，读作 gèn。字头形体是楷书规范的写法。

“艮”是个部首字，又是个能独立成字的部件，名称叫作“艮（gèn）”或“根（gēn）字边”。凡由它组成的字，大都跟它的读音有关。

“艮”可以表音，作合体字的声旁。例如：

根、跟（gēn）、哏（gén）、莨（gèn）、痕（hén）、很、狠（hěn）、恨（hèn）、艰（jiān）、垦、恳（kěn）、裉（kèn）、限（xiàn）、眼（yǎn）、垠、银、龈（yín）等皆由艮得声。

“艮”在合体字中，多处在字的右边，称为“艮字边”，如以上各例；有少数处在字的上部，称为“艮字头”，如：垦、恳等；也有少数处在字的下部，称为“艮字底”，如：莨、良等；有少数处在包围结构中的，称为“艮字心”，如：退等；有少数处在字的右上角，称为“艮右角”，如：腿、煺、褪等；还有少数处在字的右下角的，称为“艮右下角”，如：浪等。

“艮”在现代汉语常用字中，先后出现过 22 次，构字 22 个。

羽 147　甲　金　篆　隶

象形字。甲骨文等像鸟翅膀上的长毛，指“鸟毛”，读作 yǔ。字头形体是楷书规范的写法。

“羽”是个部首字，名称叫作“羽(yǔ)”。凡由它组成的字，大都跟它的音、义有关。

“羽”可以表义，作合体字的意旁。例如：

翱 áo 指“扇动翅膀飞翔”，羽表义。

翠 cuì 指“翠鸟的羽毛是青绿色的”，羽表义。

翟 dí 指“长尾野鸡”，羽表义。

翻 fān 指“鸟类扇翅飞行”，羽表义。

翎 líng 指“鸟身上又长又美的羽毛”，羽表义。

翘 qiào 指“鸟尾的长羽毛”，羽表义。

翁 wēng 指“鸟颈上的毛”，羽表义。

翔 xiáng 指“鸟盘旋地飞”，羽表义。

羿 yì 指“有羽毛的箭”，羽表义。

“羽”还可以表音，作合体字的声旁。例如：

诩、栩(xǔ)等皆由羽得声。

“羽”在合体字中，有的在字的上部，称为“羽字头”，如：翠、翟、羿、翌、翼(yì)等；有的处在字的下部，称为“羽字底”，如：翁、翡等；也有的处在包围结构中，称为“羽字心”，如：翘、翅、扇等；还有的处在字的右边，称为“羽字边”，如：翱、翻、翎、诩、栩等。

“羽”在现代汉语常用字中，只作部首，不作部件。

丞[45] 甲 金 篆 隶

会意字。甲骨文像双手把人从坑中拉出，指“拯救”，读

作 chéng。字头形体是楷书规范的写法。

“丞”是个能独立成字的部件，名称叫作“丞(chéng)”。凡由它组成的字，大都跟它的音、义有关。

“丞”可以表义，作合体字的意旁。例如：

拯 zhěng 指“伸出手援救落入陷阱中的人”，丞表义。

“丞”还可以表音，作合体字的声旁。例如：

卺(jǐn)、烝、蒸(zhēng)、拯等皆由丞得声。

“丞”在合体字中，有的处在字的右边，称为“丞字边”，如：拯等；有的处在字的上部，称为“丞字头”，如：卺、烝等；还有的处在字腰，称为“丞字腰”，如：蒸等。

“丞”在现代汉语常用字中，先后出现过 2 次，构字 2 个。

糸 172 148

 甲  金  篆

象形字。甲骨文等像一束丝的样子，指“一小束丝”，读作 mì。字头形体是楷书规范的写法。

“糸”是个部首字，又是个不能独立成字的部件，名称叫作“绞丝底(jiǎosīdǐ)”。凡由它组成的字，大都跟丝义有关。

“糸”可以表义，作合体字的意旁。例如：

繁 fán 指“妇女头上的饰物多如丝”，糸表义。

紧 jǐn 指“丝弦拉紧”，糸表义。

累 lěi 指“织物由细丝聚积而成”，糸表义。

素 sù 指“本色的丝绸”，糸表义。

紊 wěn 指“丝易零乱”，糸表义。

系 xì 指“用绳索绑”，糸表义。

紫 zǐ 指“染在丝织物上的蓝红相混的颜色”，糸表义。

“糸”在合体字中，主要处在字的下部，称为“绞丝底”，如以上各例；也有的处在字的右下角，称为“绞丝右下角”，如：螺等；也有处在左中右中间下部的，称为“绞丝中底”，如：徽等。

“糸”在现代汉语常用字中，先后出现过 13 次，构字 13 个。

七画

镸 357 [83]

甲　金　篆　隶　楷

象形字。甲骨文等像位长发的老人，指“时间、空间距离大”，读作 cháng。字头形体是楷书规范的写法。

“镸”是长的附形部首，又是个不能独立成字的部件，名称叫作“肆（sì）字旁”。凡由它组成的字，大都跟它的本义有关。

肆 sì 指“通通陈列，势必长”，镸表义。

套 tào 指“罩在外面的东西（必比被罩物大而长）”，镸表义。

“镸”在合体字中，有的处在字的左旁，称为“肆字旁”，如：肆等；有的处在字的下部，称为“肆旁底”，如：套等；也有的处在字的左上角，称为“肆旁左角”，如：鬓等。

“镸”在现代汉语常用字中，先后出现过 3 次，构字 3 个。

赤 49 151 甲 金 篆 隶

会意字。甲骨文等像人被火烤得通红，指“红色”，读作 chì。字头形体是楷书规范的写法。

“赤”是个部首字，又是个能独立成字的部件，名称叫作“赤(chì)”。凡由它组成的字，大都跟它的音、义有关。

“赤”可以表义，作合体字的意旁。例如：

赫 hè 指“鲜红而明亮”，赤表义。

赧 nǎn 指“羞惭而脸红”，赤表义。

赭 zhě 指“红褐色”，赤表义。

“赤”还可以表音，作合体字的声旁。例如：

哧(chī)、郝(hǎo)、赦(shè)等皆由赤得声。

“赤”在合体字中，多处在字的左旁，称为“赤字旁”，如：郝、赫、赧、赭、赦等；也有处在字的右边的，称为“赤字边”，如：赫、哧等。

“赤”在现代汉语常用字中，先后出现过 4 次，构字 3 个。

麦 149 甲 金 篆 隶 楷

会意字。甲骨文等上部像棵小麦(来)，下部从夂(zhǐ)，指“行走(即来去的来字)”。后来“来”和“麦”发生互换，“麦”成了“一年生的草本植物”，读作 mài。字头形体是楷书的简

化字，是规范的写法。

“麦”是个部首字，名称叫作“麦(mài)”。凡由它组成的字，大都跟麦子有关。

“麦”可以表义，作合体字的意旁。例如：

麸 fū 指“小麦磨面过罗后剩下的皮儿——麸子”，麦表义。

麴 qū 指“用大麦等酿酒或制浆时引起发酵的块状物，现简作‘曲’”，麦表义。

“麦”还可以表音，作合体字的声旁。例如：

唛(mài)，由麦得声。

“麦”在合体字中，有的处在字的左旁，称为“麦字旁”，如：麸、麴等；有的处在字的右边，称为“麦字边”，如：唛等。

“麦”在现代汉语常用字中，只作部首，不作部件。

走150 金 篆 隶

会意字。金文等从人从止，像人甩动双臂迈开大步跑的样子，指“跑”，读作 zǒu。字头形体是楷书规范的写法。

“走”是个部首字，名称叫作“走(zǒu)”。凡由它组成的字，大都跟它的音、义有关。

“走”可以表义，作合体字的意旁。例如：

超 chāo 指“越过”，走表义。

趁 chèn 指“追逐”，走表义。

赴 fù 指“快走”，走表义。

赶 gǎn 指“奔跑、追”，走表义。

起 qǐ 指“自己要行走就得站起来”，走表义。

趟 tàng 指“来回走的次数”，走表义。

越 yuè 指“跨过”，走表义。

“走”还可以表音，作合体字的声旁。例如：

哣（dōu）、陡（dǒu）等皆由走得声。

“走”在合体字中，有的处在字的右边，称为“走字边”，如：哣、陡、徒（tú）等；大多处在包围结构的外框，称为“走字框”，如以上各例。

“走”在现代汉语常用字中，只作部首，不作部件。

严425 金 篆 嚴隶 嚴楷

形声、会意字。金文等从吅（xuān）厰（yín）声，指“紧急”，读作 yán。字头形体是楷书的简化字，是规范的写法。

“严”是个能独立成字的部件，名称叫作“严（yán）”。凡由它组成的字，大都跟它的读音有关。

“严”可以表音，作合体字的声旁。例如：

俨（yǎn）、酽（yàn）等皆由严得声。

“严”在合体字中，多处在字的右边，称为“严字边”，如以上两例。

“严”在现代汉语常用字中，只出现过 1 次，构字 1 个。

𦣞445 篆

象形字。小篆像竖起的下巴，指“面颊、腮”，是颐的本字，读作 yí。字头形体是楷书规范的写法。

“𦣞”是个不能独立成字的部件，名称叫作“颐(yí)字旁”。凡由它组成的字，大都跟它的音、义有关。

“𦣞”可以表义，作合体字的意旁。例如：

熙 xī 从灬(火)从配(yí 人的面颊)，指“人在烤火时面部皮肤显干燥”，𦣞表义。

颐 yí 指“面颊”，𦣞表义。

“𦣞”还可以表音，作合体字的声旁。例如：

茝(chǎi)、姬(jī)、宧、颐(yí)等皆由𦣞得声。

“𦣞”在合体字中，有的处在字左旁，称为“𦣞字旁”，如：颐等；有的出现在字的右边，称为“𦣞字边”，如：姬等；也有的处在字的下部，称为“𦣞字底”，如：茝、宧等；还有的处在字的左上角，称为“𦣞左角”，如：熙等。

“𦣞”在现代汉语常用字中，只出现过 1 次，构字 1 个。

求285 甲 金 篆 求隶

象形字。甲骨文等像一件毛朝外的皮衣，指“毛皮衣”，读作 qiú。字头形体是楷书规范的写法。

“求”是个能独立成字的部件，名称叫作“求(qiú)”。凡由它组成的字，大都跟它的音、义有关。

“求”可以表义，作合体字的意旁。例如：

裘 qiú 指“毛皮衣服”，求表义。

“求”还可以表音，作合体字的声旁。例如：

救（jiù）、俅、逑、球、赇、裘（qiú）等皆由求得声。

“求”在合体字中，大多处在字的右边，称为“求字边”，如：俅、球、赇等；也有处在字的左旁的，称为“求字旁”，如：救等；还有处在字的上部的，称为“求字头”，如：裘等；更有处在包围结构中的，称为“求字心”，如：逑等。

“求”在现代汉语常用字中，先后出现过 3 次，构字 3 个。

甫[108]

甲　金　篆　隶

会意字。甲骨文等像田中种有庄稼的样子，是圃的本字，指“种植蔬菜、花草等的园子”，读作 fǔ。字头形体是楷书规范的写法。

“甫”是个能独立成字的部件，名称叫作“甫（fǔ）”。凡由它组成的字，大都跟它的音、义有关。

“甫”可以表义，作合体字的意旁。例如：

圃 pǔ 指“种植蔬菜、花草、瓜果的园子”，甫表义。

“甫”还可以表音，作合体字的声旁。例如：

逋、晡（bū）、捕、哺（bǔ）、埔（bù）、辅、脯、蚺、黼（fǔ）、铺（pū）、匍、莆、脯、酺（pú）、埔、圃、浦（pǔ）、铺（pù）、牖（yǒu）等皆由甫得声。

“甫”在合体字中，多数处在字的右边，称为“甫字边”，如

以上多例;有的处在包围结构中,称为“甫字心”,如:圃、逋、俌、葡等;也有的处在字的右上角的,称为“甫右角”,如:博、溥、搏等;还有处在字的左上角的,称为“甫左角”,如:敷等;更有处在字的右下角的,称为“甫右下角”,如:牖等。

“甫”在现代汉语常用字中,先后出现过 18 次,构字 18 个。

更[120] 甲 金 篆 更隶

形声、会意字。甲骨文等从攴(pū)丙(bǐng)声,像手持鞭子敲打,使人改变旧习,走向光明,指“改变”,读作 gēng。字头形体是楷书规范的写法。

“更”是个能独立成字的部件,名称叫作“更(gèng)”。凡由它组成的字,大都跟它的读音有关。

“更”可以表义,作合体字的意旁。例如:

便 biàn 指“人更改不便使之方便”,更表义。

“更”还可以表音,作合体字的声旁。例如:

筻(gàng)、埂、哽、绠、梗、鲠(gěng)、粳(jīng)、硬(yìng)等皆由更得声。

“更”在合体字中,绝大多数处在字的右边,称为“更字边”,如以上各例;也有少数处在字的下部,称为“更字底”,如:筻等。

“更”在现代汉语常用字中,先后出现过 6 次,构字 6 个。

曲 31

字头形体是楷书曹的上部。曹甲骨文写作  ,从㯥(cáo)从口,指“诉讼双方”,读作 cáo。

“曲”是个不能独立成字的部件,名称叫作“曹(cáo)字头”。凡由它组成的字,跟它的音、义有关。

“曲”可以表义,作合体字的意旁。例如:

曹 cáo 指“诉讼双方”,曲表义。

“曲”还可以表音,作合体字的声旁。例如:

曹由曲得声。

“曲”在合体字中,少数处在字的上部,称为“曹字头”,如:曹等;大多数处在字的右上角,称为“曹头右角”,如:嘈、漕、槽、礃、螬、艚(cáo)、糟、遭(zāo)等。

“曲”在现代汉语常用字中,先后出现过 4 次,构字 4 个。

束343 甲 金 篆 **束**隶

会意字。甲骨文等像用一根绳子把木柴绑起来,指“捆扎”,读作 shù。字头形体是楷书规范的写法。

“束”是个能独立成字的部件,名称叫作“束(shù)”。凡由它组成的字,大都跟它的音、义有关。

“束”可以表义,作合体字的意旁。例如:

剌 là 指“一边捆扎,一边用刀挑开——违背常情”,束

表义。

整 zhěng 从束从攴(pū)正声,指“约束,敲打,使端正”,束表义。

“束”还可以表音,作合体字的声旁。例如:

敕(chì)、悚、竦(sǒng)、涑、速、觫(sù)等皆由束得声。

“束”在合体字中,有的处在字的左旁,称为“束字旁”,如:剌、敕、赖等;有的处在字的右边,称为“束字边”,如:悚、竦、涑、觫等;有的处在字的左上角,称为“束左角”,如:整等;有的处在包围结构中,称为“束字心”,如:速等;还有的处在左中右结构中,称为“束字中”,如:嫩、漱等。

“束”在现代汉语常用字中,先后出现过 10 次,构字 10 个。

⿱亠𠁣[251]

字头形体是楷书囊的上部。囊从橐(tuó)省,襄(xiāng)省声,指“装东西的口袋”,而橐有“袋子”义,襄有“帮助”义,囊是帮助(方便)人们携带东西的。字头形体是楷书规范的写法,没有读音。

“⿱亠𠁣”是个不能独立成字的部件,名称叫作“囊(náng)字头”,由它组成的字,多跟口袋义有关。例如:

囊 náng 指“口袋”。

橐 tuó 指“袋子”。

“⿱亠𠁣”在合体字中,有的处在字的上部,称为“囊字头”,如以上两例；有的处在字的右上角，称为“囊头右角”，如：囔(nāng)、馕(náng)、攮、馕(nǎng)、齉(nàng)等。

“[illegible]”在现代汉语常用字中，只出现过 1 次，构字 1 个。

豆 86 152

甲

金

篆

隶

象形字。甲骨文等像一种盛食物的高脚器皿，指“古代盛食物的器物”，读作 dòu。字头形体是楷书规范的写法。

“豆”是个部首字，又是个能独立成字的部件，名称叫作“豆(dòu)”。凡由它组成的字，大都跟器皿、菽豆或读音有关。

“豆”可以表义，作合体字的意旁。例如：

豉 chǐ 指“一种将豆煮熟，经发酵后制成的调味品——豆豉”，豆表义。

登 dēng 指“双手捧着盛满食物的器皿(豆)走上台阶去进献”，豆表义。

短 duǎn 指“长度如箭似豆(食器)”，豆表义。

豌 wān 指“草本植物，嫩荚、种子、嫩茎、叶可吃的豌豆”，豆表义。

“豆”还可以表音，作合体字的声旁。例如：

饾、逗、脰、痘(dòu)、短(duǎn)、剅(lóu)、豎(竖)(shù)等皆由豆得声。

“豆”在合体字中，有的处在字的左旁，称为“豆字旁”，如：豉、豌、剅等；有的处在字的右边，称为“豆字边”，如：短、饾、脰等；有的处在字的下边，称为“豆字底”，如：壹、登、竖等；也有的处在包围结构中，称为“豆字心”，如：逗、痘、厨等。

“豆”在现代汉语常用字中，先后出现过 21 次，构字 21 个。

两[216]

 金　 篆　 隶

会意字。金文等像两鬲（古炊具）并排的样子，指“数目字二”，读作 liǎng。字头形体是楷书规范的写法。

“两”是个能独立成字的部件，名称叫作“两（liǎng）”。凡由它组成的字，大都跟数目字或读音有关。

“两”可以表义，作合体字的意旁。例如：

俩 liǎ 指“两个人”，两表义。

“两”还可以表音，作合体字的声旁。例如：

俩、唡、緉、魉（liǎng）、辆（liàng）等皆由两得声。

“两”在合体字中，多处在字的右边，称为“两字边”，如：俩、唡、緉、辆等；有的处在字的右下角，称为“两右下角”，如：满等；还有的处在包围结构中，称为“两字心”，如：魉等。

“两”在现代汉语常用字中，先后出现过 5 次，构字 5 个。

酉[459][153]

 金　 篆　 隶

象形字。金文等像一只酒坛子，指“酒坛子”，读作 yǒu。字头形体是楷书规范的写法。

“酉”是个部首字，又是个能独立成字的部件，名称叫作

“酉(yǒu)”。凡由它组成的字跟酒或读音有关。

“酉”可以表义，作合体字的意旁。例如：

酬 chóu 指“敬酒”，酉表义。

醇 chún 指“酒精含量高的酒”，酉表义。

酣 hān 指“酒喝得很尽兴”，酉表义。

酵 jiào 指“保持温暖才能发酵成酒”，酉表义。

酷 kù 指“酒味浓烈”，酉表义。

酋 qiú 指“久酿的酒”，酉表义。

酸 suān 指“酒酿不好就变成醋的味道”，酉表义。

酗 xù 指“饮酒过度，无节制”，酉表义。

酌 zhuó 指“斟酒”，酉表义。

尊 zūn 指“双手捧酒器敬献给辈分高的人”，酉表义。

“酉”还可以表音，作合体字的声旁。例如：

酒由酉得声。

“酉”在合体字中，绝大多数处在字的左旁，称为“酉字旁”，如以上多例；也有的处在字的下部，称为“酉字底”，如：酋、酱等；还有的处在字腰的，称为“酉字腰”，如：尊等。

“酉”在现代汉语常用字中，先后出现过 23 次，构字 23 个。

丽[211]  甲  金  篆 麗 隶 麗 楷

象形字。甲骨文等像鹿头上长着一对漂亮的犄角，指“漂亮、好看”，读作 lì。字头形体是楷书的简化字，是规范的

写法。

“丽”是个能独立成字的部件，名称叫作“丽(lì)”。凡由它组成的字，大都跟它的读音有关。

“丽”可以表音，作合体字的声旁。例如：

骊、鹂、鲡(lí)、逦(lǐ)、俪、郦(lì)、酾(shāi)、酾(shī)等皆由丽得声。

“丽”在合体字中，有的处在字的左旁，称为“丽字旁”，如：鹂、郦等；大多处在字的右边，称为“丽字边”，如：骊、鲡、俪、酾等；还有处在包围结构中，称为“丽字心”，如：逦等。

“丽”在现代汉语常用字中，只出现过1次，构字1个。

辰$^{44}_{154}$  甲  金  篆  隶

象形字。甲骨文等像一只伸出肉的大蚌，上古时代的人们曾用大蚌壳作除草的农具，指“蚌镰”，读作chén。字头形体是楷书规范的写法。

“辰”是个部首字，又是个能独立成字的部件，名称叫作“辰(chén)”。凡由它组成的字，大都跟它的音、义有关。

“辰”可以表义，作合体字的意旁。例如：

耨nòu指“除草”，辰表义。

辱rǔ指“手持蚌镰除草”，辰表义。

“辰”还可以表音，作合体字的声旁。例如：

宸、晨(chén)、唇(chún)、娠(shēn)、蜃(shèn)、振、赈、震(zhèn)等皆由辰得声。

“辰”在合体字中，有的处在字的上部，称为“辰字头”，如：唇、蜃等；有的处在字的下部，称为“辰字底”，如：宸、晨、震等；也有的处在字的右边，称为“辰字边”，如：娠、振、赈等。

“辰”在现代汉语常用字中，先后出现过 7 次，构字 7 个。

豕$^{325}_{155}$  甲  金  篆 豕 隶

象形字。甲骨文像一头猪的样子，指“猪”，读作 shǐ。字头形体是楷书规范的写法。

“豕”是个部首字，又是个能独立成字的部件，名称叫作“豕(shǐ)”。由它组成的字有的跟它的本义有关。

“豕”可以表义，作合体字的意旁。例如：

豢 huàn 指“用粮食喂猪”，豕表义。

豪 háo 指“豪猪”，豕表义。

家 jiā 指“在屋子里养猪”，豕表义。

逐 zhú 指“人在追赶猪”，豕表义。

“豕”在合体字中，多处在字的下部，称为“豕字底”，如：豢、豪、家、蒙等；有的处在包围结构中，称为“豕字心”，如：逐等；有的在字的右下角，称为“豕右下角”，如：檬、朦、濛等；也有的在包围结构中的下方，称为“豕心底”，如：遂等；还有的处在字的右边包围结构中的下方，称为“右豕心底”，如：隧、燧、邃等。

“豕”在现代汉语常用字中，先后出现过 12 次，构字 12 个。

来[201] 甲 金 篆 隶 楷

象形字。甲骨文等像一株成熟了的麦子，指“麦”，读作 lái。后被借用指“来去”的来。字头形体是楷书的简化字，是规范的写法。

“来”是个能独立成字的部件，名称叫作“来（lái）”。凡由它组成的字，大都跟它的读音有关。

“来”可以表音，作合体字的声旁。例如：

莱、崃、徕、涞、铼（lái）、赉、睐（lài）等皆由来得声。

“来”在合体字中，有的处在字的上部，称为“来字头”，如：赉等；有的处在字的下部，称为“来字底”，如：莱等；大多数处在字的右边，称为“来字边”，如：崃、徕、涞、铼、睐等。

“来”在现代汉语常用字中，先后出现过 3 次，构字 3 个。

卤[223][156] 金 篆 隶 楷

象形字。金文等像袋子里装有盐液的样子，指“盐卤”，读作 lǔ。字头形体是楷书的简化字，是规范的写法。

“卤”是个部首字，又是个能独立成字的部件，名称叫作“卤（lǔ）”。凡由它组成的字，大都跟它的音、义有关。

“卤”可以表义，作合体字的意旁。例如：

鹾 cuó 指“盐”，卤表义。

“卤”还可以表音，作合体字的声旁。例如：

硵（lǔ）由卤得声。

“卤”在合体字中，有的处在字的左旁，称为“卤字旁”，如：鹾等；有的处在字的右边，称为“卤字边”，如：硇等。

“卤”在现代汉语常用字中，只出现过 1 次，构字 1 个。

里$^{207}_{157}$ 金 篆 隶

会意字。金文等从土从田，指“有田地人们就能生存居住”，读作 lǐ。字头形体是楷书规范的写法。

“里”是个部首字，又是个能独立成字的部件，名称叫作“里(lǐ)”。凡由它组成的字，大都跟乡里或读音有关。

“里”可以表义，作合体字的意旁。例如：

厘 lí 指“家居得福”，里表义。

狸 lí 指“伏居山野的山猫”，里表义。

野 yě 指“郊外”，里表义。

“里”还可以表音，作合体字的声旁。例如：

悝(kuī)、俚、哩、浬、娌、理、锂、鲤(lǐ)、埋(mái、mán)等皆由里得声。

也有些字虽有里部件，但跟里的音、义无关。如：量、童等。

“里”在合体字中，有的处在字的左旁，称为“里字旁”，如：野等；有的处在字的右边，称为“里字边”，如：狸、悝、俚、哩、浬、娌、理、锂、鲤、埋等；有的处在包围结构中，称为“里字心”，如：厘等；还有的出现在字的下部，称为“里字底”，如：量、童等。

“里”在现代汉语常用字中，先后出现过 15 次，构字 15 个。

足158 甲 金 篆 隶

会意字。甲骨文等上部为膝盖，下面像脚，指“人体下肢的总称”，读作 zú。字头形体是楷书规范的写法。

“足”是个部首字，名称叫作“足(zú)”。凡由它组成的字，大都跟它的音、义有关。

“足”可以表义，作合体字的意旁。例如：

蹩 bié 指“失足跌倒”，足表义。

跛 bǒ 指“腿、脚有毛病，走起路来身体不平衡”，足表义。

踮 diǎn 指“脚后跟抬起，用脚尖着地”，足表义。

距 jù 指“鸡爪、距离”，足表义。

路 lù 指“道路”，足表义。

跃 yuè 指“跳”，足表义。

“足”还可以表音，作合体字的声旁。例如：

娖、龊(chuò)、促(cù)、捉(zhuō)、浞(zhuó)等皆由足得声。

“足”在合体字中，有的处在字的下部，称为“足字底”，如：蹩、蹙(cù)等；多数处在字的右边，称为“足字边”，如：娖、龊、促、捉、浞等；也有的在字的左旁，称为“足字旁”，如：踮、跛、路、距、跃等。

“足”在现代汉语常用字中，只作部首，不作部件。

邑159

甲 金 篆 隶

会意字。甲骨文等从囗(wéi)从卩(jié),指“人们聚居的地方”,读作 yì。字头形体是楷书规范的写法。

“邑”是个部首字,名称叫作“邑(yì)”。凡由它组成的字,大都跟它的音和地域有关。

“邑”可以表义,作合体字的意旁。例如:

邕 yōng 指“城市四周被水环绕”,邑表义。

“邑”还可以表音,作合体字的声旁。例如:

挹、悒、浥(yì)等皆由邑得声。

“邑(阝)”在合体字中,多处在字的右边,称为“邑字边”,如以上多例;少数的处在字的下部,称为“邑字底”,如:邕等。

“邑”在现代汉语常用字中,只作部首,不作部件。

串56

隶

会意字。像两个物体由丨连贯在一起,指“连贯”,读作 chuàn。字头形体是楷书规范的写法。

“串”是个能独立成字的部件,名称叫作“串(chuàn)”。凡由它组成的字,大都跟它的读音、义有关。

“串”可以表义,作合体字的意旁。例如:

患 huàn 指“心中忧虑为事所穿(串)过似的”,串表义。

“串”还可以表音,作合体字的声旁。例如:

窜(cuàn)由串得声。

“串”在合体字中，有的处在字的上部，称为“串字头”，如：患等；有的处在字的下部，称为“串字底”，如：窜等；还有的处在字的右下角，称为“串右下角”，如：撺、镩、蹿(cuān)等。

“串”在现代汉语常用字中，先后出现过 3 次，构字 3 个。

𦈢[405]

字头形体是楷书卸的左旁。卸从午从止从卩(jié)，指“停车后(止)人(卩)解去套在马(午)身上的东西”。字头是楷书规范的写法。

“𦈢”是个不能独立成字的部件，名称叫作“卸(xiè)字旁”。由它组成的字，大都跟车马有关。

“𦈢”可以表义，作合体字的意旁。例如：

卸 xiè 指“停车后拿下马身上的东西”。

御 yù 指“驾驭车马”。

“𦈢”在合体字中，有的处在字的左旁，称为“卸字旁”，如：卸等；有的处在左中右结构的中间，称为“卸字旁中”，如：御等。

“𦈢”在现代汉语常用字中，先后出现过 2 次，构字 2 个。

我[383]

 甲  金  篆  隶

象形字。甲骨文等像古代的一种兵器，指“古代的一种兵器”，读作 wǒ。后被假借作第一人称代词。字头形体是楷

书规范的写法。

“我”是个能独立成字的部件，名称叫作“我（wǒ）”。凡由它组成的字，大都跟它的读音有关。

“我”可以表音，作合体字的声旁。例如：

俄、莪、哦、峨、娥、锇、鹅、蛾（é）、饿（è）、哦（ó、ò）、硪（wò）等皆由我得声。

“我”在合体字中，绝大多数处在字的右边，称为“我字边”，如以上多例；也有少数的字处在字的左旁，称为“我字旁”，如：鹅等；还有少数处在字的下部，称为“我字底”，如：莪等。

“我”在现代汉语常用字中，先后出现过 8 次，构字 8 个。

申 358

字头形体是楷书叟的上部。叟甲骨文写作，像手持火把在屋里寻觅的样子，指“搜寻”，是“搜”的本字，读作 sōu。字头是楷书规范的写法。

“申”是个不能独立成字的部件，名称叫作“叟（sǒu）字头”。凡由它组成的字，大都跟叟音有关。

“申”可以表音，作合体字的声旁。例如：

嫂（sǎo）、瘦（shòu）、鄋、搜、嗖、馊、廋、溲、飕、锼、螋（sōu）、叟、瞍（sǒu）等皆由叟得声。

“申”在合体字中，有的处在字的上部，称为“叟字头”，如：叟等；有的处在包围结构中的上部，称为“叟头心”，如：瘦、廋、飕等；也有少数处在字的左上角，称为“叟头左角”，如：鄋等；大多数处在字的右上角，称为“叟头右角”，如以上多例。

“申”在现代汉语常用字中，先后出现过 4 次，构字 4 个。

身 314 160  甲  金  篆  隶

象形字。甲骨文等像一个挺着大肚子的人，指“有身孕”，读作 shēn。字头形体是楷书规范的写法。

“身”是个部首字，又是个能独立成字的部件，名称叫作“身(shēn)”。凡由它组成的字，大都跟身躯有关。

“身”可以表义，作合体字的意旁。例如：

躲 duǒ 指“把身体隐藏起来”，身表义。

躬 gōng 指“身体可以弯曲”，身表义。

躯 qū 指“身体”，身表义。

有些字虽有身部件，但跟身的音、义无关，另有来源。如：射、谢等。

“身”在合体字中，大多处在字的左旁，称为“身字旁”，如：躲、躬、躯、射等；也有的处在左中右结构中，称为“身字中”，如：谢、榭等。

“身”在现代汉语常用字中，先后出现过 7 次，构字 7 个。

囱[61]  篆  隶

象形字。小篆等像屋顶上的天窗，指“天窗”，读作 cōng。字头形体是楷书规范的写法。

“囱”是个能独立成字的部件，名称叫作“囱(cōng)”。凡由它组成的字，大都跟它的本义有关。

“囱”可以表义，作合体字的意旁。例如：

窗 chuāng 指“装在屋顶或墙壁上，用以采光、通风的构件”，囱表义。

“囱”在合体字中，处在字的下部，称为“囱字底”，如：窗等。

“囱”在现代汉语常用字中，先后出现过 2 次，构字 2 个。

釆[23][161]  金  篆  隶

象形字。金文等像兽的指爪，猎人须辨别指爪的印迹就能捕获野兽，指“辨别”，读作 biàn。字头形体是楷书规范的写法。

“釆”是个部首字，又是个能独立成字的部件，名称叫作“釆(biàn)”或“番(fān)字头”。凡由它组成的字，大都跟辨别或兽足有关。

“釆”可以表义，作合体字的意旁。例如：

番 fān 指“兽足”，釆表义。

蕃 fán 指“草茂盛的地方兽足多”，釆表义。

释 shì 指“通过侦察和辨别才能解开”，釆表义。

悉 xī 指“用心辨别才能详尽其事”，釆表义。

“釆”在合体字中，有的处在字的上部，称为“釆字头”，如：番、悉等；有的处在字的左旁，称为“釆字旁”，如：释、釉等；有的处在字的右上角，称为“釆右角”，如：磻、蟠（pán）、潘（pān）、幡（fān）、璠、膰、燔、蹯（fán）等；也有的处在字的左上角，称为“釆左角”，如：翻等；还有的处在字腰，称为“釆字腰”，如：蕃（fān）等。

“釆”在现代汉语常用字中，先后出现过 7 次，构字 7 个。

谷 124 162

 甲　 金　 篆　 隶

会意字。甲骨文等上面似流水，下面像水口，指“两山之间的水道或夹道”，读作 gǔ。字头形体是楷书规范的写法。

“谷”是个部首字，又是个能独立成字的部件，名称叫作“谷（gǔ）”。凡由它组成的字，大都跟它的音、义有关。

“谷”可以表义，作合体字的意旁。例如：

豁 huō 指“畅通的山谷”，谷表义。

峪 yù 指“山谷”，谷表义。

容 róng 指“房屋和山谷能容纳和盛受”，谷表义。

“谷”还可以表音，作合体字的声旁。例如：

俗（sú）、峪、浴、欲、鹆、裕（yù）等皆由谷得声。

“谷”在合体字中，有的处在字的左旁，称为“谷字旁”，如：欲、鹆等；有的处在字的下部，称为“谷字底”，如：容、蓉

等；大多处在字的右边，称为“谷字边”，如：豁、俗、裕、峪、浴等；也有的处在字的右下角，称为“谷右下角”，如：溶、瑢、榕、熔等。

“谷”在现代汉语常用字中，先后出现过 11 次，构字 11 个。

豸 494 163

甲 篆 隶

象形字。甲骨文像一只大嘴、利齿、尾长、长脊的兽类，指“长脊兽的总名”，读作 zhì 。字头形体是楷书规范的写法。

“豸”是个部首字，又是个能独立成字的部件，名称叫作“豸(zhì)”或“豹(bào)字旁”。凡由它组成的字，大都跟食肉兽有关。

“豸”可以表义，作合体字的意旁。例如：

豹 bào 指“一种像虎而较小，身上有许多斑点或条纹，能爬树、性凶猛的野兽”，豸表义。

豺 chái 指“样子像狼，比狼小、性凶残、好结群，常攻击家畜和人”，豸表义。

貂 diāo 指“一种身子长，四肢短，嘴尖，尾粗的哺乳动物”，豸表义。

貉 hé、háo 指“形似狐，毛棕灰色、两耳短小”，豸表义。

貌 mào 指“人的面容显而易见”，豸表义。

“豸”在合体字中，多处在字的左旁，称为“豸字旁”或“豹

字旁”，如以上各例。

“豸”在现代汉语常用字中，先后出现过 4 次，构字 4 个。

龟$^{129}_{164}$ 甲 金 篆 隶 楷

象形字。甲骨文等像一只乌龟的样子，指“乌龟”，读作 guī。字头形体是楷书的简化字，是规范的写法。

“龟”是个部首字，又是个能独立成字的部件，名称叫作“龟(guī)”。凡由它组成的字，大都跟龟有关，但现在都不常用。

“龟”在现代汉语常用字中，仅出现过 1 次，构字 1 个。

奂^{149} 篆 隶 楷

会意字。小篆从拱()敻(省 huàn)声，指“大”，读作 huàn。字头形体是楷书的简化字，是规范的写法。

“奂”是个能独立成字的部件，名称叫作“奂(huàn)”。凡由它组成的字，大都跟它的读音有关。

“奂”可以表音，作合体字的声旁。例如：

换、唤、涣、焕、痪(huàn)皆由奂得声。

“奂”还可以表义，作合体字的意旁。例如：

涣 huàn 指“水大而多”，奂表义。

“奂”在合体字中，多数处在字的右边，称为“奂字边”，如以上各例；有少数处在包围结构中，称为“奂字心”，如：痪等。

“奂”在现代汉语常用字中，先后出现过 5 次，构字 5 个。

免[240] 金 篆 隶

会意字。金文上部像顶大帽子，下部像位面朝左站着的人，指“帽子”，读作 miǎn。字头形体是楷书规范的写法。

“免”是个能独立成字的部件，名称叫作“免（miǎn）”。凡由它组成的字，大都跟它的音、义有关。

“免”可以表义，作合体字的意旁。例如：

冕 miǎn 指“天子、诸侯、卿、大夫所戴的礼帽，后专指帝王的礼帽”，免表义。

“免”还可以表音，作合体字的声旁。例如：

浼（měi）、勉、娩、冕、鮸（miǎn）、挽、晚（wǎn）等皆由免得声。

“免”在合体字中，多处在字的右边，称为“免字边”，如：浼、娩、鮸、挽、晚等；有的处在字的下部，称为“免字底”，如：冕等；也有的处在包围结构的外框，称为“免字框”，如：勉、兔等；还有的处在字的右上角，称为“免右角”，如：馋、搀等。

“免”在现代汉语常用字中，先后出现过 9 次，构字 9 个。

角[173 165] 甲 金 篆 隶

象形字。甲骨文等像一只兽角的样子，指“某些动物头上长出的坚硬的东西”，读作 jiǎo。字头形体是楷书规范的写法。

“角”是个部首字，又是个能独立成字的部件，名称叫作

“角(jiǎo)”。凡由它组成的字，大都跟它的音、义有关。

“角”可以表义，作合体字的意旁。例如：

触 chù 指“用犄角抵物”，角表义。

觚 gū 指“古代一种角制的酒具”，角表义。

解 jiě 指“用刀砍下牛犄角——分开”，角表义。

确 què 指“像石头和兽角一般坚固”，角表义。

“角”还可以表音，作合体字的声旁。例如：

斛(hú)、桷(jué)等，皆从角得声。

“角”在合体字中，多数处在字的左旁，称为“角字旁”，如：触、解、斛、觞等；有的处在字的右边，称为“角字边”，如：确、桷等；也有的处在字的左上角，称为“角左角”，如：蟹等；还有的处在字的右下角，称为“角右下角”，如：嘴等。

“角”在现代汉语常用字中，先后出现过 7 次，构字 7 个。

卵[227]

 金　 篆　 隶

象形字。金文像动物的蛋，指“动物的蛋”，读作 luǎn。字头形体是楷书规范的写法。

“卵”是个能独立成字的部件，名称叫作“卵(luǎn)”。由它组成的字，大都跟它的本义有关。

“卵”可以表义，作合体字的意旁。例如：

孵 fū 指“鸟类伏在蛋上使卵内的胚胎发育成雏鸟”，卵表义。

“卵”在合体字中，处在字的左旁，称为“卵字旁”，如：

孵等。

“卵”在现代汉语常用字中，先后出现过 2 次，构字 2 个。

言$^{426}_{166}$ 甲 金 篆 隶

指事字。甲骨文等像从口中伸舌说话，指“说”，读作 yán。字头形体是楷书规范的写法。

“言”是个部首字，又是个能独立成字的部件，名称叫作“言（yán）”。凡由它组成的字，大都跟说话或读音有关。

“言”可以表义，作合体字的意旁。例如：

警 jǐng 指“用话警告、提醒”，言表义。

譬 pì 指“把相似的进行比较然后告知”，言表义。

誊 téng 指“转录或抄写语言文字”，言表义。

信 xìn 指“人说话要诚实”，言表义。

誉 yù 指“用语言赞美、颂扬”，言表义。

詹 zhān 指“话多”，言表义。

“言”还可以表音，作合体字的声旁。例如：

唁（yàn）、狺（yín）等皆由言得声。

“言”在合体字中，多处在字的下部，称为“言字底”，如：警、譬、誊、誉、詹等；也有处在字的右边，称为“言字边”，如：信、唁、狺等；还有的处在字的右下角，称为“言右下角”，如：檐等。

“言”在现代汉语常用字中，先后出现过 11 次，构字 11 个。

辛 409 167

甲 金 篆 隶

象形字。甲骨文等像古代在奴隶、罪犯脸上刺字的刑刀，指“刑刀”，读作 xīn。字头形体是楷书规范的写法。

“辛”是个部首字，又是个能独立成字的部件，名称叫作“辛（xīn）”。凡由它组成的字，大都跟刀、刑、罪、劳苦、奴隶或读音有关。

“辛”可以表义，作合体字的意旁。例如：

辡 biàn 指“罪人互相指控”，辛表义。

辞 cí 指“治理罪人案件”，辛表义。

辜 gū 指“古代一种分解肢体的酷刑”，辛表义。

辣 là 指“（像刀刺、割那样）强烈的刺激性”，辛表义。

辟 pì 指“施加刑罚”，辛表义。

“辛”还可以表音，作合体字的声旁。例如：

亲（qīn、qìng）、莘（shēn）、莘、锌、新（xīn）等皆由辛得声。

“辛”在合体字中，有的处在字的左旁，称为“辛字旁”，如：辣、辡、辨、辩、辫、瓣等；有的处在字的右边，称为“辛字边”，如：辟、辞、辡、辨、辩、辫、瓣等；也有少数的处在字的下部，称为“辛字底”，如：辜等；还有的处在字的右上角，称为“辛右角”，如：臂、劈、譬、壁、璧等。

“辛”在现代汉语常用字中，先后出现过 24 次，构字 20 个。

龹 432

字头形体是楷书养的上部。养篆书写作,从羊从食,指“养羊”。字头没有读音,是楷书规范的写法。

“龹”是个不能独立成字的部件,名称叫作“养(yǎng)字头”。由它组成的字,跟喂牲畜、生育、培育、供养等有关。

“龹”可以表义,作合体字的意旁。例如:

养 yǎng 指“喂牲畜、生育、供养、培育、维修等”,龹表义。

“龹”在合体字中,处在字的上部,称为“养字头”,如上各例。

“龹”在现代汉语常用字中,仅出现过 1 次,构字 1 个。

㡀 22　甲　金　篆　隶

字头形体是楷书敝的左旁,敝甲骨文写作,像手持棍棒在抽打一件破衣服,四点像被打落的布屑,指“破衣”,㡀读作 bì。是楷书规范的写法。

“㡀”是个不能独立成字的部件,名称叫作“敝(bì)字旁”,由它组成的字,跟它的音、义有关。

“㡀”可以表义,作合体字的意旁。例如:

敝 bì 指“破旧”,㡀表义。

“㡀”还可以表音,作合体字的声旁。例如:

敝从㡀得声。

“㡀”在合体字中，有的处在字的左旁，称为“敝字旁”，如：敝等；有的处在字的左上角，称为“敝旁左角”，如：弊（bì）、憋、鳖（biē）、蹩（bié）等；也有的处在字的左下角，称为“敝旁左下角”，如：蔽（bì）等；还有的处在左中右结构的中间，称为“敝旁中”，如：撇（piě）等。

“㡀”在现代汉语常用字中，先后出现过5次，构字5个。

弟[75]

 甲  金  篆 弟 隶

会意字。甲骨文等从弓从弋（yì 木桩），像用绳索（弓）按次序一圈一圈地缠绕在木桩上，指“次第”，读作 dì。字头形体是楷书规范的写法。

“弟”是个能独立成字的部件，名称叫作“弟（dì）”。凡由它组成的字，大都跟它的读音有关。

“弟”可以表音，作合体字的声旁。例如：

递、娣、睇、第（dì）、梯、䏲、锑（tī）、绨、鹈（tí）、剃、悌、涕、绨（tì）等皆由弟得声。

“弟”在合体字中，多数处在字的右边，称为“弟字边”，如：娣、睇、梯、䏲、锑、绨、悌、涕等；也有的处在字的左旁，称为“弟字旁”，如：剃、鹈等；还有的处在包围结构中，称为“弟字心”，如：递等。

“弟”在现代汉语常用字中，先后出现过5次，构字5个。

八画

其[274]

甲　金　篆　其隶

象形字。甲骨文等像个簸箕的样子，指“簸箕”，读作 qí。字头形体是楷书规范的写法。

“其”是个能独立成字的部件，名称叫作“其(qí)”。凡由它组成的字，大都跟它的音、义有关。

“其”可以表义，作合体字的意旁。例如：

箕 jī 指“扬米去糠等的器具”，其表义。

“其”还可以表音，作合体字的声旁。例如：

基、期、箕(jī)、期、欺、颠(qī)、萁、淇、骐、琪、棋、祺、蜞、綦、麒、旗(qí)、斯(sī)等皆由其得声。

“其”在合体字中，多数处在字的右边，称为“其字边”，如：淇、骐、琪、棋、祺、蜞、麒等；有的处在字的左旁，称为“其字旁”，如：期、斯、欺、颠等；有的处在字的上部，称为“其字头”，如：基、綦等；有的处在字的下部，称为“其字底”，如：箕、萁等；也有的处在字的左上角，称为“其左角”，如：勘、斟等；还有的处在字的右上角，称为“其右角”，如：棋等。

“其”在现代汉语常用字中，先后出现过 15 次，构字 15 个。

直[487]

 甲  金  篆  隶

会意字。甲骨文等从丨从目,像眼睛盯着一物,指“不弯曲”,读作 zhí。字头形体是楷书规范的写法。

“直”是个能独立成字的部件,名称叫作“直(zhí)”。凡由它组成的字,大都跟它的音、义有关。

“直”可以表义,作合体字的意旁。例如:

矗 chù 指“高高直立”,直表义。

置 zhì 指“正直的人误入法网应赦免”,直表义。

“直”还可以表音,作合体字的声旁。例如:

殖(shi)、值、埴、植、殖(zhí)、置(zhì)等皆由直得声。

“直”在合体字中,多数处在字的右边,称为“直字边”,如:殖、值、埴、稙等;有的处在字的下部,称为“直字底”,如:置等;还有的处在上下左右角,称为“直上、直下左右角”,如:矗。

“直”在现代汉语常用字中,先后出现过 15 次,构字 13 个。

青168

 金  篆  隶

形声、会意字。金文从丹生(shēng)声,指“蓝色或绿色”,读作 qīng。字头形体是楷书规范的写法。

“青”是个部首字,名称叫作“青(qīng)”。凡由它组成的字,大都跟它的本义和读音有关。

“青”可以表义，作合体字的意旁。例如：

靛 diàn 指“一种深蓝色的染料——靛蓝”，青表义。

静 jìng 指“色彩鲜明”，青表义。

“青”还可以表音，作合体字的声旁。例如：

猜（cāi）、菁、睛、鹊、精、腈（jīng）、靓、靖、静（jìng）、靓（liàng）、清、圊、蜻、鲭（qīng）、情、晴、赌、氰（qíng）、请（qǐng）、箐（qìng）等皆由青得声。

“青”在合体字中，有的处在字的下部，称为“青字底”，如：菁、箐等；有的处在包围结构中，称为“青字心”，如：氰、圊等；也有的处在字的左旁，称为“青字旁”，如：靛、静、靓等；还有的处在字的右边，称为“青字边”，如：猜、睛、精、腈、清、靖、蜻、鲭、情、晴、赌、请等。

“青”在现代汉语常用字中，只作部首，不作部件。

倝 169

字头形体是楷书朝字旁，倝 实际从倝，指太阳初升时光芒耀眼的样子，读作 gàn。当它作边旁时，有时省作倝 。

“倝 ”是个部首字，不能独立成字，名称叫作“朝（zhāo）字旁”。凡由它组成的字，大都跟它的音、义有关。

“倝 ”可以表义，作合体字的意旁。例如：

戟 jǐ 从戈从榦（矛）省，指“古代的一种兵器”，倝 表义。

“倝 ”还可以表音，作合体字的声旁。例如：

韩（hán）、翰（hàn）、乾（qián）、斡（wò）等皆由倝得声。

“𠦝”在合体字中，主要处在字的左旁，称为“朝字旁”，如以上各例；也有少数处在左中右结构的中间，称为“朝字旁中”，如：擀等。

“𠦝”在现代汉语常用字中，只作部首，不作部件。

叀[151] 甲 金 篆 隶

象形字。甲骨文等像一个收丝的工具，是专的本字，指“专一”，读作 zuān。字头形体是楷书规范的写法。

“叀”是个不能独立成字的部件，名称叫作“惠（huì）字头”。凡由它组成的字，大都跟它的音、义有关。

“叀”可以表义，作合体字的意旁。例如：

惠 huì 指“心地专一的人才会给人以好处”，叀表义。

憓 huì 同“惠”。

“叀”还可以表音，作合体字的声旁。例如：

僡、蕙、憓、蟪（huì）、穗（suì）等皆由惠得声。

“叀”在合体字中，有的处在字的上部，称为“惠字头”，如：惠等；多数处在字的右上角，称为“惠头右角”，如：僡、憓、蟪（huì）、穗（suì）等；也有少数处在字腰，称为“惠头腰”，如：蕙等。

“叀”在现代汉语常用字中，先后出现过 2 次，构字 2 个。

事[332] 甲 金 篆 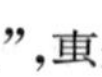隶

会意字。甲骨文等像手拿笔和简册在记录，指“事情”，

读作 shì。字头形体是楷书规范的写法。

“事”是个能独立成字的部件，名称叫作“事(shì)”。

“事”是个独体字。在现代汉语常用字中，只出现过 1 次，构字 1 个。

雨$^{466}_{170}$

甲 金 篆 隶

象形字。甲骨文等像雨水从天而降的样子，指“从云层落下的水”，读作 yǔ。字头形体是楷书规范的写法。

“雨”是个部首字，又是个能独立成字的部件，名称叫作“雨(yǔ)”。凡由它组成的字，大都跟下雨、气象有关。

“雨”可以表义，作合体字的意旁。例如：

雹 báo 指“随着暴雨落下的冰粒或冰疙瘩”，雨表义。

雷 léi 指“云层放电时发出的响声”，雨表义。

零 líng 指“零星的雨”，雨表义。

霉 méi 指“江南梅子成熟季节下的雨”，雨表义。

霾 mái 指“空气中因悬浮着大量的烟、尘等微粒而形成的混浊现象”，雨表义。

雪 xuě 指“冬天空中落下的白色结晶体”，雨表义。

“雨”在合体字中，绝大多数处在字的上部，称为“雨字头”，如以上各例；有不少处在字的右上角的，称为“雨右角”，如：儒、嚅、濡、孺、襦、蠕(rú)等；也有的处在字的左上角的，称为“雨左角”，如：颥等；还有的处在字腰，称为“雨字腰”，如：薷等。

“雨”在现代汉语常用字中，先后出现过 25 次，构字 25 个。

豖[509] 篆 豖隶

指事字。小篆从豕从丶，指“豕足被（丶）捆绑而难行”，读作 chū。字头形体是楷书规范的写法。

“豖”是个不常用的部件，名称叫作“啄（zhuó）字边”。凡由它组成的字，大都跟它的读音有关。

“豖”可以表音，作合体字的声旁。例如：

豚（dū）、冢（zhǒng）、瘃（zhú）、涿（zhuō）、啄、琢、椓、诼（zhuó）等皆由豖得声。

“豖”在合体字中，有的处在字的下部，称为“啄字边底”，如：冢等；有的处在包围结构中，称为“啄字边心”，如：豚、瘃等；大多处在字的右边，称为“啄字边”，如：涿、啄、琢、椓、诼等。

“豖”在现代汉语常用字中，先后出现过 2 次，构字 2 个。

疌[177] 篆 疌隶

会意字。小篆从又（手）从止（足）屮（chè）声，指“手、脚并用——快速”，读作 jié。字头形体是楷书规范的写法。

“疌”是个不能独立成字的部件，名称叫作“疌（jié）”或“捷（jié）字边”。凡由它组成的字，大都跟它的音、义有关。

“疌”可以表义，作合体字的意旁。例如：

捷 jié 指“身手快速”，疌表义。

睫 jié 指“眼睑上下边缘的毛（睫毛上下开合很快）”，疌表义。

“疌”还可以表音，作合体字的声旁。例如：

捷、睫、婕（jié）、箑（shà）等皆由疌得声。

“疌”在合体字中，多处在字的右边，称为“捷字边”，如：捷、睫、婕等；也有的处在字的下部，称为“捷边底”，如：箑等。

“疌”在现代汉语常用字中，先后出现过 2 次，构字 2 个。

妻[273]

 甲　 篆　 隶

会意字。甲骨文等像一个女子在操持家务，指“男子的配偶”，读作 qī。字头形体是楷书规范的写法。

“妻”是个能独立成字的部件，名称叫作“妻（qī）”。凡由它组成的字，大都跟它的读音有关。

“妻”可以表音，作合体字的声旁。例如：

凄、郪、萋（qī）等皆由妻得声。

“妻”在合体字中，有的处在字的右边，称为“妻字边”，如：凄等；有的处在字的左旁，称为“妻字旁”，如：郪等；也有的处在字的下部，称为“妻字底”，如：萋等。

“妻”在现代汉语常用字中，先后只出现过 2 次，构字 2 个。

非[99] 171 甲 金 篆 非隶

会意字。甲骨文等像鸟的两只翅膀左右展开的样子，指“相背、违背”，读作 fēi。字头形体是楷书规范的写法。

“非”是个部首字，又是个能独立成字的部件，名称叫作“非（fēi）”。凡由它组成的字，大都跟它的音、义有关。

“非”可以表义，作合体字的意旁。例如：

诽 fěi 指“用不实的语言指责”，非表义。

靠 kào 指“两两相背”，非表义。

“非”还可以表音，作合体字的声旁。例如：

悲（bēi）、琲、辈（bèi）、菲、啡、騑、绯、扉、蜚、霏、鲱（fēi）、腓（féi）、匪、诽、菲、悱、棐、斐（fěi）、痱（fèi）、俳、排、徘、棑（pái）、排（pǎi）、裴（péi）、罪（zuì）等皆由非得声。

“非”在合体字中，绝大多数处在字的右边，称为“非字边”，如以上多例；有的处在字的上部，称为“非字头”，如：悲、辈、蜚、斐、裴等；也有的处在字的下部，称为“非字底”，如：靠、霏、菲、罪等；还有的处在包围结构中，称为“非字心”，如：扉、匪等。

“非”在现代汉语常用字中，先后出现过 12 次，构字 12 个。

齿 172 甲 金 篆 齒隶 齒楷

象形字。甲骨文等像口中露出的上下牙的样子，指“牙

齿”，读作 chǐ。字头形体是楷书的简化字，是规范的写法。

“齿”是个部首字，是能独立成字的部件，名称叫作“齿(chǐ)”。凡由它组成的字，大都跟它的本义有关。

“齿”可以表义，作合体字的意旁。例如：

龀 chèn 指“小孩换牙”，齿表义。

龊 chuò 指“龌龊，牙齿紧密，紧挨着”，齿表义。

龄 líng 指“从牙齿可看出岁数的老幼”，齿表义。

龃 jǔ 指“龃龉(yǔ)——上下牙对不上(不齐)”，齿表义。

龈 yín 指“包住牙根的肉”，齿表义。

龇 zī 指“张开嘴露出牙”，齿表义。

“齿”在合体字中，主要处在字的左旁，称为“齿字旁”，如以上各例。

“齿”在现代汉语常用字中，仅作部首，不作部件。

黾 173

 甲　 篆　黽 隶　黽 楷

象形字。甲骨文等像一只青蛙的样子，指“蛙的一种”，读作 mǐn。字头形体是楷书的简化字，是规范的写法。

“黾”是个部首字，名称叫作“黾(mǐn)”。凡由它组成的字，大都跟虫、爬行动物及读音有关。

“黾”可以表义，作合体字的意旁。例如：

蝇 yíng 指“苍蝇(因其腹大似黾)”，黾表义。

鼍 tuó 指“鳄鱼的一种——鼍龙”，黾表义。

鼋 yuán 指“鳖”，黾表义。

“黾”还可以表音，作合体字的声旁。例如：

渑(miǎn)、浘、绳(shéng)等皆由黾得声。

“黾”在合体字中，有的处在字的右边，称为“黾字边”，如：蝇、渑、绳等；有的处在字的下部，称为“黾字底”，如：鼍、鼋等。

“黾”在现代汉语常用字中，仅作部首，不作部件。

具[195]

甲 金 篆 隶

会意字。甲骨文等像双手捧着鼎，指“准备饭食”，读作jù。字头形体是楷书规范的写法。

“具”是个能独立成字的部件，名称叫作“具(jù)”。凡由它组成的字，大都跟它的读音有关。

“具”可以表音，作合体字的声旁。例如：

俱、惧、椇、飓(jù)等皆由具得声。

“具”在合体字中，有的处在字的右边，称为“具字边”，如：俱、惧、椇等；有的处在字的下部，称为“具字底”，如：真等；也有的处在字的右下角，称为“具右下角”，如：滇、填、镇等；也有的处在字的左下角，称为“具左下角”，如：颠等；还有的处在包围结构中，称为“具字心”，如：飓、阗等。

“具”在现代汉语常用字中，先后出现过 3 次，构字 3 个。

果[131]

甲 金 篆 隶

象形字。甲骨文像一棵树上结了许多果实的样子，指

“果实”，读作 guǒ。字头形体是楷书规范的写法。

“果”是个能独立成字的部件，名称叫作“果（guǒ）”。凡由它组成的字，大都跟它的读音有关。

“果”可以表音，作合体字的声旁。例如：

馃、蜾、裹（guǒ）、踝（huái）、夥（huǒ）、棵、稞、窠、颗、髁（kē）、课、骒、锞（kè）、倮、裸（luǒ）等皆由果得声。

“果”在合体字中，有的处在字的左旁，称为“果字旁”，如：颗、夥等；大多数处在字的右边，称为“果字边”，如以上多例；也有的处在字的下部，称为“果字底”，如：窠等；还有的处在镶嵌字中，称为“果嵌衣中”，如：裹等。

“果”在现代汉语常用字中，先后出现过 8 次，构字 8 个。

無 388

字头是舞的上部。舞金文写作，像一个人两手执牛尾在跳舞的样子。字头形体是楷书规范的写法。

“無”是个不能独立成字的部件，名称叫作“舞（wǔ）字头”。由它组成的字，跟舞蹈有关。例如：

舞 wǔ 指“舞蹈”。

“無”在合体字中，处在字的上部，称为“舞字头”，如上例。

“無”在现代汉语常用字中，只出现过 1 次，构字 1 个。

垂[57]

甲 金 篆 隶

会意字。甲骨文等像一棵花朵低垂的树，古时常在边境上栽种树木以作标志，指“边疆、边陲”，读作 chuí。字头形体是楷书规范的写法。

“垂”是个能独立成字的部件，名称叫作“垂（chuí）”。凡由它组成的字，大都跟它的音、义有关。

“垂”可以表义，作合体字的意旁。例如：

陲 chuí 指“边疆、边境”，垂表义。

郵（邮的繁体）yóu 指“边疆上的驿站”，垂表义。

“垂”还可以表音，作合体字的声旁。例如：

陲、捶、棰、锤（chuí）、埵（duǒ）、睡（shuì）、唾（tuò）等皆由垂得声。

“垂”在合体字中，多数处在字的右边，称为“垂字边”，如以上多例；有少数的处在字的左旁，称为“垂字旁”，如：郵等。

“垂”在现代汉语常用字中，先后出现过 5 次，构字 5 个。

秉[25]

甲 金 篆 隶

会意字。甲骨文等从禾从又（手），像手拿着一株禾的样子，指“拿着”，读作 bǐng。字头形体是楷书规范的写法。

“秉”是个能独立成字的部件，名称叫作“秉（bǐng）”，秉是个独体字。

“秉”在现代汉语常用字中，只出现过 1 次，构字 1 个。

隹 508 174 甲 金 篆 隶

象形字。甲骨文等像一只鸟，指“短尾鸟”，读作 zhuī。字头形体是楷书规范的写法。

“隹”是个部首字，又是个能独立成字的部件，名称叫作“隹（zhuī）”或“锥（zhuī）字边”。凡由它组成的字，大都跟它的音或飞禽有关。

“隹”可以表义，作合体字的意旁。例如：

雏 chú 指“幼鸟”，隹表义。

雕 diāo 指“鹰类猛禽”，隹表义。

雇 hù（本音户）指“九雇鸟”，隹表义。

集 jí 指“群鸟停在树上”，隹表义。

焦 jiāo 指“用火烤鸟”，隹表义。

难 nán 指“鸟名”，隹表义。

雀 què 指“麻雀”，隹表义。

雄 xióng 指“公鸡”，隹表义。

雁 yàn 指“候鸟之一”，隹表义。

“隹”还可以表音，作合体字的声旁。例如：

椎（chuí）、崔（cuī）、堆（duī）、碓（duì）、淮（huái）、谁（shéi、shuí）、睢（suī）、隼（sǔn）、推（tuī）、唯、帷、惟、维（wéi）、稚（zhì）、骓、椎、锥（zhuī）等皆由隹得声。

“隹”在合体字中，有的处在字的上部，称为“隹字头”，如：集、焦、隼等；有的处在字的下部，称为“隹字底”，如：雀、崔

等;也有的处在字的右下角,称为“隹右下角”,如:催、摧、璀、罐、灌等;大多数处在字的右边,称为“隹字边”,如以上多例;还有少数处在包围结构中,称为“隹字心”,如:雇、雁等。

“隹”在现代汉语常用字中,先后出现过 43 次,构字 43 个。

阜175

 甲  篆  隶

象形字。甲骨文等像层层的土山,本义指“土山”,读作 fù。字头是楷书规范的写法。

“阜”是个部首字,名称叫作“阜(fù)”。凡由它组成的字,跟它的读音有关。

“阜”可以表音,作合体字的声旁。例如:

埠(bù)由阜得声。

“阜(阝左)”在合体字中,处在字的右边,称为“阜字边”,如:埠等。

“阜”在现代汉语常用字中,仅作部首,不作部件。

卑14

 金  篆  隶

会意字。金文从甲从左(省),古时以右为尊以左为卑,指“低下”,读作 bēi。字头形体是楷书规范的写法。

“卑”是个能独立成字的部件,名称叫作“卑(bēi)”。凡由它组成的字,大都跟它的读音有关。

“卑”可以表音,作合体字的声旁。例如:

捭(bǎi)、稗(bài)、椑、碑(bēi)、庳、婢、裨、髀(bì)、牌(pái)、郫、陴、埤、啤、脾、裨、蜱、鼙(pí)等皆由卑得声。

“卑”在合体字中,多处在字的右边,称为“卑字边”,如以上多例;有少数处在字下部,称为“卑字底”,如:鼙等;还有的处在包围结构中,称为“卑字心”,如:庳等。

“卑”在现代汉语常用字中,先后出现过 5 次,构字 5 个。

金 181 176

 金  篆  隶

会意字。金文的上部像箭头,下部是土,土中两点表示矿砂,指“箭头是由土中的矿砂炼成的金属品”,读作 jīn。字头形体是楷书规范的写法。

“金”是个部首字,又是个能独立成字的部件,名称叫作“金(jīn)”。凡由它组成的字,大都跟金属或读音有关。

“金”可以表义,作合体字的意旁。例如:

鏖 áo 指“用来焖煮的金属炊具”,金表义。

鉴 jiàn 指“用金属制成的镜子”,金表义。

鎏 liú 指“成色好的金子”,金表义。

鑫 xīn 指“金子多,财富兴旺”,金表义。

“金”还可以表音,作合体字的声旁。例如:

淦(gàn)、崯、崟(yín)等皆由金得声。

“金”在合体字中,多数处在字的下部,称为“金字底”,如以上多例;也有处在字的右边的,称为“金字边”,如:淦等;还有的处在字下部的左角或右角的,称为“金左下角”、“金右下

角”,如:鑫等;还有处在字的上部的,称为“金字头”,如:鑫等。

“金”在现代汉语常用字中,先后出现过 2 次,构字 2 个。

鱼 462 177

象形字。甲骨文等像一条鱼的样子,指“生活在水中的脊椎动物,种类繁多,大多可食用”,读作 yú。字头形体是楷书的简化字,是规范的写法。

“鱼”是个部首字,又是个能独立成字的部件,名称叫作“鱼(yú)”。凡由它组成的字大都跟水生动物或读音有关。

“鱼”可以表义,作合体字的意旁。例如:

鳄 è 指“像鱼一样生活在水中,性凶恶,貌丑陋的爬行动物——鳄鱼”,鱼表义。

鲫 jì 指“一种身体扁平、样子似鲤鱼的鱼”,鱼表义。

鳞 lín 指“鱼类、爬行动物身体表面角质或骨质小薄片”,鱼表义。

鲁 lǔ 指“把鱼煮成佳肴”,鱼表义。

鲨 shā 指“一种会在溪水中张口吹沙的小鱼”,鱼表义。

鲜 xiān 指“新、活的鱼”,鱼表义。

鱿 yóu 指“一种样子有别于常见的鱼——鱿鱼”,鱼表义。

“鱼”还可以表音,作合体字的声旁。例如:

鲁(lǔ)、稣(sū)、渔(yú)等皆由鱼得声。

“鱼”在合体字中，多处在字的左旁，称为“鱼字旁”，如以上多例；有的处在字的右边，称为“鱼字边”，如：渔等；也有的处在字的上部，称为“鱼字头”，如：鲁等；还有的处在字的下部，称为“鱼字底”，如：鲨、鳖等。

“鱼”在现代汉语常用字中，先后出现过 14 次，构字 14 个。

京[184] 甲 金 篆 隶

象形字。甲骨文等像建在高台上的宫室，指“国家的首都”，读作 jīng。字头形体是楷书规范的写法。

“京”是个能独立成字的部件，名称叫作“京（jīng）”。凡由它组成的字，大都跟它的读音和高有关。

“京”可以表义，作合体字的意旁。例如：

就 jiù 指“特别高”，京表义。

“京”还可以表音，作合体字的声旁。例如：

弶（jiàng）、猄、惊、鲸（jīng）、景（jǐng）、凉（liáng、liàng）、谅、晾（liàng）、掠（lüè）、勍、黥（qíng）、琼（qióng）等皆由京得声。

“京”在合体字中，有的处在字的左旁，称为“京字旁”，如：就、勍等；少数处在字下部，称为“京字底”，如：景等；也有的处在字的左下角，称为“京左下角”，如：影等；大多数处在字的右边，称为“京字边”，如以上多例。

“京”在现代汉语常用字中，先后出现过 11 次，构字

11个。

单[68] 甲 金 篆 單隶 單楷

象形字。甲骨文等像一种捕鸟的工具，指“捕鸟工具”，读作 dān。字头形体是楷书的简化字，是规范的写法。

“单”是个可独立成字的部件，名称叫作“单(dān)”。凡由它组成的字，大都跟它的读音有关。

“单”可以表音，作合体字的声旁。例如：

婵、禅、蝉(chán)、阐、骣(chǎn)、郸、殚、箪(dān)、掸(dǎn)、惮、弹、瘅(dàn)、墠、擅、禅(shàn)、弹(tán)等皆由单得声。

“单”在合体字中，多数处在字的右边，称为“单字边”，如以上多例；少数处在字的左旁，称为“单字旁”，如：骣、郸等；还有少数处在包围结构中，称为“单字心”，如：阐、瘅等。

“单”在现代汉语常用字中，先后出现过 5 次，构字 5 个。

⿱丷田[36] 甲 金 篆 隶

象形、会意字。下部像箅屉，上部像从箅屉里冒出的蒸气，指“蒸器”，读作 zèng。字头形体是楷书规范的写法。

“⿱丷田”是个不能独立成字的部件，名称叫作“曾(céng)字头”。由它组成的字，跟它的音、义有关。

“⿱丷田”可以表义，作合体字的意旁。例如：

曾 zēng 指“蒸器”，⿱丷田表义。

"㕣"可以表音，作合体字的声旁。例如：

曾（zēng）由㕣得声。

"㕣"在合体字中，主要处在字的上部，称为"曾字头"，如：曾等；还有的处在字的右上角，称为"曾头右角"，如：噌（cēng）、嶒（céng）、蹭（cèng）、增（zēng）、憎、缯、罾、矰（zēng）、赠（zèng）等；还有少数处在字的左上角，称为"曾头左角"，如：甑等。

"㕣"在现代汉语常用字中，先后出现过 6 次，构字 6 个。

肃[359] 金 篆 肅隶 肅楷

会意字。金文等像手拿笔在渊上，指"办事情的人如在深潭之上，一定要敬畏小心谨慎"，读作 sù。字头形体是楷书的简化字，是规范的写法。

"肃"是个能独立成字的部件，名称叫作"肃（sù）"。凡由它组成的字，大都跟它的读音有关。

"肃"可以表音，作合体字的声旁。例如：

骕、鹔（sù）、萧、箫（xiāo）、啸（xiào）等皆由肃得声。

"肃"在合体字中，有的处在字的左旁，称为"肃字旁"，如：鹔等；有的处在字的右边，称为"肃字边"，如：骕、啸等；有的处在字下，称为"肃字底"，如：萧、箫等；还有的处在字的右下角，称为"肃右下角"，如：潇、蟏等。

"肃"在现代汉语常用字中，先后出现过 5 次，构字 5 个。

隶$^{212}_{178}$　金　篆　隸隶　隸楷

会意字。金文像手抓住尾巴(后面),古代的奴隶多是从战争中抓的,故指"奴隶、捉住",读作 lì。字头形体是楷书的简化字,是规范的写法。

"隶"是个部首字,又是个能独立成字的部件,名称叫作"隶(lì)"。凡由它组成的字,大都跟它的音、义有关。

"隶"可以表义,作合体字的意旁。例如:

逮 dǎi、dài 指"捉、拿",隶表义。

"隶"还可以表音,作合体字的声旁。例如:

逮(dǎi、dài)、埭(dài)、棣(dì)等皆由隶得声。

"隶"在合体字中,有的处在字的右边,称为"隶字边",如:埭、棣等;有的处在包围结构中,称为"隶字心",如:康、逮等;有的处在字的右上角,称为"隶右角",如:叇(dài);还有的处在字的右下角,称为"隶右下角",如:慷、糠等。

"隶"在现代汉语常用字中,先后出现过 5 次,构字 5 个。

承^{46}　甲　金　篆　承隶

会意字。甲骨文等像双手向上托着一个人的样子,指"捧着、托着",读作 chéng。字头形体是楷书规范的写法。

"承"是个能独立成字的部件,名称叫作"承(chéng)"。承是个独体字。

"承"在现代汉语常用字中,只出现过 1 次,构字 1 个。

九画

革 116 179

金 篆 隶

象形字。金文像一张有头有尾的兽皮，指“皮子”，读作gé。字头形体是楷书规范的写法。

“革”是个部首字，又是个能独立成字的部件，名称叫作“革（gé）”。凡由它组成的字，大都跟皮革或读音有关。

“革”可以表义，作合体字的意旁。例如：

鞍 ān 指“用皮革制成放在骡马背上供人骑坐或驮物的器具”，革表义。

靶 bǎ 指“用皮革制成的驭马缰绳”，革表义。

鞭 biān 指“用皮革制的驱马的鞭子”，革表义。

勒 lè 指“用皮革制成的马笼头”，革表义。

鞘 qiào 指“用皮革制成的刀、剑套”，革表义。

鞋 xié 指“用皮子制成的鞋子”，革表义。

靴 xuē 指“用皮子制成的长筒的鞋子”，革表义。

“革”还可以表音，作合体字的声旁。例如：

缂（kè）由革得声。

“革”在合体字中，多数处在字的左旁，称为“革字旁”，如以上多例；少数的处在字的右边，称为“革字边”，如：缂等；也有的处在字的左下角，称为“革左下角”，如羁、霸等。

“革”在现代汉语常用字中，先后出现过 9 次，构字 9 个。

南[250]

甲 金 篆 隶

象形字。甲骨文等像一种乐器，指“乐器”，读作 nán。字头形体是楷书规范的写法。

“南”是个能独立成字的部件，名称叫作“南（nán）”。凡由它组成的字，大都跟它的读音有关。

“南”可以表音，作合体字的声旁。例如：

罱（lǎn）、喃、楠（nán）、腩、蝻（nǎn）等皆由南得声。

有些字，虽有南部件，但跟它的音、义无关，另有来源。如：献（xiàn）等。

“南”在合体字中，大多处在字的右边，称为“南字边”，如以上多例；也有少数处在字左旁，称为“南字旁”，如：献等；还有个别处在字的下部的，称为“南字底”，如：罱等。

“南”在现代汉语常用字中，先后出现过 2 次，构字 2 个。

柬[167]

金 篆 隶

会意字。金文从束从八（分），指“把捆绑着的东西解开”，读作 jiǎn。系揀的本字。字头形体是楷书规范的写法。

“柬”是个能独立成字的部件，名称叫作“柬（jiǎn）”。凡由它组成的字，大都跟它的音、义有关。

“柬”可以表义，作合体字的意旁。例如：

拣（“揀”的简化字）jiǎn 指“挑选”，柬表义。

“柬”还可以表音，作合体字的声旁。例如：

拣、谏(jiàn)、练、炼、楝(liàn)、阑等皆由柬得声。

“柬(东)”在合体字中，主要处在字的右边，称为“柬字边”，如以上各例；也有的处在包围结构中，称为“柬字心”，如：阑、谰、澜、斓、镧、襕(lán)等。

“柬”在现代汉语常用字中，先后出现过2次，构字2个。

面$^{241}_{180}$

 甲　 篆　 隶

象形字。甲骨文像一张脸上长有大眼睛，指“脸”，读作miàn。字头形体是楷书规范的写法。

“面”是个部首字，又是个能独立成字的部件，名称叫作“面(miàn)”。凡由它组成的字，大都跟它的音、义有关。

“面”可以表义，作合体字的意旁。例如：

腼 miǎn 指“脸上的表情”，面表义。

靥 yè 指“脸颊上的小酒窝”，面表义。

“面”还可以表音，作合体字的声旁。例如：

勔、湎、缅、腼(miǎn)等皆由面得声。

“面”在合体字中，有的处在字的右边，称为“面字边”，如：湎、缅、腼等；也有的处在字的左旁，称为“面字旁”，如：勔等；还有的处在包围结构中，称为“面字心”，如：靥等。

“面”在现代汉语常用字中，先后出现过2次，构字2个。

韭 189 181

篆 隶

象形字。小篆像从土地上长出的韭菜，指“韭菜”，读作jiǔ。字头形体是楷书规范的写法。

“韭”是个部首字，又是个能独立成字的部件，名称叫作“韭(jiǔ)”。

“韭”在现代汉语常用字中，只出现过1次，构字1个。

禺 463

金 篆 隶

象形字。金文像一只长着鬼头、尾巴和爪子的猴子的样子，指“古书上说的一种红眼长尾的猿猴”，读作yú。字头形体是楷书规范的写法。

“禺”是个能独立成字的部件，名称叫作“禺(yú)”或“愚(yú)字头”。凡由它组成的字，大都跟它的读音有关。

“禺”可以表音，作合体字的声旁。例如：

偶、耦(ǒu)、喁、颙(yóng)、隅、嵎、愚、髃(yú)、寓、遇(yù)等皆由禺得声。

“禺”在合体字中，多数处在字的右边，称为“禺字边”，如：偶、耦、喁、隅、嵎、髃等；有的处在字的左旁，称为“禺字旁”，如：颙等；有的处在字的下部，称为“禺字底”，如：寓等；也有的处在字的上部，称为“禺字头”，如：愚等；还有的处在包围结构中，称为“禺字心”，如：遇等；还有的处在字的右下角，称为“禺右下角”，如：藕等。

“禺”在现代汉语常用字中，先后出现过 6 次，构字 6 个。

骨182 篆 隶

会意字。小篆像带肉的骨头，指“人和动物的骨骼”，读作 gǔ。字头形体是楷书规范的写法。

“骨”是个部首字，名称叫作“骨(gǔ)”。凡由它组成的字，大都跟它的音、义有关。

“骨”可以表义，作合体字的意旁。例如：

骸 hái 指“骨头”，骨表义。

骷 kū 指“干枯无肉的头骨或全副骨骼”，骨表义。

髅 lóu 义同骷。

髓 suǐ 指“骨头空腔中的胶状物质”，骨表义。

“骨”还可以表音，作合体字的声旁。例如：

蓇(gū)、馉、榾、鹘(gǔ)、鹘(hú)、滑、猾(huá)等皆由骨得声。

“骨”在合体字中，有的处在字的左旁，称为“骨字旁”，如：骸、骷、髅、髓、鹘等；有的处在字的右边，称为“骨字边”，如：馉、榾、滑、猾等；也有的处在字的下边，称为“骨字底”，如：蓇等。

“骨”在现代汉语常用字中，仅作部首，不作部件。

香183 篆 隶

会意字。小篆从黍(谷物)省从甘(香甜美味)，指“粮食

作物成熟后的好气味”，读作 xiāng。字头形体是楷书规范的写法。

“香”是个部首字，名称叫作“香(xiāng)”。凡由它组成的字，大都跟它的本义有关。

“香”可以表义，作合体字的意旁。例如：

馥 fù 指“香气”，香表义。

馨 xīn 指“散布很远的香气”，香表义。

“香”在合体字中，有的处在字的左旁，称为“香字旁”，如：馥等；有的处在字的下部，称为“香字底”，如：馨等；也有的处在字的右边，称为“香字边”，如：馪(péng)等。

“香”在现代汉语常用字中，仅作部首，不作部件。

重[496] 金 篆 隶

会意字。金文像人背负着很沉的东西站在地上，指“分量大”，读作 zhòng。字头形体是楷书规范的写法。

“重”是个能独立成字的部件，名称叫作“重(zhòng)”。凡由它组成的字，大都跟它的读音有关。

“重”可以表音，作合体字的声旁。例如：

董(dǒng)、踵(zhǒng)、童(tóng)等皆由重得声。

“重”在合体字中，有的处在字的下部，称为“重字底”，如：董、童等；有的处在字的右边，称为“重字边”，如：踵等；还有的处在字的右下角，称为“重右下角”，如：懂等。

“重”在现代汉语常用字中，先后出现过 3 次，构字 3 个。

鬼 130 184

象形字。甲骨文等像一个人们想象中似人非人的怪物，指“人死后的灵魂”，读作 guǐ。字头形体是楷书简化字，是规范的写法。

“鬼”是个部首字，又是个能独立成字的部件，名称叫作“鬼（guǐ）”。凡由它组成的字，大都跟鬼、神或读音有关。

“鬼”可以表义，作合体字的意旁。例如：

魂 hún 指“人死后的灵魂”，鬼表义。

魅 mèi 指“老物变成的精怪”，鬼表义。

魑 lí 指“古代传说中山林里能害人的怪物”，鬼表义。

魉 liǎng 指“传说中山林里的精怪”，鬼表义。

魄 pò 指“依附人体而存在的精神”，鬼表义。

“鬼”还可以表音，作合体字的声旁。例如：

瑰（guī）、槐（huái）、魁、隗（kuí）、傀（kuǐ）、愧（kuì）、嵬（wéi）、隗（wěi）、魏（wèi）等皆由鬼得声。

“鬼”在合体字中，多数处在包围结构的外框，称为“鬼字框”，如：魅、魑、魍、魉、魁等；有不少处在字的右边，称为“鬼字边”，如：瑰、魄、槐、隗、傀、愧、魏等；也有的处在字的下部，称为“鬼字底”，如：嵬等；还有的处在字的右下角，称为“鬼右下角”，如：巍等。

“鬼”在现代汉语常用字中，先后出现过 11 次，构字 11 个。

禺[467] 金 篆 隶

象形字。金文等像一条虫子的样子，上部是头，下部是尾，左旁是足，指“禺虫”，读作 yǔ。字头形体是楷书规范的写法。

“禺”是个能独立成字的部件，名称叫作“禺（yǔ）”。凡由它组成的字，大都跟它的读音有关。

“禺”可以表音，作合体字的声旁。例如：

踽（jǔ）、龋（qǔ）等皆由禺得声。

有些字虽有禺部件，但跟它的音、义无关，另有来源。例如：属（zhǔ、shǔ）、嘱（zhǔ）等。

“禺”在合体字中，多处在字的右边，称为“禺字边”，如：龋、踽等；有的处在包围结构中，称为“禺字心”，如：属等；也有的处在字的右下角，称为“禺右下角”，如：嘱等。

“禺”在现代汉语常用字中，先后出现过 4 次，构字 4 个。

⿱丶⿵冂米[4]

字头形体是楷书奥的上部，奥小篆写作，从宀（mián）从廾（juàn），指“供奉神灵的屋子”，读作 ào。字头是楷书规范的写法。

“⿱丶⿵冂米”是个不能独立成字的部件，名称叫作“奥（ào）字头”。凡由它组成的字，大都跟奥的读音有关。例如：墺、懊、

澳(ào)、噢(ō)、燠(yù)等。

“”在合体字中，有的处在字的上部，称为“奥字头”，如：奥、粤(yuè)等；大多处在字的右上角，称为“奥头右角”，如：墺、懊、澳、噢、燠等。

“”在现代汉语常用字中，先后出现过 4 次，构字 4 个。

食 321 185

甲 金 篆 隶

会意字。甲骨文等像容器里有食物，指“吃的东西”，读作 shí。字头形体是楷书规范的写法。

“食”是个部首字，又是个能独立成字的部件，名称叫作“食(shí)”。凡由它组成的字，大都跟吃或食物有关。

“食”可以表义，作合体字的意旁。例如：

餐 cān 指“吃、饭食”，食表义。

饕 tāo 指“贪食、贪嘴”，食表义。

餮 tiè 指“贪食”，食表义。

飨 xiǎng 指“用酒食款待人”，食表义。

餍 yàn 指“吃饱”，食表义。

“食”在合体字中，大多处在字的下部，称为“食字底”，如以上多例；也有的处在字的右边，称为“食字边”，如：飨等；还有的处在包围结构中，称为“食字心”，如：餍等。

“食”在现代汉语常用字中，先后出现过 2 次，构字 2 个。

音 186

金 篆 隶

指事字。金文从言从一，指“声音从口中发出”，读作 yīn。字头形体是楷书规范的写法。

“音”是个部首字，名称叫作“音(yīn)”。凡由它组成的字，大都跟它的音、义有关。

“音”可以表义，作合体字的意旁。例如：

竟 jìng 指“人将乐曲演奏完毕”，音表义。

韶 sháo 指“古代的乐曲名”，音表义。

韵 yùn 指“和谐的声音”，音表义。

章 zhāng 指“音乐、诗文的段落”，音表义。

“音”还可以表音，作合体字的声旁。例如：

谙(ān)、揞(ǎn)、暗、黯(àn)、歆(xīn)、窨(xūn)、喑、愔(yīn)、窨(yìn)等皆由音得声。

“音”在合体字中，有的处在字的上部，称为“音字头”，如：竟、章等；有的处在字的下部，称为“音字底”，如：窨等；有的处在字的左旁，称为“音字旁”，如：韶、韵、歆等；也有的处在字的右边，称为“音字边”，如：谙、揞、暗、黯、喑、愔等。

“音”在现代汉语常用字中，仅作部首，不作部件。

首 335 187

甲 金 篆 隶

象形字。甲骨文等像人头，上面有眼睛、头发等，指“头”，读作 shǒu。字头形体是楷书规范的写法。

“首”是个部首字，又是个能独立成字的部件，名称叫作“首（shǒu）”。凡由它组成的字，大都跟它的本义有关。

“首”可以表义，作合体字的意旁。例如：

道 dào 指“人所行走的路”，首表义。

馘 guó 指“古代战争中杀死敌人后要取其头颅或左耳以报功”，首表义。

馗 kuí 指“通向各方的道路”，首（头所向）表义。

“首”在合体字中，有的处在字的左旁，称为“首字旁”，如：馘等；有的在包围结构中，称为“首字心”，如：道、馗等。

“首”在现代汉语常用字中，先后出现过 2 次，构字 2 个。

叚[165]

 金  篆  隶

象形、会意字。金文像一手在厂（hàn 山崖）上取石（二）交给另一手，指“乞求和给与”，读作 jiǎ。字头形体是楷书规范的写法。

“叚”是个能独立成字的部件，名称叫作“叚（jiǎ）”或“假（jiǎ）字边”。凡由它组成的字，大都跟它的读音有关。

“叚”可以表音，作合体字的声旁。例如：

假、葭、瘕（jiǎ）、假（jià）、遐、瑕、暇、霞（xiá）等皆由叚得声。

“叚”在合体字中，多数处在字的右边，称为“叚字边”，如：假、葭、瑕、暇等；也有少数处在字的下部，称为“叚字底”，如：霞等；还有的处在包围结构中，称为“叚字心”，如：瘕、

遐等。

“叚”在现代汉语常用字中，先后出现过3次，构字3个。

十画

髟188　髟篆　髟隶

会意字。从长从彡(shān)，指“头发长的样子”，读作biāo。字头形体是楷书规范的写法。

“髟”是个部首字，名称叫作“髟(biāo)”。凡由它组成的字，大都跟毛发有关。

“髟”可以表义，作合体字的意旁。例如：

鬓 bìn 指“脸旁靠近耳朵的头发”，髟表义。

髻 jì 指“梳在头顶上的发结”，髟表义。

髦 máo 指“古代儿童垂在前额的短发”，髟表义。

髯 rán 指“两腮的胡须”，髟表义。

髭 zī 指“嘴上边的胡子”，髟表义。

鬃 zōng 指“马、猪等脖颈上的长毛”，髟表义。

“髟”在合体字中，主要处在字的上部，称为“髟字头”，如以上各例。

“髟”在现代汉语常用字中，只作部首，不作部件。

鬲 213 189 甲 金 篆 隶

象形字。甲骨文像一只三足空心类似鼎的炊具，指“炊具”，读作 lì 或 gé。字头形体是楷书规范的写法。

“鬲”是个部首字，又是个能独立成字的部件，名称叫作“鬲（lì）”或“隔（gé）字边”。凡由它组成的字，大都跟它的音、义有关。

“鬲”可以表义，作合体字的意旁。例如：

融 róng 指“炊气上升”，鬲表义。

“鬲”还可以表音，作合体字的声旁。例如：

隔、嗝、滆、膈、镉（gé）、翮（hé）等皆由鬲得声。

“鬲”在合体字中，有的处在字的左旁，称为“鬲字旁”，如：融、翮等；还有的处在字的右边，称为“鬲字边”，如：隔、嗝、滆、镉等。

“鬲”在现代汉语常用字中，先后出现过 2 次，构字 2 个。

鬥 190 甲 篆 隶

象形字。甲骨文等像两个人头戴战盔伸手对打的样子，指“对打、相争”，读作 dòu。字头形体是楷书规范的写法。

“鬥”是个部首字，名称叫作“鬥（dòu）”。凡由它组成的字，大都跟争斗、吵闹有关。

“鬥”可以表义，作合体字的意旁。但大多已被简化或取代。例如：

鬩、鬮、鬥(dòu)被简化成"斗",指"对打",鬥本表义。

鬨 hòng 被"哄"取代,指"吵闹、搅扰",鬥本表义。

鬧 nào 被简化成"闹",指"不安静",鬥本表义。

鬩 xì 被简化成"阋",指"争吵",鬥本表义。

"鬥"在合体字中,大多处在包围结构的外框,称为"鬥字框",如以上各例。

"鬥"在现代汉语常用字中,仅作部首,不作部件。

高 114 191

 甲  金  篆  隶

象形字。甲骨文等像高台上有高大的房子,指"上下间的距离大",读作 gāo。字头形体是楷书规范的写法。

"高"是个部首字,又是个能独立成字的部件,名称叫作"高(gāo)"。凡由它组成的字,大都跟它的音、义有关。

"高"可以表义,作合体字的意旁。例如:

亭 tíng 指"高高的建筑物",高(省)表义。

"高"还可以表音,作合体字的声旁。例如:

膏、篙(gāo)、搞、缟、槁、镐、稿(gǎo)、膏(gào)、蒿(hāo)、毫、豪(háo)、鄗、滈、镐(hào)、熇、翯(hè)、敲(qiāo)等皆由高得声。

"高"在合体字中,有的处在字的上部,称为"高字头",如:亭、膏、毫、豪等;有的在字的下部,称为"高字底",如:篙、蒿、翯等;大多处在字的右边,称为"高字边",如:搞、缟、槁、镐、稿、滈、熇等;还有少数的处在字的左旁,称为"高字旁",

如：敲等。

“高”在现代汉语常用字中，先后出现过 6 次，构字 6 个。

兼[166]

金 篆 隶

会意字。金文等像一手拿着两棵禾，指“合并”，读作 jiān。字头形体是楷书规范的写法。

“兼”是个能独立成字的部件，名称叫作“兼(jiān)”。凡由它组成的字，大都跟它的读音有关。

“兼”可以表音，作合体字的声旁。例如：

蒹、搛、缣、鹣、鳒(jiān)、廉(lián)、谦(qiān)、嗛(qiǎn)、歉(qiàn)、慊(qiè、qiàn)、嫌(xián)、赚(zhuàn、zuàn)等皆由兼得声。

“兼”在合体字中，多处在字的右边，称为“兼字边”，如以上多例；少数的处在字的下部，称为“兼字底”，如：蒹等；也有的处在包围结构中，称为“兼字心”，如：廉等；也有的处在字左旁，称为“兼字旁”，如：歉等；还有的处在字的右下角，称为“兼右下角”，如：濂、臁、镰、蠊(lián)等。

“兼”在现代汉语常用字中，先后出现过 7 次，构字 7 个。

隺[136]

篆 隶

会意字。小篆从冂(jiǒng)从隹，像隹要冲出门框的样子，指“鸟往高处飞”，读作 hè。字头形体是楷书规范的写法。

“隺”是个不能独立成字的部件，名称叫作“鹤(hè)字

旁”。凡由它组成的字，大都跟它的音、义有关。

“隺”可以表义，作合体字的意旁。例如：

鹤 hè 指“鹤是一种善于高飞的鸟”，隺表义。

“隺”还可以表音，作合体字的声旁。例如：

鹤、搉、榷(què)等皆由隺得声。

“隺”在合体字中，有的处在字的左旁，称为“鹤字旁”，如：鹤等；有的处在字的右边，称为“鹤字旁边”，如：搉、榷等。

“隺”在现代汉语常用字中，只出现过 1 次，构字 1 个。

十一画

堇[183] 金 篆 隶

会意字。金文从黄(省)从土，指“黄土、黏土”，读作 jǐn。字头形体是楷书规范的写法。

“堇”是个能独立成字的部件，名称叫作“堇(jǐn)”或“谨(jǐn)字边”。凡由它组成的字，大都跟它的读音有关。

“堇”可以表音，作合体字的声旁。例如：

谨、僅、瑾、槿(jǐn)、殣、觐(jìn)、勤(qín)、鄞(yín)等皆由堇得声。

“堇”在合体字中，多处在字的右边，称为“堇字边”，如：谨、僅、瑾、槿、殣等；也有处在字的左旁的，称为“堇字旁”，如：觐、勤、鄞等。

“堇”在现代汉语常用字中，先后出现过 2 次，构字 2 个。

黄[150,192]

甲 金 篆 隶

象形字。甲骨文等像一个正面站着的人胸前挂着一块大玉，指“半壁形的玉（璜）”，读作 huáng。字头形体是楷书规范的写法。

“黄”是个部首字，又是个能独立成字的部件，名称叫作“黄（huáng）”。凡由它组成的字，大都跟它的读音有关。

“黄”可以表音，作合体字的声旁。例如：黉（hóng）、潢、璜、磺、锁、癀、蟥、簧（huáng）、横（héng）等皆由黄得声。

“黄”在合体字中，大多处在字的右边，称为“黄字边”，如：潢、璜、磺、锁、蟥、横等；有的处在字的下部，称为“黄字底”，如：簧、黉等；还有的处在包围结构中，称为“黄字心”，如：癀等。

“黄”在现代汉语常用字中，先后出现过 3 次，构字 3 个。

兜[84]

篆 隶

形声、会意字。小篆从皃（mào）卯（mǎo 省）声，指“保护人脑袋的头盔”，读作 dōu。字头形体是楷书规范的写法。

“兜”是个能独立成字的部件，名称叫作“兜（dōu）”。凡由它组成的字，大都跟它的读音有关。

“兜”可以表音，作合体字的声旁。例如：

蔸、篼（dōu）等皆由兜得声。

“兜”在合体字中，主要处在字的下部，称为“兜字底”，如以上两例。

“兜”在现代汉语常用字中，只出现过 1 次，构字 1 个。

象402 甲 金 篆 象隶

象形字。甲骨文像一头头、脚朝右的大象的样子，指“大象”，读作 xiàng。字头形体是楷书规范的写法。

“象”是个能独立成字的部件，名称叫作“象(xiàng)”。凡由它组成的字，大都跟它的音、义有关。

“象”可以表义，作合体字的意旁。例如：

豫 yù 指“大象”，象表义。

“象”还可以表音，作合体字的声旁。例如：

像、橡(xiàng)等皆由象得声。

“象”在合体字中，大多处在字的右边，称为“象字边”，如以上各例。

“象”在现代汉语常用字中，先后出现过 4 次，构字 4 个。

庸453 金 篆 庸隶

形声、会意字。金文等从庚用(yòng)声，指“用、须要”，读作 yōng。字头形体是楷书规范的写法。

“庸”是个能独立成字的部件，名称叫作“庸(yōng)”。凡由它组成的字，大都跟它的读音有关。

“庸”可以表音，作合体字的声旁。例如：

鄘、墉、慵、镛、鳙(yōng)等皆由庸得声。

“庸”在合体字中,多数处在字的右边,称为“庸字边”,如以上多例;也有少数处在字的左旁,称为“庸字旁”,如:鄘等。

“庸”在现代汉语常用字中,只出现过1次,构字1个。

麻193 金 篆 隶

会意字。金文像屋檐下晾晒的缕缕纤麻,指“麻类植物的总称”,读作 má。字头形体是楷书规范的写法。

“麻”是个部首字,名称叫作“麻(má)”。凡由它组成的字,大都跟它的音、义有关。

“麻”可以表义,作合体字的意旁。例如:

麾 huī 指“指挥作战的旗子”,麻表义。

縻 mí 指“牛缰绳”,麻表义。

“麻”还可以表音,作合体字的声旁。例如:

麾(huī)、摩(mā)、痳(má)、嘛(ma)、糜(méi、mí)、縻、靡(mí)、麽、摩、磨、魔(mó)等皆由麻得声。

“麻”在合体字中,绝大多数处在包围结构的外框,称为“麻字框”,如以上各例;也有少数的处在字的右边,称为“麻字边”,如:嘛等。

“麻”在现代汉语常用字中,仅作部首,不作部件。

鹿 225 194 甲 金 篆 隶

象形字。甲骨文等像一只长着一对美丽犄角和蹄子的

鹿的样子，指“尾短、腿细长、性情温驯，一般雄的有角的哺乳动物”，读作 lù。字头形体是楷书规范的写法。

“鹿”是个部首字，又是个能独立成字的部件，名称叫作“鹿(lù)”。凡由它组成的字，大都跟鹿科动物或读音有关。

“鹿”可以表义，作合体字的意旁。例如：

麂 jǐ 指“一种像鹿的动物，比鹿小，毛黄黑色，雄的有很短的角”，鹿表义。

麇 jūn 指“一种样子像鹿的獐子”，鹿表义。

麟 lín 指“麒麟，传说中的动物，样子似鹿”，鹿表义。

麋 mí 指“麋鹿”，鹿表义。

“鹿”还可以表音，作合体字的声旁。例如：

鄜(fū)、漉、辘、簏、麓(lù)等皆由鹿得声。

“鹿”在合体字中，有的处在字的上部，称为“鹿字头”，如：麂、麇、麋、塵(尘)等；有的处在字的下部，称为“鹿字底”，如：簏、麓等；也有的处在字的左旁，称为“鹿字旁”，如：麒、麟、鄜等；还有的处在字的右边，称为“鹿字边”，如：漉、辘等。

“鹿”在现代汉语常用字中，只出现过 1 次，构字 1 个。

十二画

鼎 81 195  甲  金  篆  隶

象形字。甲骨文等像两耳三足烹煮用的炊具，读作

dǐng。字头形体是楷书规范的写法。

“鼎”是个部首字，又是个能独立成字的部件，名称叫作“鼎（dǐng）”。由它组成的字，现在很少用或不用。例如：

鼐 nài 指“大鼎”，鼎表义。

鼏 mì 指“鼎盖”，鼎表义。

“鼎”在合体字中，多处在字的下部，称为“鼎字底”，如以上两例。

“鼎”在现代汉语常用字中，只出现过 1 次，构字 1 个。

黑 137 196

金 篆 隶

会意字。金文上部像积满黑灰的烟囱，下部是熊熊的大火（炎），指“像煤或墨的颜色”，读作 hēi。字头形体是楷书规范的写法。

“黑”是个部首字，又是个能独立成字的部件，名称叫作“黑（hēi）”。凡由它组成的字，大都跟它的音、义有关。

“黑”可以表义，作合体字的意旁。例如：

黯 àn 指“深黑色”，黑表义。

黜 chù 指“罢免、革除（即前途由光明转入黑暗）”，黑表义。

黛 dài 指“青黑色的颜料”，黑表义。

默 mò 指“狗在黑暗处不出声，乘人不备扑过去”，黑表义。

墨 mò 指“黑的颜料”，黑表义。

黔 qián 指“黑色”，黑表义。

黝 yǒu 指“淡黑色”，黑表义。

“黑”还可以表音，作合体字的声旁。例如：

嘿（hēi）、墨、默（mò）等皆由黑得声。

“黑”在合体字中，有的处在字的上部，称为“黑字头”，如：墨等；有的处在字的下部，称为“黑字底”，如：黛等；也有的处在字的左旁，称为“黑字旁”，如：默、黔、黝等；还有的处在字的右边，称为“黑字边”，如：嘿等。

“黑”在现代汉语常用字中，先后出现过 6 次，构字 6 个。

黍 197

 甲  金  篆  隶

会意字。甲骨文等像一棵穗子散开的成熟的黍子（籽实去皮后叫黄米），读作 shǔ。字头形体是楷书规范的写法。

“黍”是个部首字，名称叫作“黍（shǔ）”。凡由它组成的字，大都跟粮食有关。

“黍”可以表义，作合体字的意旁。例如：

黎 lí 指“作鞋用的黍米浆糊”，黍表义。

黏 nián 指“像胶水或糨糊的性质”，黍表义。

“黍”在合体字中，多处在字的左旁，称为“黍字旁”，如以上例字。

“黍”在现代汉语常用字中，仅作部首，不作部件。

十三画

鼓 198 甲 金 篆 鼓隶

会意字。甲骨文等像手拿鼓槌在击鼓，指“打击乐器”，读作 gǔ。字头形体是楷书规范的写法。

“鼓”是个部首字，名称叫作“鼓（gǔ）”。凡由鼓组成的字，大都跟它的本义和读音有关。

“鼓”可以表义，作合体字的意旁。例如：

鼙 pí 指“古代军队中所用的一种鼓”，鼓表义。

“鼓”还可以表音，作合体字的声旁。例如：

瞽（gǔ）由鼓得声。

“鼓”在合体字中，大多处在字的上部，称为“鼓字头”，如以上例字。

“鼓”在现代汉语常用字中，仅作部首，不作部件。

鼠 338 199 甲 篆 鼠隶

象形字。甲骨文像一只啃咬东西的耗子，头上四周的点是啃下的碎屑，指“门齿发达、爱咬东西，又能传染疾病的啮齿动物——老鼠”，读作 shǔ。字头形体是楷书规范的写法。

“鼠”是个部首字，又是个能独立成字的部件，名称叫作“鼠（shǔ）”。凡由它组成的字，大都跟它的本义有关。

“鼠”可以表义，作合体字的意旁。例如：

鼥 bá 指“鼧(tuó)鼥，即旱獭(土拨鼠)”，鼠表义。

鼯 wú 指“外形像松鼠的鼯鼠，又叫大飞鼠”，鼠表义。

鼹 yǎn 指“善于掘土的鼹鼠”，鼠表义。

鼬 yòu 指“样子像鼠的黄鼠狼”，鼠表义。

“鼠”在合体字中，大多处在字的左旁，称为“鼠字旁”，如以上各例；有的处在字的下部，称为“鼠字底”，如：竄(cuàn 窜)等。

“鼠”在现代汉语常用字中，只出现过 1 次，构字 1 个。

十四画

熏[418]  金  篆  隶

会意字。金文等像烟火从烟囱中冒出的样子，指“烟、气等接触物体”，读作 xūn。字头形体是楷书规范的写法。

“熏”是个能独立成字的部件，名称叫作“熏(xūn)”。凡由它组成的字，大都跟它的读音有关。

“熏”可以表音，作合体字的声旁。例如：

薰、獯、曛、醺、勳(勋)(xūn)等皆由熏得声。

“熏”在合体字中，有的处在字的下部，称为“熏字底”，如：薰等；有的处在字的左旁，称为“熏字旁”，如：勳等；大多处在字的右边，称为“熏字边”，如：獯、曛、醺等。

“熏”在现代汉语常用字中，只出现过 1 次，构字 1 个。

鼻200　篆　隶

形声字。小篆从自畀（bì）声，指“鼻子”，读作 bí。字头形体是楷书规范的写法。

“鼻”是个部首字，名称叫作“鼻（bí）”。凡由它组成的字，大都跟它的音、义有关。

“鼻”可以表义，作合体字的意旁。例如：

鼾 hān 指“熟睡时的鼻息声”，鼻表义。

齁 hōu 指“鼻息声”，鼻表义。

擤 xǐng 指“用手排出鼻涕”，鼻表义。

劓 yì 指“古代一种割鼻子的刑罚”，鼻表义。

“鼻”还可以表音，作合体字的声旁。例如：

濞（bì）由鼻得声。

“鼻”在合体字中，有的处在字的左旁，称为“鼻字旁”，如：鼾、齁、劓等；也有的处在字的右边，称为“鼻字边”，如：擤、濞等。

“鼻”在现代汉语常用字中，仅作部首，不作部件。

十七画

龠201　甲　金　篆　隶

象形字。甲骨文等上部像吹龠的口形，中下部像被吹的管乐器，指“古代管乐器名”，读作 yuè。

“龠”是个部首字，名称叫作“龠(yuè)”。凡由它组成的字，大都跟它的读音有关。

“龠”可以表音，作合体字的声旁。例如：

瀹、籥(yuè)等皆由龠得声。

“龠”在合体字中，有的处在字的下部，称为“龠字底”，如：籥等；有的处在字的右边，称为“龠字边”，如：瀹等。

“龠”在现代汉语常用字中，仅作部首，不作部件。

附　录

本书常用术语

△ 笔画：构成汉字楷书字形的最小书写单位。例如：

一（横）、丨（竖）、丿（撇）、丶（点）、乛（横构）

△ 汉字部件：由笔画组成的具有组配汉字功能的构字单位。简称“部件”。例如：

木、心、口、也、氵、亻、刂、礻

△ 成字部件：可以独立成字的部件。例如：

“另”“吉”“唱”中的“口”

“河”“苛”“荷”中的“可”

△ 非成字部件：不能独立成字的部件。例如：

“简”“刚”“网”中的“冂”

“疾”“病”“疼”中的“疒”

△ 部首：可以成批构字的一部分部件。含有同一部件的字，在字集中均排列在一起，该部件作为领头单位排在开头，成为查字的依据。

△ 主部首：有不同写法的部首中具有代表性的书写形式。

△ 附形部首：附属于主部首的书写形式，有繁体（如門、

貝、馬)、变形(如刂、氵、辵)和从属(如几、曰、臼)三种。

△ 按部位命名部件基本规则

① 位于上下、上中下结构上部的部件称为“×字头”。

② 位于上下、上中下结构下部的部件称为“×字底”。

③ 位于左右结构左部的部件称为“×字旁”。

④ 位于左右结构右部的部件称为“×字边”。

⑤ 位于包围结构外部的部件称为“×字框”。

⑥ 位于包围结构中部的部件称为“×字心”。

⑦ 位于上中下结构或半包围结构中部的部件称为“×字腰”。

⑧ 位于汉字四角部位的部件称为“×(字)角”:

位于左上角的部件称为“×左角”。

位于右上角的部件称为“×右角”。

位于右下角的部件称为“×下角”。

⑨ 由某字变形而来的部件,由本字加部件常出现的部位命名。

⑩ 由某些部件省简而成的部件,以“×省”命名。

注:以上资料摘自《现代常用字部件及部件名称规范》和《汉字部首表》。

现代常用字部件表

部件	序号	部件	序号	部件	序号	部件	序号	部件	序号
卬	1	釆	23	丞	45	丹	67	𠂉	89
凹	2	丙	24	承	46	单	68	耳	90
丯	3	秉	25	尺	47	刀	69	二	91
㒳	4	疒	26	斥	48	丿	70	发	92
八	5	卜	27	赤	49	勹	71	凡	93
丷	6	⺊	28	虫	50	刂	72	厂	94
巴	7	不	29	丑	51	癶	73	攵	95
白	8	才	30	出	52	亠	74	支	96
百	9	𠁣	31	川	53	弟	75	方	97
龵	10	卄	32	川	54	𢎨	76	飞	98
办	11	册	33	巛	55	丶	77	非	99
半	12	冊	34	串	56	电	78	丰	100
宀	13	曲	35	垂	57	刁	79	丰	101
卑	14	𠚒	36	𡗗	58	丁	80	风	102
贝	15	叉	37	束	59	鼎	81	几	103
卄	16	产	38	匆	60	夂	82	缶	104
本	17	长	39	囱	61	东	83	夫	105
开	18	厂	40	寸	62	兜	84	市	106
匕	19	车	41	大	63	斗	85	弗	107
彐	20	臣	42	歹	64	豆	86	甫	108
必	21	丨	43	歺	65	丰	87	父	109
㡀	22	辰	44	卌	66	而	88	丐	110

部件	序号	部件	序号	部件	序号	部件	序号	部件	序号
干	111	乙	139	柬	167	具	195	卤	223
九	112	乛	140	东	168	龹	196	彐	224
甘	113	𠃍	141	廴	169	卡	197	鹿	225
高	114	𠃌	142	见	170	开	198	氐	226
戈	115	后	143	纟	171	丁	199	卵	227
革	116	乎	144	系	172	口	200	仑	228
个	117	虍	145	角	173	来	201	罒	229
艮	118	互	146	卩	174	老	202	马	230
臾	119	户	147	⺋	175	⺹	203	毛	231
更	120	凵	148	㔾	176	乐	204	矛	232
工	121	奂	149	疌	177	耒	205	卯	233
弓	122	黄	150	巾	178	内	206	卬	234
丗	123	叀	151	斤	179	里	207	冃	235
谷	124	火	152	今	180	力	208	么	236
瓜	125	灬	153	金	181	立	209	尸	237
央	126	击	154	钅	182	吏	210	门	238
毌	127	及	155	堇	183	丽	211	米	239
广	128	艮	156	京	184	隶	212	免	240
龟	129	几	157	井	185	鬲	213	面	241
鬼	130	己	158	丩	186	丫	214	民	242
果	131	已	159	九	187	丶	215	皿	243
亥	132	卩	160	久	188	两	216	末	244
龷	133	巳	161	韭	189	䒑	217	母	245
丂	134	旡	162	臼	190	了	218	木	246
禾	135	夹	163	丰	191	𠂉	219	目	247
隺	136	甲	164	勹	192	罒	220	⺼	248
黑	137	叚	165	巨	193	六	221	乃	249
一	138	兼	166	乑	194	龙	222	南	250

部件	序号	部件	序号	部件	序号	部件	序号	部件	序号
⺺	251	欠	279	彡	307	首	335	田	363
内	252	丿丨	280	产	308	殳	336	门	364
屰	253	且	281	上	309	书	337	头	365
年	254	龶	282	勺	310	鼠	338	冖	366
廿	255	𢀖	283	少	311	丨	339	凸	367
鸟	256	丘	284	舌	312	𠃊	340	土	368
鸟	257	求	285	申	313	乚	341	屯	369
牛	258	匚	286	身	314	术	342	毛	370
⺧	259	曲	287	升	315	束	343	瓦	371
农	260	去	288	生	316	冊	344	丸	372
廾	261	犬	289	尸	317	甩	345	万	373
六	262	犭	290	失	318	丷	346	亡	374
女	263	冉	291	十	319	阝	347	王	375
爿	264	人	292	石	320	彳	348	口	376
丬	265	亻	293	食	321	水	349	韦	377
皮	266	儿	294	饣	322	氵	350	卫	378
片	267	⺈	295	史	323	氺	351	以	379
丿	268	𠂉	296	矢	324	兴	352	为	380
乒	269	壬	297	豖	325	厶	353	未	381
乓	270	刃	298	豕	326	司	354	文	382
平	271	日	299	士	327	丝	355	我	383
七	272	曰	300	氏	328	四	356	乌	384
妻	273	入	301	示	329	镸	357	无	385
其	274	三	302	礻	330	臼	358	五	386
气	275	伞	303	世	331	肃	359	午	387
千	276	业	304	事	332	太	360	無	388
䒑	277	色	305	手	333	聿	361	兀	389
戋	278	山	306	扌	334	天	362	勿	390

部件	序号	部件	序号	部件	序号	部件	序号	部件	序号
戊	391	乇	416	𧘇	441	雨	466	𡭔	491
夕	392	血	417	衤	442	禹	467	至	492
夂	393	熏	418	𠂉	443	玉	468	𠂔	493
龷	394	卂	419	夷	444	𤣩	469	豸	494
西	395	丫	420	𦣞	445	聿	470	中	495
覀	396	牙	421	乂	446	月	471	重	496
习	397	亚	422	弋	447	肉	472	冂	497
丆	398	焉	423	义	448	⺝	473	舟	498
下	399	𤴓	424	亦	449	夕	474	州	499
乡	400	严	425	⺼	450	戉	475	朱	500
向	401	言	426	冘	451	云	476	竹	501
象	402	讠	427	尹	452	再	477	⺮	502
小	403	央	428	庸	453	乍	478	主	503
⺌	404	昜	429	マ	454	丈	479	专	504
⺧	405	羊	430	永	455	爪	480	自	505
心	406	⺷	431	用	456	⺕	481	𠂤	506
⺗	407	关	432	尤	457	⺥	482	刂	507
忄	408	幺	433	由	458	兆	483	隹	508
辛	409	夭	434	酉	459	争	484	豖	509
囟	410	戈	435	又	460	正	485	子	510
戌	411	也	436	于	461	之	486	朩	511
亠	412	业	437	鱼	462	直	487	自	512
⺍	413	页	438	禺	463	止	488	辶	513
穴	414	曳	439	与	464	⺘	489	广	514
彐	415	衣	440	予	465	龰	490		

注:《现代常用字部件表》共包括 514 个部件。本表按主形部件名称首字的汉语拼音排序,同音部件按笔画序排列,每个部件均有独立的顺序号。本书的该表只简单列了部件和序号。

汉字部首表

一画

1 一
2 丨(亅)
　[2](亅)
3 丿
4 丶
5 乛

二画

6 十
7 厂(⺁)
8 匚
　[9](⺊)
　[22](刂)
9 卜(⺊)
10 冂(⺆)
　[12](亻)
　[7](⺁)
11 八(丷)
12 人(亻入)
　[12](入)
　[22](⺈)
　[10](⺆)
13 勹
　[16](⺇)
14 儿
15 匕
16 几(⺇)
17 亠
18 冫
　[11](丷)
19 冖
　[166](讠)
20 凵
21 卩(㔾)
　[175](阝左)
　[159](阝右)
22 刀(刂⺈)
23 力
24 又
25 厶
26 廴
　[21](㔾)

三画

27 干
28 工
29 土(士)
　[29](士)
　[80](扌)
30 艹(艸)
31 寸
32 廾
33 大
　[34](兀)
34 尢(兀尣)
35 弋
36 小(⺌)
　[36](⺌)
37 口
38 囗
39 山
40 巾
41 彳
42 彡
　[66](犭)
43 夕
44 夂
　[185](饣)
45 丬(爿)
46 广
47 门(門)
　[77](氵)
　[98](忄)
48 宀
49 辶(辵)

50 彐(彐彑)
[50](彐)
51 尸
52 己(已巳)
[52](已)
[52](巳)
53 弓
54 子
55 屮(屮)
[55](屮)
56 女
57 飞(飛)
58 马(馬)
[50](彑)
[148](纟)
59 幺
60 巛

四画

61 王(玉)
62 无(旡)
63 韦(韋)
[123](耂)
64 木(朩)
[64](朩)
65 支
66 犬(犭)
67 歹(歺)
68 车(车車)
[68](车)
69 牙
70 戈
[62](旡)
71 比
72 瓦
73 止
74 攴(攵)
[98](⺗)
[75](冃)
[75](曰)
75 日(冃曰)
[88](⺝)
76 贝(貝)
77 水(氵氺)
78 见(見)
79 牛(牜)
80 手(扌龵)
[80](龵)
81 气
82 毛
[79](牜)
[74](攵)
83 长(镸長)
84 片
85 斤
86 爪(爫)
87 父
[34](⺆)
[86](爫)
88 月(⺝)
89 氏
90 欠
91 风(風)
92 殳
93 文
94 方
95 火(灬)
96 斗
[95](灬)
97 户
[100](礻)
98 心(忄⺗)
[145](聿)
[45](爿)
99 毋(母)

五画

[61](玉)
100 示(礻)
101 甘
102 石
103 龙(龍)
[67](歺)
104 业
[77](氺)
105 目
106 田
107 罒
108 皿
[176](钅)
109 生
110 矢

111 禾
112 白
113 瓜
114 鸟(鳥)
115 疒
116 立
117 穴
[142](衤)
[145](⺻)
[118](⺪)
118 疋(⺪)
119 皮
120 癶
121 矛
[99](母)

六画

122 耒
123 老(耂)
124 耳
125 臣
[126](襾)
126 覀(襾西)
[126](西)
127 而
128 页(頁)
129 至
130 虍(虎)
131 虫
132 肉
133 缶
134 舌
135 竹(⺮)
[135](⺮)
136 臼(𦥑)
137 自
138 血
139 舟
140 色
141 齐(齊)
142 衣(衤)
143 羊(⺶⺷)
[143](⺶)
[143](⺷)
144 米
145 聿(⺻⺻)
146 艮
[30](艸)
147 羽
148 糸(纟糸)
[148](糸)

七画

149 麦(麥)
[83](镸)
150 走
151 赤
[68](車)
152 豆
153 酉
154 辰
155 豕
156 卤(鹵)
[76](貝)
[78](見)
157 里
[158](⻊)
158 足(⻊)
159 邑(阝右)
[136](𦥑)
160 身
[49](⻌)
161 釆
162 谷
163 豸
164 龟(龜)
165 角
166 言(讠)
167 辛

八画

168 青
[83](長)
169 𠦝
170 雨
171 非
172 齿(齒)
[130](虎)
[47](門)
173 黾(黽)
174 隹
175 阜(阝左)

176 金(钅)

[185](飠)

177 鱼(魚)

178 隶

九画

179 革

[128](頁)

180 面

181 韭

182 骨

183 香

184 鬼

185 食(饣飠)

[91](風)

186 音

187 首

[63](韋)

[57](飛)

十画

188 髟

[58](馬)

189 鬲

190 鬥

191 高

十一画

192 黄

[149](麥)

[156](鹵)

[114](鳥)

[177](魚)

193 麻

194 鹿

十二画

195 鼎

196 黑

197 黍

十三画

198 鼓

[173](黽)

199 鼠

十四画

200 鼻

[141](齊)

十五画

[172](齒)

十六画

[103](龍)

十七画

[164](龜)

201 龠

注:《汉字部首表》主部首共 201 个，附形部首共 100 个。本部首表的所有部首按 GF3002《GB13000.1 字符集汉字笔顺规范》和 GF3003《GB13000.1 字符集汉字字序(笔画序)规范》的规定排序。